'नारी, मर्द बनना नहीं ज़रूरी!'

अपूर्वा पुरोहित रेडियो सिटी 91.1 एफ.एम. की सी.ई.ओ. हैं, और आई. आई. एम. बी की भूतपूर्व छात्रा है. वे भारत के मीडिया और एण्टरटेनमेंट जगत में मौजूद कुछ गिनी–चुनी महिला सी.ई.ओ. में से एक हैं. कॉपोरेट दुनिया के अपने पच्चीस वर्षीय करियर में इन्होंने अपना अधिकतर समय मीडिया ऑर्गेनाइज़ेशन्स का कार्यभार संभालने में बिताया है.

वैसे अपूर्वा कभी भी मर्द–विरोधी नहीं रही हैं बल्कि हमेशा उन्हें पसंद करती आई हैं पर उनका मानना है कि महिलायें मर्दों के बराबर सक्षम होती हैं (कभी उनसे दो कदम आगे भी) और अब उन्हें बेधड़क अपने हिस्से का आसमान और धूप हासिल कर लेनी चाहिए.

आप अपूर्वा से यहाँ संपर्क कर सकते हैं:

- allwomenatwork@gmail.com
- www.twitter.com/apurva_purohit
- www-facebook.com/LadyYoureNotaMan

‘नारी, मर्द बनना नहीं ज़रूरी!’

एक कामकाजी स्त्री के अनुभव

अपूर्वा पुरोहित

अनुवादः सुलेखा वाजपेयी करकरे

RUPA

प्रकाशित
रूपा पब्लिकेशंस इंडिया प्राइवेट लिमिटेड 2016
7/16, अंसारी रोड, दरियागंज
नई दिल्ली 110002

सेल्स सेन्टर:
इलाहाबाद बेंगलुरू चेन्नई
हैदराबाद जयपुर काठमाण्डू
कोलकाता मुम्बई

कॉपीराइट © अपूर्वा पुराहित 2016

हिन्दी अनुवाद © अपूर्वा पुराहित 2016

लेखिका इस पुस्तक की मूल रचनाकार होने का नैतिक दावा करती हैं। इस पुस्तक में व्यक्त किये गये सभी विचार, तथ्य और दृष्टिकोण लेखिका के अपने हैं और प्रकाशक किसी भी तौर पर इनके लिये जिम्मेदार नहीं है।

सर्व अधिकार सुरक्षित
प्रकाशक की पूर्व अनुमति के बिना इस प्रकाशन का कोई भी हिस्सा,
किसी भी रूप में या किसी भी प्रकार से, इलेक्ट्रॉनिक, मशीनी, फोटोकॉपी
या रेकार्डिंग द्वारा प्रतिलिपित या प्रेषित नहीं किया जा सकता।

ISBN: 978-81-291-4186-6

प्रथम संस्करण 2016

10 9 8 7 6 5 4 3 2 1

अपूर्वा पुरोहित इस पुस्तक की लेखक होने के
नैतिक अधिकार का दावा करती हैं।

मुद्रक: थॉम्सन प्रेस इंडिया लिमिटेड, फरीदाबाद

यह पुस्तक इस शर्त पर विक्रय की जा रही है कि प्रकाशक की लिखित पूर्वानुमति के बिना इसे व्यावसायिक अथवा अन्य किसी भी रूप में उपयोग नहीं किया जा सकता। इसे पुनः प्रकाशित कर बेचा या किराए पर नहीं दिया जा सकता तथा जिल्दबंध या खुले किसी अन्य रूप में पाठकों के मध्य इसका परिचालन नहीं किया जा सकता। ये सभी शर्तें पुस्तक के खरीदार पर भी लागू होती हैं। इस सन्दर्भ में सभी प्रकाशनाधिकार सुरक्षित हैं। इस पुस्तक का आंशिक रूप में पुनः प्रकाशन या पुनः प्रकाशनार्थ अपने रिकार्ड में सुरक्षित रखने, इसे पुनः प्रस्तुत करने के प्रति अपमाने, इसका अमुदित रूप तैयार करने अथवा इलैक्ट्रॉनिक, मैकेनिकल, फोटोकॉपी तथा रिकार्डिंग आदि किसी भी पद्धति से इसका उपयोग करने हेतु समस्त प्रकाशनाधिकार रखने वाले अधिकारी तथा पुस्तक के प्रकाशक की पूर्वानुमति लेना अनिवार्य है।

विषय–सूची

प्रस्तावना	vii

स्वीकार करें

1. नारी, मर्द बनना नही जरूरी — 3
2. अपराध भावना के साथ जीना सीखना होगा — 9
3. वाकई जिंदगी में बड़ा पक्षपात है — 14
4. लड़के तो लड़के रहेंगे (और लड़कियाँ सारी मेहनत करेंगी) — 20
5. आपकी मुश्किलें अनोखी नहीं, सभी की सास दुष्ट और पति आलसी होता है — 26
6. 'ऑन' और 'ऑफ', बस मेरे लिए दो ही बटन समझना काफी है — 33
7. क्या मर्द स्तनपान करा सकते हैं? — 40
8. उम्र के साथ–साथ औरतें ज्यादा खूबसूरत लगती हैं — 47
9. हम सब साइज़ ज़ीरो नहीं हो सकते — 53
10. दुश्मन हमारे अंदर छिपा है — 60
    स्वीकार करने के दस सबक — 67

स्वयं ढलें

11. सब शुरू होता है सही एटिट्यूड, सही रवैय्ये से — 73
12. आज तक कोई भी कड़ी मेहनत का विकल्प नहीं ढूँढ पाया — 79

13.	अपनी प्राथमिकता सूची बनाना सीखिए	84
14.	मदद मांगने में कोई हर्ज नहीं है	90
15.	सुविधाओं का विशेष उपयोग	95
16.	यहाँ पति ट्रेन किए जाते हैं	100
17.	बॉस होना प्रासंगिक है	108
18.	हिस्से जोड़ कर ही सम्पूर्ण बनता है	114
19.	नेटवर्किंग की उस्ताद	120
20.	पीड़ित हैं या हीरोइन हैं? कौन हैं आप अपनी कहानी की?	125
	स्वयं को ढालने के दस सबक	129

सफ़ल बनें

21.	ओय, लक्की मैडम!	133
22.	श्रीमान–श्रीमती के जाल से बचिए	138
23.	हाथ उठाइए और कहिए हाँ!	144
24.	आपके अधीनस्थ मर्दों की दिमागी वायरिंग अलग है, बेचारे!	149
25.	यथास्थिति को बदलिए, अकेलेदम	156
26.	ईंट और पत्थर मेरी हड्डियाँ नहीं तोड़ सकते	163
27.	हमें आरक्षणों की ज़रूरत नहीं	169
28.	भविष्य की पीढ़ियों की मेंटोरिंग	174
29.	सिर्फ बायोडेटा बनाने और नाम कमाने में फ़र्क होता है	179
30.	सीना ठोकने में कोई हर्ज़ नहीं	184
	सफलता के दस सबक	190

उपसंहार	193
आभार	197

प्रस्तावना

उफ! कान में झनझनाता अलार्म बजता है और मैं झट से उठकर बैठ जाती हूँ. सुबह के 5.30 बजे हैं और मेरी नींद का अनिवार्य कोटा पूरा होने में अभी एक समूचा घंटा बाकी है. पर नहीं, मैं अपनी फड़कती नसें, धड़धड़ाती धड़कन और फटी–फटी कडुआती आँखों के साथ पूरी तरह उठकर बैठ जाती हूँ.

पर जिसके लिए अलार्म लगाया गया था वो मेरी बगल में इस सारे शोरगुल से बेखबर, सुरीले मंद–मंद खर्राटों समेत (सुरीला गाते हैं तो खर्राटें भी सुरीले लेते हैं.) गहरी मीठी नींद में डूबे हुए हैं. मैं उन्हें कोहनी से हिलाती हूँ जो बे–असर और बेफिज़ूल सिद्ध होता है.

अलार्म 5.45 पे दोबारा बजता है और एक बार फिर 6 बजे बजता है. आखिरकार हस्बैंड डिअर (एच डी... आगे के लिए शार्ट फॉर्म याद रखियेगा) अपनी गहरी नींद में कुनमुनाते हैं, धीरे–धीरे स्लो मोशन में उठते हैं, और अपनी मॉर्निंग वॉक की अच्छी–खासी तैयारी शुरू कर देते हैं.

कई सालों से मैं अपने घर में 'असली अलार्म' के आधे घण्टे पहले बजने वाले इस 'प्री अलार्म' की नाकाम मुखालफत कर रही हूँ. मेरे हिसाब से जिसे सुबह 6 बजे उठना हो उसे 5.55 का अलार्म लगाना चाहिए. पर एच. डी. का कहना है कि उनके अवचेतन मन को गहरी निद्रा से जगाने के लिए 'प्री अलार्म अति–आवश्यक है–उसके बाद मेरा ख़याल है कि उनके बाकी बचे अंगों को समेटने और जगाने में करीब 45 मिनट लग जाते होंगे.

और मैं? मेरा सिस्टम एक झटके में पूरी तरह जाग उठता है. आराम–आराम से, उठने में घंटा भर लगाने की अय्याशी, मैं बरसों पहले पीछे छोड़ चुकी हूँ. लगभग उस समय से जब मेरा बेटा पैदा हुआ था.

उठते ही पता चलता है कि आज का दिन एक छूटी हुई ट्रेन की तरह मुझसे एक घंटा पहले निकल चुका है और मुझे किसी तरह दौड़ते, कूदते, फांदते उस पर सवार होना है. तो मैं दांत ब्रश करते करते, मेड पर निर्देशों की झड़ी छोड़ते हुए चिल्लाती जाती हूँ, "सिद्धार्थ, उठो तुम्हारी स्कूल बस के आने में सिर्फ 30 मिनट रह गए हैं."

और अगला आधा घंटा किस पागलपन में गुज़रता है पूछिए मत! डब्बा पैक करना, खोया होम–वर्क ढूँढ़ निकालना, जूते के फीते ढूँढना (पता नहीं रोज़ सिद्धार्थ फीतों का क्या करता है... लगता है मेरे लगाये लंचबॉक्स की जगह फीते ही खा डालता है!) धोबी महाशय अपना बिल लेने ठीक उसी समय पहुँचते हैं जब मेड गैस के खत्म हो जाने पर तांडव कर रही है, कुत्ता भौंके चला जा रहा है, और नीचे गेट पर स्कूल बस का हॉर्न बजता चला जा रहा है.

सिड और मैं, चीखते–चिल्लाते, हाथ हिलाते बस की ओर दौड़ते हैं पर आज ड्राइवर ने हमारी रोज़–रोज़ की लेट लतीफी की सज़ा हमें देने की ठान ली है. वो कुल 30 सेकंड बस रुकाकर धड़ल्ले से बस आगे दौड़ा देता है. हम जान छोड़कर चीखते हुए बस के पीछे दौड़ना शुरू कर देते हैं. हमारे साथ अखबार वाला, सड़क पे निठल्ला घूमता बच्चा और हमारे हितैषी पड़ोसी भी हो लेते हैं. कई गला फाड़ती आवाजों के सामूहिक स्वर को बस ड्राइवर चाहकर भी अनसुना करने की जुर्रत नहीं कर पाता. विद्रोही और जिद्दी बस रुक जाती है. बड़बड़ाते बस ड्राइवर की धमकियों और घुड़कियों को नज़रअंदाज करते हुए मैं सिद्धार्थ को बैग, वाटर बॉटल, अधखाए टोस्ट समेत बस में ठेलकर चढ़ा देती हूँ. फिर चैन की सांस लेकर किसी तरह अपने आप को घर पहुंचाती हूँ.

जैसे ही मैं हांफती हुई डाइनिंग टेबल की कुर्सी पर धम्म से आ कर बैठती हूँ, अखबार और चाय का प्याला अपनी ओर खींचती हूँ,

'नारी, मर्द बनना नहीं ज़रूरी!' ix

दरवाजा खुलता है, और बिलकुल फ्रेश, लाल–लाल गालों से मुस्कुराते हुए, फुर्तीले अंदाज में हाथ हिलाते हुए एच. डी. अंदर आते हैं और फरमाते हैं, "क्यूँ मजे से अखबार और चाय की चुस्कियां चल रही हैं? आज नाश्ते में क्या है?"

'मार दिया जाये, कि छोड़ दिया जाए, या सिर्फ अखबार से वार किया जाए...' सोच ही रही हूँ कि फोन की घंटी बज उठती है. हमारी कंपनी के एक इन्वेस्टर और बोर्ड मेम्बर का फोन है... "आज का बिज़नेस पेपर देखा? अपनी प्रतियोगी कंपनी ने अपनी तिमाही बढ़त के रिजल्ट घोषित कर दिए हैं. उनकी बढ़त हमसे 0.325 गुना ज़्यादा है. इस पर आपका क्या ख़याल है?"

ख़याल? मन तो कर रहा है कि सुना दूँ कि 'बॉस सुबह के साढ़े आठ बजे हैं, सुबह से चाय का एक घूँट तक गले में नहीं उतरा है, और थकावट से लग रहा है मैं मैराथन दौड़कर लौट रही हूँ, जबकि सामने खड़ा दिन एक से एक डरावने किरदारों से भरा हुआ है... अपेक्षाएँ रखता पति, पगलायी मेड, रात इस्तीफा दे चुका रीजनल हेड, निर्णय से एलर्जी रखते सरकारी अफसरों के साथ दो मीटिंग्स... और आप मेरा ख़याल जानना चाहते हैं?

खैर, अक्ल से काम लेकर, इन्वेस्टर्स को कुछ घंटों में दुबारा फोन करने का वादा करके, मैं डाइनिंग टेबल से उठती हूँ. चारों तरफ से घिरी और सताई कामकाजी महिला की जिंदगी का एक और दिन शुरू होने जा रहा है... जिसके लिए मैं अपने आप को मुस्तैदी से तैयार करती हूँ.

अपने बीस साल के करियर में, एक पत्नी, माँ और बॉस के किरदारों के बीच चलते–चलते ऐसे कई दिनों को झेलते, गिरते–पड़ते, सम्भलते, एक बात तो पक्के तौर पर पल्ले पड़ चुकी है. इस सफर में पहला कदम होता है, अपने आप को, अपनी सच्चाइयों को समझना और अपने जीवन की वास्तविकता को पूरी तरह स्वीकारना. एक कामकाजी मॉम के साथ कई सारी मुश्किलें हर हाल में साथ चलेंगी, यह मान कर चलना होगा... आप चाहे जो काम करें, चौबीस घंटे अपराध भावना से घिरे रहना स्वाभाविक है. आपको आए दिन एक बीमार चिड़चिढ़े बच्चे

और एक बहुत जरूरी प्रेज़ेंटेशन के बीच संतुलन बनाये रखना होगा और आपकी लाख कोशिशों के बावजूद आप सुपर-वुमन नहीं बन सकतीं. बस, इतना समझ लें तो इसके बाद सफर आसान हो जाएगा.

फिर आप सीख जाती हैं, अपने आपको ढालना, हाथ लगे साधनों और सहायताओं का इस्तेमाल करना, एडजस्ट करना और सबसे जरूरी अपने परिवार को एडजस्ट करने की आदत डलवाना. और फिर इस लम्बी और कठिन डगर पर जब आपको कुछ महत्वपूर्ण हासिल होता है तो ये कामयाबी मुश्किल ही सही, पर बड़ी मीठी लगती है.

मैं अपने इस सफर के एहसास और अनुभव आपके साथ बांटना चाहती हूँ ताकि कॉर्पोरेट दुनिया की ऊँची-नीची डगर में, अपना रास्ता तय करते वक्त, घर-दफ़्तर का नाजुक संतुलन साधते वक्त, आपको कभी अकेलापन न महसूस हो. हमेशा किसी के साथ का एहसास बना रहे.

और क्या जाने, इस रोमांचक सफर में, साथ चलते-चलते, हम दोनों ही को, कुछ नया सीखने का मौका मिल जाए.

भाग-1

स्वीकार करें

कोई भी बड़ी उपलब्धि तभी हासिल होती है जब आप सबसे पहले अपने जीवन की वास्तविकता को स्वीकार करती हैं—उसके अनुसार अपने आप को ढालती हैं और उसके आधार पर श्रेष्ठता पाकर शिखर छूती हैं.

1
नारी, मर्द बनना नही जरूरी
चांदनी और चमेली

'चाँदनी आपका नाम रखते वक़्त आपके मम्मी–पापा के मन में, आपको ले कर कितनी आशाएं और कोमल सपने रहे होंगे...कि आप में नारीत्व की सारी सौम्यता और लावण्य समा जाये. इस नाम से मन में एक से एक मनमोहक नज़ारे छा जाते हैं...ठंडी चाँदनी रातें, लहराते शिफॉन के परदे और बहती ठंडी हवाएँ! तो फिर आप इस कोमलता की बजाय सूरज का तेज़ रूप कैसे बन गईं? गरम दिमाग, आक्रामक और हर एक पर हावी होने वाली?' गलती से मरदाना टॉयलेट की ओर मुड़ती मेरी सीनियर सहकर्मी को मैंने धीरे से लेडीज़ टॉयलेट की ओर मोड़ते हुए एक रोज़ पूछा.

'क्या ब्लडी बकवास करती हो!' अपने पतलून में स्थित अपनी काल्पनिक मर्दानगी को एडजस्ट करते हुए, ऑफिस में मार्च करते हुए वो गुर्रायी! 'ओये... जो प्रेजेंटेशन मैंने कहा था वो खतम किया या नहीं?' उसके इंतजार में खड़े और डर से कांपते एग्जीक्यूटिव को आँखे दिखाते हुए चिलाई. बेचारा लड़का काम खत्म करने के बावजूद इतना घबराया हुआ था कि हामी भर के, कागज़ात थमा के भाग खड़ा हुआ.

चाँदनी को देखते ही साफ ज़ाहिर हो जाता था कि वो अपने

नारीत्व को नकारते हुए, कतई मानने को तैयार नहीं है कि उसके शरीर में मर्दानगी लाने वाला 'Y' क्रोमोज़ोम मौजूद नहीं है. मर्दों जैसे कटे छोटे–छोटे बाल, पतलून–जैकेट पहने और जेब में हाथ डाल कर चलने वाली मर्दों–सी अदा, फकाफक सिगरेट के कश...यह था चाँदनी का चित्र! बस नहीं था तो गले में अमिताभ बच्चन–सा हीरोनुमा स्कार्फ. मर्दों जैसी दबंगई झाड़ कर वो अपने सारे काम करवाने में कामयाब तो थी और लोग उससे डरते भी थे...पर मुझे हमेशा लगता था कि वो किसी तेज धार पर मुश्किल से चल रही है और जो नहीं है वो पर्सनालिटी प्रोजेक्ट करने की कोशिश कर रही है.

उस पीढ़ी की औरतों की सच्चाई यही थी कि कॉर्पोरेट दुनिया में एक कैद करने वाली, अदृश्य ग्लास सीलिंग को तोड़ कर आगे बढ़ने के लिए आपको आसपास के मर्दों के मुकाबले ज्यादा मर्दानगी दिखानी पड़ती थी. उन दिनों रोल मॉडल्स के नाम पर सिर्फ मर्द ही मौजूद थे तो आपको आगे बढ़ने की प्रेरणा उन्हीं को मान कर, उन्हीं जैसा हड्डी–तोड़ व्यवहार करना पड़ता था. ब्रा जलाना सिर्फ आज़ादी की निशानी नहीं बल्कि मर्दों के लिए चेतावनी थी कि अब हम औरतें, मैदान के तुम्हारे हिस्से में, तुम्हारे नियमनुसार, तुम्हारी बराबरी से खेलने उतर रही हैं.

(इसका मतलब यह नहीं है कि औरतें स्वाभाविक रूप से दबंग और कर्कश नहीं हो सकती, कई होती भी हैं...और मुझे उनसे कोई आपत्ति नहीं हैं...मैं तो उनकी बात कर रही हूँ जो ऐसी न हो कर भी ऐसी होने का सिर्फ दिखावा करती हैं.)

कॉर्पोरेट इंडिया में इस नारी मुक्ति के पहले दौर में ऐसी कई सारी चाँदनियाँ चारो तरफ बिखरी पड़ी थीं पर बदकिस्मती से कुछ दूसरे किस्म की औरतें (आज भी मौजूद हैं) जो चमेली की नाज़ुक लताओं की तरह, अपने को जिंदा रखने के लिए, मजबूत और शक्तिशाली मर्दों से लिपटी रहती थीं.

औरतों को कैद करनेवाली दीवारों को ध्वस्त करने में चूंकि चाँदनी टाइप की औरतें मोर्चे में सबसे आगे थी इसलिए इनका आक्रामक और दबंग रवैया समझ में आता हैं पर मेरे हिसाब से चमेली टाइप की औरतों

के रवैये को जायज़ मानना बिलकुल नामुमकिन है. हमेशा 'मुसीबत की मारी नारी' का ढोंग कर के इन्हें चमचमाते कवच में, बहादुर घुड़सवार का इंतज़ार रहता है जो इन्हें हर खाई से खींच निकाले. अपनी नशीली खूबसूरती और गहरे कटे ब्लाउज को ही ये अपनी सबसे बड़ी ताकत मानती हैं और नारी होने का नाजायज़ फायदा उठाकर मर्दों को अपनी उँगलियों पर नचाती हैं. पर अफसोस कि ऐसा कर के ये अपना ही नहीं अपनी काबिलियत का भी अपमान कर रही हैं.

मुझे याद है जब मैं एडवरटाइज़िंग बिजनेस में नयी आई थी तो कई सीनियर औरतें मीडिया मार्केटिंग में मैगज़ीन्स के लिए ऐड स्पेस बेचती थीं. उनकी मार्केटिंग में सबसे एहम पी था "पटाओ" ...क्लाइंट पटाओ और बिज़नस लाओ! विश्वास मानिए मैंने खुद अपनी आँखों से देखा हैं एक लड़की को मीटिंग में जाने से पहले अपनी शर्ट के ऊपर के दो बटन खोलते! और साड़ी का पल्लू अचानक खिसक कर गिरते हम सभी कई बार देख चुके हैं.

कई बार ऐसी भी लड़कियों को देखा है जो आम तौर पर काम में सक्षम होने के बावजूद, कभी अपना अधूरा प्रेज़ेंटेशन पूरा करने के चक्कर में या किसी मुश्किल क्लाइंट से जूझने के लिए अपने बॉस के सामने कमज़ोर और नाज़ुक हीरोइन बनने का नाटक करती हैं. या अपना उल्लू सीधा करने के लिए बॉस से ऑफिस की पत्नी होने का ढोंग रचाती हैं...'आपने खाना खाया?' 'आपके लिए चाय लाऊँ?' ...शर्मीली आँखों से पलकें झुकाती हुए पूछ्ती हैं. कई मर्दों पर यह स्वांग असर कर जाता है क्यूंकि ऐसी लल्लो–चप्पो से उन्हें अपने वर्चस्व और अहमियत का एक बढ़ा–चढ़ा एहसास होता है और वो अपने सफेद घोड़े पे सवार हो कर समस्या का हल ढूँढने निकल पड़ते हैं. उन्हें भनक भी नहीं होती कि उनका फायदा उठाया जा रहा है.

पर जब कोई नारी ऐसा करती है तो मैं सोचती हूँ कि क्या उसे एहसास भी है कि उसके हथकंडो के कारण वह अपनी और अपनी कामकाजी बहनों की इमेज को कितना नुकसान पहुँचा रही है. औरतों को ले कर लोगों के मन की गलतफहमियों को और गहरा बनाती जा रही है.....कि औरतें कमज़ोर हैं, फूलों सी नाज़ुक हैं, भयानक कॉर्पोरेट

दुनिया में अकेली खटने में असमर्थ हैं...वगैरा.

मैं मानती हूँ कि आज की नारी को कामयाब होने के लिए न तो मर्दों की इमेज में ढ़लना ज़रूरी हैं और न ही "मुसीबत की मारी बिचारी नारी" का स्वांग करना जरूरी है. खुशकिस्मती से कॉर्पोरेट दुनिया में औरतों की संख्या काफी बढ़ गयी है और चारों तरफ बदलाव आ रहा है. धीरे–धीरे नारी मैनेजर्स की एक ऐसी टुकड़ी तैयार हो रही है जिसे अपने नर्म–दिल नारी होने से या एक सख्त बॉस होने में कोई हिचक या शर्म नहीं है. बल्कि वो काम काज में अपने नारी स्वभाव, जैसे...लोगों को नरमी से मैनेज करने की आदत, बड़े निर्णयों में सबको साथ ले कर चलने की क्षमता और अपने सहकर्मियों से भावनात्मक स्तर पर जुड़ने का गुण...सब को बड़े प्यार से अपनाती हैं. उन्हें अपने स्वभाव में मातृत्व जताने से कोई शर्मिंदगी नहीं होती (पी.एम.एस. तो ज़िन्दगी का हिस्सा हैं...कभी–कभार मूड्स का उतार–चढ़ाव हो भी जाये तो क्या!)

कई बार लड़कियाँ मुझसे आ कर बताती हैं कि उन्हें कभी न कभी आफिस में रोना आ गया था जिससे उन्हें अपने आप पर बड़ी शर्म महसूस हुई है. अब आप तो जानती हैं कि लड़कियाँ अजीब अजीब वजहों और स्थितियों में रो पड़ती हैं...गुस्सा होने पर रो देती हैं, या खुशी से दिल भर आये तो रो देती हैं, पिछले बॉयफ्रेंड का भावुक पत्र पढ़ कर रो सकती हैं या अनपेक्षित प्रमोशन मिल जाने से रो देती हैं...टूटे रिश्ते की कड़वाहट, करन जौहर की फिल्म, तारीफ से पीठ थपथपाए जाने पर या अन्याय सहने पर...आँकड़ों के अनुसार एक आम औरत अपनी पूरी ज़िन्दगी में करीब चौदह महीने रो सकती है. मैं तो हमेशा भावुक हिंदी फिल्में देखते वक़्त जम कर रोती हूँ (और मेरा परिवार मुझ पर जम कर हँसता है).

अपनी भावनाएँ ज़ाहिर करने में कोई हर्ज़ नहीं है और कभी–कभार ऑफिस में आँखों से नदियाँ बह भी जायें तो इससे आपके लम्बे करियर में कुछ नहीं बिगड़ता. पर याद रहे...कभी–कभार! अपनी भावनाएँ ज़ाहिर करने का मतलब ये नहीं है कि आपको ऑफिस में हर वक़्त पौधों को सींचने का लाइसेंस मिल गया है. भाई आखिरकार

आप यह तो ज़रूर चाहती होंगी कि आपके सहकर्मी आपकी इज़्ज़त करें और आपकी बातों को तूल दें.

मेरी एक सहकर्मी दीपिका अपने शुरुआती सालों में बड़े भावुक स्वभाव की हुआ करती थी. एक रोज़ ऑफिस से दुखी हो कर वो टैक्सी में सारे रस्ते, रोते-रोते घर पहुँची और टैक्सी ड्राइवर का ऐसी दिल भर आया कि उसने दीपिका से टैक्सी का किराया लेने से इनकार कर दिया. पर अब दीपिका ने अपनी भावुकता को अपनी ताकत बना लिया है और आज वो एक संवेनशील और अच्छी मैनेजर सिद्ध हो चुकी है.

तो प्यारी बहनो, 'स्वीकार करने' का पहला सबक है कि हम अपने आप से कहें कि नारी होने में कोई बुराई नहीं है...नारी होने का पूरा पैकेज...तेजी से उठती-गिरती भावनाएं, नर्म दिली, तेज़ जुबां, पेट की चर्बी...सब कुछ हमें खुशी से स्वीकार करना चाहिए. पर ध्यान रहे... इस पैकेज के हिस्सों का अलग-अलग इस्तेमाल कर के मर्दों का फ़ायदा उठाना, उनके साथ नाइंसाफी होगी और इससे न सिर्फ आप पर, बल्कि पूरी नारी जाति पर धब्बा लग सकता है.

तो चलिए इस फोकस के साथ शुरुआत करें और अपने टेलेंट और अपने फेमिनिन स्वभाव से सब पर अपनी धाक जमा दें! और साथ-साथ चलिए शुक्रियादा करें हमारे पहले आई उन सभी चाँदनियों का जिन्होंने आंदोलनों में अपनी ब्रा जलाईं ताकि हम अपनी लेसवाली ब्रा गर्व और आत्मविश्वास से पहन सकें.

आज का कार्पोरेट मंत्र

- 'आत्मविश्वास के संग अपने नारीत्व को अपनाइए. स्त्री होना शर्म की नहीं, गर्व की बात है...अपने आप को पूरी तरह, सभी गुणों समेत स्वीकार कीजिये...मूड स्विंग्स, कभी-कभार रोना-धोना भी चलेगा... (पर प्लीज़, आदत न डालिए, बस)

और...

- और कभी सिचुएशन में अगर आपको मासूम पलकें झपकानी हों

या अपनी लम्बी टाँगे दिखानी ही पड़ जाएँ, तो ज़रा नज़ाकत से कीजियेगा. मर्द भले ही हथकंडे न समझ पायें, पर आपके आस पास की औरतें तुरंत ताड़ लेंगी!

2

अपराध भावना के साथ जीना सीखना होगा

कौन–सी अपराध भावना ज़्यादा मंज़ूर है?

एक रोज़ एक नौजवान लड़की आँखों में आंसू भरे, बड़ी परेशान–सी, मेरे पास आई और धीरे–से बोली "मैं अपनी नौकरी छोड़ने की सोच रही हूँ. हर सुबह जब मैं ऑफिस के लिए निकलती हूँ तो मेरी तीन साल की बेटी का रोना अब मुझसे और देखा नहीं जाता!

उससे और पूछताछ करने पर पता चला कि वह एक बेहद कामयाब और नौजवान लड़की थी जिसने आईआईएम से मैनेजमेंट डिग्री हासिल की थी और अब वो एक बड़ी कंसल्टेंसी फर्म में काम कर रही है. जैसा कि इन फर्म्स में होता है, उसे एक अच्छी–खासी, मोटी तनख्वाह मिल रही थी और वह कामयाबी की सीढ़ियाँ बड़ी फुर्ती से चढ़ती जा रही थी. पर अब ऐसा लग रहा था कि बेटी की परवरिश करने की खातिर वो ये सब कुछ छोड़ देने को तैयार है....

अपनी ज़िन्दगी में भी कई ऐसे मौकों से गुज़रने के बाद मैं उसकी कश–म–कश पूरी तरह समझ रही थी. दरअसल ये वो परेशानी है जो हर कामकाजी नारी अपने करियर में कई बार झेलती है–परेशानी ज़्यादा बढ़ जाती है उनके लिए जिनके बच्चे छोटे होते हैं.

जब कभी सिड बीमार पड़ता था और मुझे उसे घर पर छोड़ कर काम पे जाना पड़ता या जब ऑफिस में कोई प्रॉब्लम होती और

मैं कई रातें, खाने पर घर नहीं पहुँच पाती तो मुझे भयंकर अपराध बोध होता और मैं तुरंत नौकरी छोड़ देने का मन बना लेती. मेरी इस बात से हमेशा घर में बड़ा बवंडर मच जाता. एच. डी. और सिड, मेरे 24 घंटे घर रहने और हर वक़्त उनके सर पे मंडराने के ख्याल से ही आतंकित हो जाते.

सिड, एक समझदार बच्चा होने की वजह से, कभी भी मेरा सीधा विरोध नहीं करता बल्कि घूमा फिरा कर एक कामकाजी माँ के फायदे गिनवा देता...मुझसे सीरियसली कहता 'देखो मैं कितना स्वावलंभी हो गया हूँ, अपने दोस्तों के मुकाबले मैं अपने आप को कितनी अच्छी तरह मैनेज कर लेता हूँ.' इसका मुझ पर असर न होता तो कहता, मॉम मैं मानता हूँ कि जो आजादी, तुमने मुझे दी है और बढ़ने में जो स्पेस तुमने मुझे दी है, वो सबको नहीं मिलती (मक्खन तो लगा रहा था पर बड़े प्यारे अंदाज में). पर एच.डी., मेरे घर रहने के ख्याल तक का मुँहफट ढंग से विरोध करते. 'उफ! तुम अगर घर रहीं तो पूरा दिन ऑफिस में मुझे फोन कर के गुटुरगूँ करोगी, गपशप करोगी या दिल की बातें कहोगी, और ज्यादा डर इस बात का है कि सारे खानदान, दोस्तों और पड़ोसियों की जिन्दगी का जिम्मा अपने ऊपर ले कर उनकी लाइफ में दखल दोगी, मशविरा दोगी, सबको पागल बना दोगी. इसके बगैर तुम्हारे अन्दर के बॉस को चैन थोड़ी न पड़ेगा!, (मैं इसे अपनी स्वाभाविक लीडरशिप स्टाइल मानती हूँ पर आप पतियों को जानती हैं न!) और फिर वो घबरा कर किसी तरह बार तक जाते, अपने लिए एक बड़ी-सी ड्रिंक बना कर इस डरावने ख्याल को मन से दूर भगाते. (इनकी घबराहट से आप सोचते होंगे कि मैं जॉब छोड़ने की नहीं बल्कि किसी सीरियल किलर बनने की तमन्ना जता रही थी.)

इन सारी बातों और प्रतिक्रियाओं को देख कर, इन पर ठण्डे दिमाग से सोच-विचार करने के बाद, शुक्र है मैंने हमेशा जल्दबाजी में आये ख्यालों पर कभी अमल नहीं किया.

मैंने दोषी भावना से घिरी उस लड़की को समझाया कि नौकरी छोड़ने से उसे कोई चैन नहीं हासिल होना था...बस एक किस्म की

अपराध भावना के बदले उसे दूसरे किस्म की अपराध भावना से जूझना पड़ता.

मेरे कई ऐसे दोस्त हैं जिन्होंने अपने बच्चों की परवरिश खुद करने की खातिर अपनी नौकरियाँ छोड़ दी. हालाँकि ऐसा करने में कोई हर्ज़ नहीं है, पर मैंने उनमें अपराध भावना को कभी कम होते नहीं देखा. फर्क ये पड़ा कि बच्चों को घर छोड़ कर काम पर जाने की अपराध भावना के बजाय उन्हें अब अपनी मेहनत से हासिल की हुई डिग्री और पढाई के व्यर्थ जाने की अपराध भावना सताने लगी.

तो सवाल ये उठता हैं कि आपको कौन-सी टाइप की अपराध भावना ज्यादा बर्दाश्त है? यह समझने की जरूरत है कि एक औरत की जिन्दगी में उसे कभी भी कसूरवार होने की भावना से मुक्ति मिलना संभव नहीं है. मान लीजिये कि आपने बच्चे को घर छोड़ कर काम पे जाने की अपराध भावना पर किसी तरह काबू पा भी लिया तो अब आपको ऑफिस पार्टी में न जा पाने की अपराध भावना होने लगेगी जहाँ जा कर आप अपने बॉस को अपनी गपशप, पर्सनालिटी और हाज़िरदिमागी से प्रभावित कर सकती थीं. पर अफसोस कि आपको घर दौड़ कर अपने बेटे का स्कूल प्रोजेक्ट पूरा करवाना था. एक तरफ आप ऑफिस में किये हुए, अपने जबरदस्त प्रेजेंटेशन से बेहद खुश हैं तो दूसरी तरफ गहरी दोषी भावना से ग्रस्त हैं क्यूँकि उसी प्रेजेंटेशन की तैयारी में लगे समय के कारण आपको हफ्ते भर तक अपने परिवार को मैगी नूडल्स खिलाने पड़े....तो, बहरहाल, यह भावना कभी भी आपका पीछा नहीं छोड़ेगी.

एक रोज़, अपने बड़े डिप्रेस्ड मूड में मैंने अपने मन में मान लिया था कि मैं वाकई एक बहुत खराब माँ हूँ और मैंने सिड से पूछा कि उसे चिकन पॉक्स हो जाने पर जब मैंने उसे हफ्ते भर मेरी माँ के यहाँ छोड़ दिया था तो क्या उसे दुःख और अकेलापन लगा था? हमारे ऑफिस में एक अर्जेंट पिच थी और मैं किसी भी हाल में, सिड, चिकन पॉक्स और पिच, तीनों को एक साथ नहीं संभल सकती थी. सिड मेरे सवाल से आश्चर्यचकित हो गया और बोला,' मॉम तुम कैसी बातें करती हो? ऐसा बिलकुल भी नहीं था! मुझे तो बड़ा मजा

आ रहा था कि हफ्ते भर स्कूल से छुट्टी मिल गयी और मैं दिन भर लेटे–लेटे नानी से कहानियाँ सुनता रहा. बस पपड़ियों की खुजली बड़ा परेशान करती थी.'

अब जरा सोचिये, मैंने यह सवाल, सिड से, चिकन पॉक्स प्रकरण के दस साल बाद पूछा था और मैं, सालों से, इस भयंकर अपराधबोध में घुल रही थी. मैंने इस घटना के जरिये अपने मन में, 'मैं एक भयंकर माँ हूँ' का चित्र खींच रखा था और अन्दर ही अन्दर अपने आप को कोसती रहती थी. तभी मुझे यह एहसास हुआ कि हम माँएँ, अपने अन्दर न जाने कैसे मनघढ़ंत अवगुणों की कल्पना कर लेती हैं और खामखा परेशान होती हैं जब कि (ज़्यादातर) बच्चे इन बातों को भूल कर, हमें माफ कर के, आगे बढ़ चुके होते हैं.

मुझे याद हैं, मैंने कहीं एक प्यारा–सा वाक्य पढ़ा था...अपराध बोध से भरी एक माँ का, जो स्कूल के लिए अपने बेटे को कभी भी वक़्त पर तैयार नहीं कर पाती थी क्योंकि वो पूर्व तैयारी करने के बजाय, सुबह जल्दी–जल्दी, ऐन वक्त पर ही सब करती थी...जाते समय ही हड़बड़ाहट में बेटे को शर्ट प्रेस कर के पहनाती थी. फिर एक रोज़ उस माँ ने बेटे का 'खुशी' पर लिखा निबंध पढ़ा जिसमें बेटे ने लिखा था,' खुशी उस एहसास को कहते हैं जो मुझे सर्दीली सुबहों में, ताजा प्रेस की हुई गरमा–गरम शर्ट पहन कर होता है.'

तो सच स्वीकार करने में दूसरा सबक यह है कि इस अपराध–भावना के राक्षस से लड़ना छोड़ दीजिए. इसे अपने जिन्दगी का हिस्सा मान कर चलिए. आप चाहे जो कर लीजिये, चाहे जहाँ चली जाइए ये आपका पीछा कभी नहीं छोड़ेगा.

तो दोषी भावना के साथ ही जीना है तो क्यूँ न यह भावना एक ऐसे काम के लिए पाली जाए जिससे आपके दिल को खुशी मिलती हो? जिससे आपको अपने पर नाज हो? जैसे वर्किंग माँ बने रहना, अपना काम करते रहना!

आज का कॉर्पोरेट मन्त्र

- आपको पूरा हक है कि आप अपनी परिस्थिति और मौके अनुसार

चाहे वर्किंग माँ बनें या घर रहने वाली माँ बनें पर अफसोस की बात यह है कि अपराध भावना को चुनना या न चुनना आपके बस में नहीं है. वो तो हर हाल में संग चलेगी...औरत होने के नाते ये आपके हिस्से में जबरदस्ती आ ही जाती है.

- जहाँ तक चुनने का सवाल है तो आप ये चुन सकती हैं कि आपको कौन–सी वाली अपराध भावना मंज़ूर है. अपने परिवार और बच्चों को 24 घंटे की सेवा न दे पाने की अपराध भावना या अपनी डिग्री और पढाई को व्यर्थ गँवा देने की.

और...

- कभी–कभी इस अपराध भावना के कुछ मुआवजे भी होते हैं–ठीक उसी तरह जैसे अपने डाइट प्लान से दगाबाजी करने के बदले में आपको पानी पूरी खाने का मज़ा मिलता है! तो वर्किंग माँ होने की अपराध भावना के साथ–साथ जो बढ़िया बातें हैं उनका भी पूरा मज़ा लीजिये...जैसे सबसे पहली हैं आर्थिक स्वतंत्रता और अपनी कमाई से थोड़ी–सी अय्याशी करने की छूट–तो आप अपने या अपने बच्चों के लिए मनमानी चीजें खरीद सकती हैं.

3
वाकई जिंदगी में बड़ा पक्षपात है
कहते हैं ये दुनिया मर्दों की है

सुचित्रा और बॉबी दलाल को आप हर तरह से आम मध्यम वर्ग का जोड़ा कह सकते हैं, बस एक बात को छोड़कर. अपने कई दोस्तों की तरह ये दोनों भी एक साथ ऑफिस में काम करते थे, जहाँ इनकी मुलाकात हुई. कुछ समय इनकी डेटिंग चली और फिर शादी. तीन साल पहले विहान का जन्म हुआ. हाल ही में इन्होंने अपने सुखी दाम्पत्य जीवन की बारहवीं सालगिरह मनाई. बॉबी एक आर्किटेक्ट है और सुचित्रा एक बड़े बैंक की एच. आर. हेड (मानव संसाधन विकास प्रमुख) है.

दुगनी आमदनी के फायदे होते हैं... तो उनका, शहर के बीचोबीच एक खूबसूरत फ्लेट है, विलायत में छुट्टियाँ मनाते हैं और विहान एक अंतर्राष्ट्रीय स्कूल में पढ़ता है. तो दलाल परिवार में सब कुछ बड़ा अच्छा चल रहा था जैसे कि होना चाहिए.

बस, आसपास के लोगों में और इनमें, एक मूल फ़र्क था... वो ये, कि जब विहान का जन्म हुआ तो बॉबी के लिए पार्ट-टाइम कंसलटेंट बन कर अपना करिअर संभालना संभव था और चूँकि सुचित्रा बॉबी से ज़्यादा तनख्वाह पाती थी, तो दोनों ने एक बड़ा निराला निर्णय लिया. सुचित्रा के बजाय, बॉबी घर रह कर विहान को सँभालने लगा.

'नारी, मर्द बनना नहीं ज़रूरी!' 15

मेरा मतलब ऊपरी तौर पर पालन-पोषण नहीं बल्कि बॉबी ने, बाकायदा, विहान की सारी जिम्मेदारियाँ अपने जिम्मे ले लीं. विहान को स्कूल छोड़ना, घर लाना, होमवर्क करवाना और पढ़ाई न करने पर कभी-कभी डाँट लगाना (जो कर के अक्सर कई पिता अपने बच्चे की परवरिश की जिम्मेदारी सँभालने की डींग हांकते हैं) पर दलाल दंपती ने ये ऊपरी तरीके से नहीं गहरे में जा कर ये 'रोल रिवर्सल' किया था. बॉबी ने नौकरी छोड़कर घर से कंसल्टिंग शुरू कर दी थी. विहान की पूरी जिम्मेदारी संभाल ली थी. उसे स्कूल के लिए तैयार करना, उसका डब्बा लगाना, उसे फुटबॉल प्रैक्टिस में ले जाना वगैरह. अब वो घर संभालता है और सुचित्रा, जो घर की जिम्मेदारी से मुक्त है, अपने जॉब पर पूरा ध्यान दे पाती है.

अब आप लोग सोचेंगे कि इनके सारे परिचित (खास कर औरतें) उनके इस निर्णय से गदगद होंगे, इनकी पीठ ठोंक रहे होंगे और बॉबी को नारी मुक्ति आंदोलन का एक चमकता हुआ उदाहरण मान कर अपने पति और भाइयों से बॉबी की तारीफ के पुल बाँधते होगे. पर आश्चर्य कि ऐसा बिल्कुल भी नहीं है. अब जरा इस बातचीत पर गौर फरमाइए. एक बर्थडे पार्टी में जहाँ बॉबी और विहान आये थे, वहाँ दो प्रपंची पड़ोसिनों के बीच की कानों सुनी बात...

किटी ए: (अपने मोबाइल को चेक करने में व्यस्त) ये अन्ना वुमन कौन है? अन्ना हजारे? जानती हो इसे? मुझे लगातार मैसेजेस आ रहे हैं, इसकी पदयात्रा में शामिल होने के लिए! दिल्ली की कोई सोशलिस्ट है क्या?

किटी बी: क्या पता? कभी नाम सुना नहीं! पर चलो छोड़ो! वो देखो विहान के साथ आज फिर बॉबी! तीसरी बार देख रही हूँ बॉबी को, दोपहर की बर्थडे पार्टी में विहान के साथ! आखिर ये सुचित्रा है कहाँ? कहीं पति को छोड़ तो नहीं दिया?

किटी ए: (तिरस्कार से) अरे सुचित्रा को अपने जबर्दस्त जॉब में कई दौरों पर जाना पड़ता है.

किटी बी: वो सब तो ठीक है पर बॉबी के पास भी कोई काम-धंधा है या नहीं? रिसेशन विसेशन में कहीं जॉब तो नहीं छूट गया? तुम्हें

लगता है, मुझे बॉबी के जॉब के लिए डीके से बात करनी चाहिए?

(गौर कीजिए, कैसे ये शक्तिशाली पतियों की पत्नियाँ, अपने पति को उनके इनिशियल्स से पुकारती हैं. आपने कभी गौर किया है? मेरा ख्याल है कि इसका सीधा ताल्लुक शक्तिशाली अस्त्रों और बंदूकों के शॉर्ट फॉर्म से होगा जैसे AK 47, MIG 20, वगैरह. जरूर इसका अचेतन स्तर पर कोई कनेक्शन है)

'वो तो पता नहीं पर एक बात साफ है, घर में चलती सिर्फ सुचित्रा की है. देखो कैसे दुखियारे पिल्ले–सा भाव है बेचारे के चेहरे पर! बेचारा! चलो चल के हम उसे जरा हँसाते हैं. कम से कम उसे अपने दुःख से ब्रेक तो मिलेगा.

ये कहते हुए किटी ए बॉबी की ओर निकल पड़ी.

जाहिर है कि इन औरतों की सोच के ये बिलकुल परे था कि बॉबी ने ये घर रह कर बच्चा सँभालने वाला निर्णय सब सोच–विचार के लिया था. बल्कि ये सोचती हैं कि कोई और चारा न होने की वजह से लिया था. और बस, इनकी नज़रों में बॉबी, जोड़े का कमज़ोर पार्टनर घोषित हो गया.

अब जरा सोचिये, औरतें घर रहने वाले माता या पिता को जोड़े का कमज़ोर पार्टनर घोषित कर के, एक तरह से, अपने आप को ही नीचा दिखा रही हैं. और अब ज़रा ये कल्पना कीजिये अगर कोई मर्द खुद परिवार का पालक नहीं बनना चाहता और अपनी पत्नी को नौकरी करने और ज़्यादा कमाने के लिए प्रोत्साहित करता है तो उसे समाज कितना निखट्टू मानता है. ऐसे व्यक्ति को कितने कटाक्ष सहने पड़ते हैं.

जब भी मेरी औरतों से बातचीत होती है वो मुझसे शिकायत करती हैं कि सभी कॉर्पोरेट ऑफिस में, सब कुछ, मर्दों के हिसाब से, उनके अनुकूल बनाया जाता है. ऑफिस का बॉयज क्लब जो काम के बाद ड्रिंक करने जाता है, साथ हँसता–बोलता है, जबकि औरतें ऑफिस के बाद सीधे अपने दूसरे जॉब की ओर यानी अपने घर की ओर भागती हैं... मेन्स टॉयलेट में एक स्मोकर्स कोना होता है जहाँ आदमी एक–दूसरे से और बॉस से गप–शप करते हैं, मज़ाक करते

'नारी, मर्द बनना नहीं ज़रूरी!' 17

हैं, दोस्ती छेड़ते हैं. औरतें शिकायत करती हैं कि ज़िन्दगी उनसे पक्षपात करती हैं. उन्हें नौकरी और घर दोनों सम्भालने में डबल मेहनत करनी पड़ती है ताकि दोनों कार्यों से ईमानदारी बरत सकें, और मर्द, सिर्फ ऑफिस पर अपना पूरा ध्यान लगा सकते हैं क्योंकि उनके घरों में डब्बा पैक करने वाली और पी.टी.ए. मीटिंग्स सम्भालने वाली पत्नी मौजूद है.

माना कि कई मामलों में उनका कहना सच है पर मैं इन लड़कियों से कहना चाहती हूँ कि एक पल गौर से देखें कि क्या वाकई आदमियों का जीवन इतना आसान और आरामदेह है जैसा वो सोचती हैं?

जैसे समाज ने औरतों की भूमिका पहले से लिख दी है, उन्हें एक डिब्बे में कैद कर दिया है, वैसे ही समाज ने आदमियों की भूमिका भी तय कर रखी है. उन्हें मर्ज़ी न मर्ज़ी, मोटी तनख्वाह कमा कर घर लाने वाला परिवार का पालक बनना पड़ता है. रास आये न आये एक आम मध्यमवर्ग के मर्द को रोज़ सुबह उठ कर अपने परिवार की हर ज़रूरत का जुगाड़ करना पड़ता है. दूर दराज का सफर, सख्त बॉस की तानाशाही, दुखी करने वाली नौकरी, दिल चाहे न चाहे करनी पड़ती है. मर्द किसी दिन घर आ कर ये घोषणा नहीं कर सकते 'अब में घर रह कर बच्चे संभालूँगा—तुम काम करो!' जबकि औरतें बड़े आराम से, चाहें तो, बिलकुल यही लाइन दोहरा सकती हैं.

औरतें चाहें तो इक रोज़ सुबह उठ कर पति से कह सकती हैं 'मैं अपनी नौकरी छोड़ कर अब अपनी कलात्मकता पर गौर करना चाहती हूँ. मैं पॉटरी और पेंटिंग सीखूंगी और अपने बच्चों के लिए एक अच्छी माँ बनूँगी.' हो सकता है वो ये सब अपने तनाव भरे जॉब या एक सख्त बॉस से छुटकारा पाने के लिए कर रही हों. पर समाज उन्हें तुरंत एक बेहतरीन और त्यागमयी माँ के खिताब से सुसज्जित कर देगा. कहेगा इस बेचारी ने परिवार और बच्चों के लिए अपना करिअर त्याग दिया. अगर आदमी यही करे, तो सच बताइए, क्या समाज उसे वही इज़्ज़त देगा जो एक कमाऊ पति और पालक को देता है?

हाल ही में मेरी दोस्त के पिता अपनी नौकरी से रिटायर हुए और उन्हें तुरंत ये एहसास हुआ कि अब घर में उनकी पहले–सी अहमियत और इज़्ज़त नहीं रही. पिछले तीस सालों से उनकी पत्नी रात के खाने का मेनू उनकी पसंद अनुसार, पूछ कर, तय करती थी. रिटायर होते ही पत्नी ने अपने कमाऊ बेटे से उसकी पसंद पूछनी शुरू कर दी. पति की शक्ल पर निराशा साफ झलक रही थी जब उन्हें पता चला कि ध्यान उनसे हट कर अब बेटे पर केन्द्रित हो गया है.

ज़िन्दगी औरतों के प्रति अन्याय करती है और आदमियों पर कितनी मेहरबान है ये सोचने के पहले चलिए हम अपने आप से पूछें ये कितना सच है.

समाज ने हमें जितना माँ, बेटी, पत्नी की भूमिका में बाँध रखा है, मर्दों को भी पालक के निर्धारित रोल से जकड़ रखा है. कोई भी मर्द अगर इस भूमिका से हटना चाहे तो देखिए समाज उसे किस नीची निगाह से देखता है.

हाँ जिन्दगी अन्याय करती है पर औरतों और मर्दों, दोनों से बराबर का अन्याय करती है. सभी से जिंदगी कुछ न कुछ अन्याय करती है. चाहे वो किसी भी जाति, वर्ग या लिंग का हो! तो चलिए इस सच्चाई को स्वीकार करें और आगे बढ़ें.

और अपने प्रति होते अन्याय को मिटा कर स्थिति सुधारने की सोच के साथ–साथ आइये अपने आस पास के मर्दों के प्रति कुछ सहानुभूति दिखाएँ. आखिर उन्हें भी तो अपने हिस्से की जिम्मेदारियों का बोझ ढोने पड़ते हैं.

आज के दिन का कॉर्पोरेट मंत्र

- हम अक्सर अपने प्रति हुए अन्याय का अफसोस करने में बहुत वक्त गंवाते हैं. खेल में हर किसी को, कभी न कभी बुरे पत्ते ज़रूर मिलते हैं.
- औरतें समझती हैं कि जिंदगी ने उन्हीं के साथ ज़्यादा अन्याय किया है और मर्दों के प्रति ज़्यादा मेहरबानियाँ. सच्चाई तो ये

है कि समाज ने मर्दों पर भी जिम्मेदारियाँ थोपी हैं...परिवार के पालक बनने की.

और...

- माना कि आपके पति चमचमाते कवच में, नीले घोड़े वाले राजकुमार नहीं हैं, पर कभी-कभी आपको उनकी तारीफ करनी चाहिए... आखिर वो आपके रक्षक के रूप में रोज़ कई सारे राक्षसों का ध्वंस करते हैं. भले ही वो बाथरूम के कॉकरोच के रूप में क्यों न हो!
- अगर आप अपनी जिन्दगी में बॉबी जैसे व्यक्ति को जानती हों तो जरूर उनकी प्रशंसा कीजिये. उन्हें बताइए कि वो सही मायनों में एक सच्चे और अनोखे पति हैं.

4
लड़के तो लड़के रहेंगे
(और लड़कियाँ सारी मेहनत करेंगी)
लड़कियों के खून में है मल्टीटास्किंग

मर्दों का जिक्र चल रहा है तो आइये एक उदार नारी हृदय से ये मान लें कि मर्दों को भी कई पक्षपातों का सामना करना पड़ता है. साथ-साथ अपनी बहनों के प्रति मेरा ये भी कर्तव्य बनता है कि मैं इस बात को खुलेआम स्वीकार लूँ कि हम नारियों को मर्दों में कई सारे अवगुण भी नज़र आते हैं और हम उन्हें मजबूरन झेल लेते हैं. इनमें से पहला है कि मर्द मल्टीटास्किंग बिलकुल नहीं कर पाते तो स्वाभाविक है सारा एक्स्ट्रा काम हमारे ही जिम्मे आ जाता है.

आगे चल के जब जीवन की आपाधापी में आप एक साथ हज़ारों चीजें मैनेज कर रही होंगी, अपना नया प्रमोशन, बच्चों का होमवर्क, अचानक धमक पड़े, बदतमीज रिश्तेदार (आपकी तरफ के नहीं, उनकी तरफ के) फट पड़े प्रेशर कुकर की गैस्केट, जूनियर कर्मचारी जिन्हें समय पर ऑफिस आने के लिए प्रोत्साहित करना पड़ता है...तो कहीं इस जद्दोजेहद में आपको ये एहसास होगा कि हर बार घर के सारे ऍक्स्ट्रा काम आप ही अकेले संभाल रही हैं. जबकि आपके पति या तो अखबार पढ़ने में मशगूल हैं, या फिर मौजूदा सरकार की नाकामियों

पर टिप्पणी कर रहे हैं, अपने ऑफिस की लेटेस्ट प्रॉब्लम पर फोकस कर रहे हैं या फिर अपने सारे विचारों का सारा बल सचिन तेंडुलकर के मनोबल से जोड़ने में जुटे हैं जब वो अपनी अगली सेंचुरी की बैटिंग में लीन हैं. जहाँ आप सारे कामों को सम्भालने में चकरघिन्नी की तरह गोल–गोल चक्कर काट रही हैं, पति महाशय मानो एक बिलकुल सीधे–सपाट रास्ते पर जॉगिंग कर रहे हैं...यानी एक बार में सिर्फ एक ही चीज पर ध्यान केन्द्रित किए हुए हैं.

मैं अपने परिवार से कहती हूँ 'अच्छा सुनो, मैं कुछ घंटों के लिए घर से बाहर जा रही हूँ. जब तक मैं लौटूं तब तक सिड की पैकिंग निबटा देना और स्कैम्पर को बाहर टहला देना. अखबार वाला लड़का आएगा उसका बिल अदा कर देना और खाना गरम कर लेना. मैं इन लोगों का ढीला–ढाला अंदाज जानती हूँ तभी इन्हें ऐसे काम सौंप रही हूँ जिन्हें एक निश्चित समय की परिधि में निबटाना ही पड़ेगा. अब जैसे सिड की फ्लाइट 6 बजे निकलेगी, स्कैम्पर को बाहर न ले जाया गया तो वो कालीन गीला कर देगा और खाना तो सबको कुछ देर में खाना ही होगा. अपनी चालाकी और होशियारी की दाद देते हुए मैं घर से फर्राते हुए निकल पड़ती हूँ.

ठीक एक घंटे और पचपन मिनटों में मैं घर लौट आती हूँ (एक आम फुर्तीली नारी जब समय देती है तो उस पर टिकती भी है) और कमरे की दशा देख कर लगता हैं यहाँ कोई बवंडर मचा हुआ है! स्कैम्पर भरे हुए ब्लैडर के कारण जोर जोर से कूं कूं कर रहा है. सिड के काफी सारे कपड़े जमीन पर बिखरे पड़े हैं. खाना टेबल पर यूँ ही पड़ा ठंडा रहा है. और घर के सारे टीवी सेट जोर–जोर से पूरे वॉल्यूम पर चीख रहे हैं. सिड (सिर्फ शर्ट, बिना पैंट पहने) और एच डी (न जाने क्यों गले में दो–दो टाई लटकाए) और अखबार वाला लड़का टीवी सेट के सामने मुँह खोले बैठे हुए हैं.

'अरे? ये क्या चल रहा है?' मैं तीन–तीन टीवी और हर्षा भोगले से ज़्यादा जोर लगा कर चीखती हूँ. किसी के कान में जूं नहीं रेंगती सिवाय स्कैम्पर के जो मुझे दरवाजे की ओर घसीट रहा है. मैं फिर चिल्लाती हूँ 'हेल्लो!!' किसी को कुछ सुनाई दे रहा है?

"श श श श' तीनों मेरी तरफ चुप रहने का इशारा करते हैं: 'इंडिया की बैटिंग है."

'हूँ?' मैं चक्कर में पड़ जाती हूँ! क्या कोई वर्ल्ड कप फाइनल या कोई इंडिया–पाकिस्तान वन डे मैच चल रहा है, जो मैं भूल रही हूँ?

'हैल्लो! क्या आप लोग बताने का कष्ट करेंगे कि ये क्या तमाशा चल रहा है? मेरा बताया एक काम भी अभी तक पूरा नहीं हुआ?' मैं भारी कदमों से जाकर टीवी सेट स्विच ऑफ कर देती हूँ.

'ओफ्फो ओ मॉम! तुम्हें इतनी जल्दी लौटने की क्या जरूरत थी?' सिड बड़बड़ाता है.

एच डी मेरी तरफ घूरते हैं 'तुम भी ना!! हम इतना जरूरी मैच देख रहे थे! इंडिया–ऑस्ट्रेलिया 1998 का, जिसमें सचिन ने आज तक की बेस्ट बैटिंग ठोकी थी.' अखबार वाला लड़का भी इनकी पार्टी में शामिल है इसलिए मेरी तरफ देखकर नाक सुड़कता है.

मै आँखें बड़ी–बड़ी कर के इन सब को घूरती हूँ. 'तो क्या तुम लोग पिछले दो घंटों से यहाँ खाली बैठे पुराने मैच का री–रन देख रहे हो? जिसे तुम लोग कम से कम 75 बार देख चुके हो? और सारा काम वैसे का वैसा पड़ा है? क्रिकेट के सैकड़ों आँकड़ों से भरे तुम्हारे दिमागों में क्या ये बात भी लुप्त हो गई कि तीन घंटों में सिड को फ्लाइट पकड़नी है?' मैं ताना मारती हूँ.

'हरगिज नहीं! हम साथ–साथ सिड की पैकिंग भी तो करते जा रहे हैं. दिखाई नहीं पड़ रहा है क्या?' एच डी हाथ नचाते हुए लम्बी हाँकते हैं.

'नहीं मुझे नहीं दिख रहा!' मैं फट पड़ती हूँ. 'सूटकेस में सिर्फ दो शर्ट्स पड़ी हुई हैं, बाकी सारे कपड़े जमीन पे क्यों बिखरे हैं? और तुम गले में दो–दो टाई लटकाए क्या कर रहे हो?'

'में सिड को टाई की नॉट बांधना सिखा रहा हूँ और सिड एक–एक कर के सारे कपड़े ट्राय कर रहा है, कौन से फिट होते हैं कौन से नहीं, ताकि सूटकेस में फिजूल कपड़ों से जगह न बर्बाद हो.'

मेरे पति और बेटा दोनों मुझे घूर रहे हैं कि भला मैं उनके अक्लमंद तर्कों पर शक कैसे कर सकती हूँ?

'नारी, मर्द बनना नहीं ज़रूरी!' 23

मेरा सर घूमने लगता है. पिछले हफ्ते, खुद खरीदे कपड़ों में भला कोई साइज कैसे चेक कर सकता है? मैं चारों तरफ सूंघ कर जानना चाहती हूँ कि कहीं ये लोग सचिन की जबर्दस्त वैटिंग को सेलिब्रेट करने के लिए दारू तो नहीं पी रहे हैं? ये भूल कर कि ये मैच आज से पन्द्रह साल पहले खेला गया था? चारों तरफ पार्टी के कोई चिन्ह नज़र तो नहीं आ रहे हैं, सिवाय इसके कि अखबार वाला लड़का जोर-जोर से भारतीय झंडा हिला रहा है.

धैर्य भरी गहरी साँस लेकर मैं तय करती हूँ कि बहस में और वक्त गंवाना बेवकूफी होगी और मैं तुरंत लंच की तैयारी में लग जाती हूँ ताकि एयरपोर्ट पिकअप आने से पहले मैं सिड की सारी पैकिंग भी खत्म कर सकूँ. उतनी देर में स्कैम्पर ने एंटीक अफगानी कारपेट पर अपने आपको हल्का कर लिया है.

मैं मुड़ कर इनसे कहना चाहती हूँ कि कारपेट साफ करें पर देखती हूँ कि ये सारे फिर दुनिया से बेखबर, टीवी सेट के सामने आँखें गड़ाए बैठे हैं.

भले मेरा परिवार मुझसे सहमत न हो पर मुझे उनके टीवी देखने से कोई ऐतराज नहीं है. वो क्रिकेट, हॉकी, फुटबॉल, कबड्डी, बीच वॉलीबॉल या चाहे जो देखें, पर साथ-साथ अपने बाकी बताए हुए काम भी करते जाएँ तो मुझे कोई प्रोब्लम नहीं है. अब जैसे बाकी सारी औरतों की ही तरह मेरी बहन टीवी देखते-देखते खाना पका लेती है, बच्चे पर नज़र रखते हुए मम्मी से बुद्धिजीवियों की तरह बातचीत भी कर सकती है, सारे काम एक साथ. तो मेरे घर के सब मर्द क्यों एक बार में एक ही काम कर पाते हैं?

तो यही है सौ बात की एक बात. औरतों के तो खून में जैसे मल्टीटास्किंग की कला बसी हुई है और मर्द? उन्हें तो ये बात ही पल्ले नहीं पड़ती.

मान लीजिये मर्द गाड़ी चला रहे हैं तो समझ लीजिए की वो सिर्फ गाड़ी ही चला पायेंगे. अगर बीच में कोई फोन आ जाए तो गाड़ी की स्पीड बातचीत की गति अनुसार धीमी या तेज होती रहेगी. बहस चल रही हो तो गाड़ी भागने लगेगी और अगर प्यार भरी खुसरपुसर

हो तो गाड़ी भी रेंगने लगेगी. क्योंकि मर्दों के दिमाग में सिर्फ एक ही ट्रैक होता है और उन्हें तभी कुछ समझ में आता है जब सामने चल रही सभी बातों की लय एक सरीखी हो. पर गौर कीजियेगा, औरतें फोन पर बात करते–करते एप्पल छील सकती हैं, साथ–साथ मेमो लिख सकती हैं और अपने बॉयफ्रेंड से मन ही मन बहस भी कर सकती हैं. सब चीजें बखूबी से एक साथ कर सकती हैं.

तभी तो औरतें मर्दों से ज़्यादा कर्मठ होती हैं, मर्दों के मुकाबले एक साथ कई सारे अलग–अलग काम निबटा सकती हैं. चाहे घर का काम हो या दफ्तर का–तभी तो स्वाभाविक है, मर्दों से बेहतर मैनेजर्स सिद्ध होती हैं. एक साथ घर, दफ्तर, कई प्रोजेक्ट्स, कठिन प्रोब्लम्स सब दक्षता और फुर्ती से इकट्ठे संभाल सकती हैं.

चूंकि औरतें एक साथ, कम समय में ज़्यादा काम संभाल लेती हैं, तो नेचुरली उन्हीं को ज़्यादा काम सौंपा जाता है. मर्द इतना वक्त लगाते हैं, कि एक बार में एक ही काम कर पाते हैं तो जाहिर है उनके हिस्से में कम काम आता है.

तो फिर क्या हम मान लें कि चूंकि हम ज़्यादा कार्यकुशल हैं तो हमें काम का ज़्यादा बोझ उठाना पड़ेगा या इस नाइंसाफी के खिलाफ भी हमें शोर मचाना चाहिए?

निजी तौर पर मैंने देखा है कि ज़्यादा से ज्यादा काम खुद कर लेने में ही समझदारी है वरना फिर मर्दों के संग माथापच्ची करो! एक से ज़्यादा निर्देश पाते ही बिचारों का सिर घूम जाता है और सब काम चौपट हो जाता है.

आज के दिन का कॉर्पोरेट मंत्र

- मल्टीटास्किंग हम लड़कियों की अनोखी कला है जो ज्यादातर सिर्फ औरतों में होती है तो हमें इसका भरपूर फायदा उठाते हुए दौड़ में आगे निकलना चाहिए.
- ऑफिस में ज़्यादा काम वाला कोई प्रोजेक्ट आपको ऑफर किया जाए तो तुरंत उसे स्वीकार कीजिये और साथ–साथ घर में कोई तोड़फोड़ या नया कुछ बनवाना हो तो वो भी करती जाइये–इससे

आपकी मल्टीटास्किंग की कला मंजती जाएगी.

और...

- एक साथ पच्चीस चीजें करना तो आपके बाँये हाथ का खेल है. ये कर के अपना दबदबा बनाइए और इतनी सुव्यवस्थित और कर्मठ होने पर ज़्यादा तारीफें जुटाने की कोशिश कीजिए.
- मर्दों से कोई काम करवाना हो तो याद रहे, बात सम—लय होनी चाहिए — तो कहिए, 'वॉक से आते वक्त दूध लेते आइये" यानी एक बार में एक ही चीज. अगर आपने कहा "दूध लाइए और गाड़ी में पेट्रोल भी भरवा दीजिए—तो याद रखिये, बस, एक ही काम हो पायेगा.

5

आपकी मुश्किलें अनोखी नहीं, सभी की सास दुष्ट और पति आलसी होता है

सफ़रिंग सीता सिंड्रोम

हम भारतीय लोग, जैसा कि सब जानते हैं, बॉलीवुड के बड़े भक्त हैं. बॉलीवुड हमारी रगों में ऐसा दौड़ रहा है कि जैसे अपने आप में कोई अलग धर्म हो, जिसके भक्तों की संख्या सभी धर्मों की मिलीजुली संख्या से कहीं ज़्यादा है और लगता है एक दिन ये संख्या फेसबुक उपभोक्ताओं से भी आगे निकल जायेगी.

बॉलीवुड का खिंचाव ऐसा है कि इसने हमारे बीच से जैसे धर्म, जात–पाँत, वर्ग और वर्ण के भेदभाव को मिटा दिया है और हम सबको एक सांस्कृतिक बंधन में बाँध दिया है और हम सबको इसकी वेदी पर माथा टेकने पर मजबूर कर दिया है (और साथ–साथ जैसे नेपथ्य में अमिताभ बच्चन की बुलंद आवाज इसकी महिमा गा रही है). मैं अक्सर सोचती हूँ कि जब सदियों बाद कोई मार्स से पृथ्वी पर उतरेगा तो हम उसे म्यूज़ियम (अजायबघर) में सजी मीना कुमारी की सिंदूरदानी, गब्बर सिंह का चाबुक, माधुरी दीक्षित की चोली और सलमान खान की फटी शर्ट दिखा रहे होंगे. भारत की विकास श्रृंखला के कुलदेवता के चिन्हों के रूप में.

बॉलीवुड हमारे जीवन में ऐसा समा चुका है कि हमारे लिए तथ्य और कथ्य के बीच फर्क करना मुश्किल हो गया है. हमारा मन असली रीति–रिवाजों और बॉलीवुड द्वारा प्रचलित रिवाजों के बीच फर्क ही नहीं कर पाता. ये सच्चाई मैंने तब समझी जब हाल ही में मैंने चेन्नई में अपनी एक सहेली की बेटी का विवाह अटेंड किया.

मेरी दोस्त का तमिल ब्राम्हण परिवार इतना ज़्यादा रूढ़िवादी था कि जिन दिनों में हम चेन्नई में साथ पढ़ते थे उसके पिता ने बड़ी सख्ती से उसे, मुझसे मिलने को मना कर दिया था. 'वो उत्तर भारत की लड़की तुम्हें बिगाड़ देगी. देखा नहीं वो स्लीवलेस ब्लाउज पहनती है?' मेरी बिचारी दोस्त ने विद्रोह में सिर्फ एक कदम उठाया और अपने पिता की बात को अनसुना कर के मुझसे अपनी दोस्ती कायम रखी. तो अब आप समझ सकेंगी कि उसके यहाँ शादी में पहुंच कर मुझे कितना आश्चर्य हुआ जब तड़के सुबह 4 बजे, कल्याणम मुहूर्तम में मंडपम में जाने के बजाय हमें एक रोज़ पहले लेडीज़ संगीत में जाने का न्यौता मिला. साउथ में लेडीज़ संगीत? किसने सोचा था भला? मुझे और ज़्यादा आश्चर्य हुआ यह देख कर कि पूरा लेडीज़ संगीत का प्रोग्राम कोरियोग्राफ़्ड था जिसमें सारे परिवार ने मिल कर नाच– गाना किया और महान आश्चर्य कि मेरी दोस्त के पिता ने (हाँ वही, जिन्हें स्लीवलेस ब्लाउज से ऐतराज़ था) दिलीप कुमार के गानों पर डांस किया!! और स्लीवलेस ब्लाउज की तो छोड़िये, ज़्यादातर लड़कियाँ अपनी कांजीवरम साड़ियों के साथ छोटे–छोटे बिकिनी नुमा ब्लाउज पहने हुए थीं. सब बॉलीवुड की फिल्मी शादियों की देखा–सीखी!

बॉलीवुड में वो दम है कि वो उत्तर को दक्षिण से, पूरब को पश्चिम से और हम सब को उत्तर–पूर्व से जोड़ सकता है, ये बात वाकई सराहनीय है. पर बॉलीवुड का एक और पहलू है जो बिलकुल सराहनीय नहीं है, जिसने हमारी औरतों की एक पूरी पीढ़ी को बड़े गलत ढंग से प्रभावित किया है.

जब हम बड़े हो रहे थे, उन दिनों बॉलीवुड में सारी हीरोइनें ट्रेजेडी क्वीन और भयंकर दुखियारी भूमिका में पर्दे पर नज़र आती थीं. दुःखी आत्मा होना जैसे उनकी नियति बन चुकी थी. या तो वो

दुष्ट पिता द्वारा प्रेमी से जबरदस्ती अलग किये जाने पर दुःखी होतीं या नामुराद बच्चों के हाथों त्रस्त हो कर! कभी गरीब किसान की गरीब–गुरबा पत्नी के रूप में दुखी होतीं तो अमीर बिजनेस–मैन की बेचारी, अपेक्षित बेटी के रोल में दुखी नज़र आतीं. कभी स्मगलर की अच्छे–दिल–वाली गर्लफ्रेंड बन कर तो कभी छोड़ी हुई पत्नी बन कर या फिर त्यागमयी तवायफ के रूप में दुखी नज़र आतीं. रोल तो वो कई प्रकार के करती थीं पर सब दुःख में डूबे, गम में सराबोर!

हम ये सारे सीन्स सिनेमास्कोप में बड़े पर्दे पर बार–बार देखते रहे वो भी बड़ी कच्ची उम्र में तो स्वाभाविक है हमारे नाज़ुक मन पर इसका बड़ा गहरा प्रभाव पड़ा और नतीजा ये हुआ कि एक खास उम्र की भारतीय नारियाँ ये मानने लगीं कि दुःख झेलना ही उनका भाग्य है...

जैसे सारा जग उन्हीं को सताने के लिए पैदा हुआ है. या तो दुष्ट सासें उन्हें सताती हैं, या पति मदद से इंकार करते हैं या बिगड़ैल बच्चे उनसे दुर्व्यवहार करते हैं. वो इस लिए भी परेशान रहती है कि उनके बॉस उनकी कद्र नहीं करते या उनके सहकर्मी पीठ पीछे उनकी बुराई करते हैं. वो 8.20 की लेडीज़ स्पेशल ट्रेन में पीड़ित हैं और एयरकंडीशन्ड कार में पीड़ित हैं. वो घर में पीड़ित हैं और ऑफिस आकर फिर नए सिरे से पीड़ित हो जाती हैं.

शुरू में मुझे इन पीड़ित महिलाओं से बड़ी सहानुभूति होती थी पर धीरे–धीरे समझ में आया कि उन्हें पीड़ा झेलने में मज़ा आता है और उन्होंने उसे अपना धंधा बना लिया है. उनके लिए, ये सहानुभूति इकट्ठा करने और आसपास के लोगों को ब्लैकमेल करने का ज़रिया बन गया है. अब कोई इनसे आशा न करे, तब भी ये पूरा दिन ऑफिस में काम करने के बाद, 10 बजे रात को सबके लिए गर्म रोटियाँ बनायेंगी. किसी और से कपड़े धुलवाने के बजाय खुद धोएँगी, या ऑफिस में जल्दी काम खत्म करने के बजाय देर रात तक रहेंगी, औरों को दिखाने के लिए कि वो कितनी मेहनत कर रही हैं. जानबूझ कर वो अपने ऊपर काम लाद लेंगी! खुद मसाला पीसेंगी! ताकि अगली सुबह औरों के सामने बेचारगी का मुकुट पहन कर निकल

सकें! सतायी सीता बनना उन्हें बेहद पसंद है क्योंकि उनके मन में आदर्श भारतीय नारी वही है जो दुःख सहे!

मेरी एक कज़िन गायत्री इस 'सफरिंग सीता' की भूमिका इतने बढ़िया अंदाज में निभाती है कि अगर स्पर्धा हो तो वो उसमें अव्वल आ सकती है. हाल में वो मुझे एक शादी में मिल गयी.

'हाय गायत्री! बड़ी अच्छी लग रही हो–कितनी खूबसूरत साड़ी पहने हो.' मैं उससे खुशी–खुशी मिली.

'सच?' अपनी साड़ी को देख कर मुंह बिचकाकर बोली 'मेरी सास ने मुझे अपनी कई पुरानी साड़ियां दी थीं, ये उसमें से है. सेकंड हैण्ड! मेरी शादी में उन्होंने मुझे एक भी नई चीज़ नहीं दी. पर मैंने आज तक न कोई नाटक किया न कोई शिकायत की. जो लाइलाज हो उसे खुशी से झेलना ही होगा. मैं अपने आप को ही समझती हूँ' अपनी मेंढक–सी आँखों में दुखी भाव लाते हुए उसने मेरी ओर देखा.

सच्चाई तो ये थी कि पिछले 10 सालों में सारे परिवार ने ये सेकंड हैण्ड गिफ्ट वाली बात कई बार सुन रखी थी! क्या कहूँ सूझ नहीं रहा था तो मैंने विषय बदल दिया. 'मैं अभी–अभी बिट्टू से मिली... ...कितना लम्बा और हैंडसम नौजवान हो गया है...'

'हाँ, वो तो होना ही था' नाक सुड़कते हुए बोली 'मैं रोज़ सुबह 4.30 बजे उठ कर उसके लिए एलोवेरा जूस के साथ मेवा पीस कर देती हूँ, मेरी अनिद्रा के बावजूद! तुम तो जानती हो मैंने कितनी तकलीफें सही हैं, पिछले सात सालों से एक रात भी ठीक से नहीं सोई हूँ. माँ को अपने बच्चों के लिए कोई तो त्याग करना होगा ना? नींद क्या चीज है.'

मुझे साफ नज़र आ रहा था कि वो बॉलीवुड की नाटकीय माँ की भूमिका में बहती चली जा रही है. अपनी कल्पना में वो सफेद साड़ी पहने, निरूपा रॉय के त्यागमयी रोल को हड़पे जा रही है. त्यागमयी माँ के माहौल से मुझे घुटन होने लगी थी तो मैंने ध्यान ज़रा पॉज़िटिव बातों की ओर मोड़ा. 'ओह बरात तैयार है, चलो चल के डांस करते हैं.'

'नहीं नहीं तुम जाओ... तुम्हें तो पता है मैं डांस नहीं कर पाती!

बिट्टू के पैदा होने पर मैंने रीढ़ की हड्डी में जो एपिड्यूरल इंजेक्शन लिया था, मेरी कमर का दर्द कभी गया ही नहीं... मैं ही जानती हूँ वो दर्द जो मैं हर घड़ी झेलती हूँ. तुम एन्जॉय करो ना मैं बस दूर से देखूँगी!'

आह भरते हुए बड़ी नज़ाकत से वो पास की कुर्सी में धँस गयी.

दुखभरी कहानी से मेरा मन भर आया और मैंने भी डांस करने का ख़याल छोड़ दिया.

'सुना है तुम सी.ई.ओ. बन गयी हो? कमाल है! और क्लास में फर्स्ट मैं आती थी, तुम्हें हमेशा पीछे छोड़ देती थी!' गायत्री की दबी हंसी में खिल्ली थी. 'तुम बड़ी लकी हो! पर तुम्हारा पति इतना अच्छा है. खाना पकाना जानता है, है ना? और जब तुम ऑफिस के दौरों पे जाती हो वो सिड को संभाल भी लेता है, ना? मानना पड़ेगा तुम वाकई लकी हो! रमेश इन मामलों में कितना बेकार है तुम तो जानती हो. मैं आधा घंटा भी बाहर चली जाती हूँ तो मेरे मोबाइल पर फोन करने लगता है. सुबह की चाय और नाश्ता अगर मैं ना बनाऊं तो उसका दिन अच्छा नहीं जाता. सब मेरे हाथ का चाहिए. मैं अपने काम पर वापस लौटने का सोच ही नहीं सकती. वर्ना मेरे बॉस हमेशा कहते थे 'गायत्री एक दिन तुम जरूर एम.डी. बन के रहोगी!' एक साथ ट्रेजेडी क्वीन मीना कुमारी और झाँसी की रानी दोनों लग रही थी!

पता नहीं क्यों मुझे अपने आप पर जैसे शर्म आने लगी. मुझे अपना आप कसूरवार लगने लगा... ना मुझे अनिद्रा थी, ना पीठ दर्द, ऊपर से मेरे पति इतना सपोर्ट और सहयोग करते थे. मैंने हिचकिचाते हुए धीमी आवाज में कहा 'तुम्हारे मम्मी–पापा कैसे हैं? नज़र नहीं आ रहे?'

'ओह... वो नहीं आ सके. मम्मी का पेट खराब है. कई सालों से अपच की तकलीफ है... पता है ना?' (तकलीफें जैसे खानदान की किस्मत में हैं) 'मैं अभी ताज़ा खाना बनाकर उन्हीं के घर से आ रही हूँ. यहाँ आने के पहले मुझे इतनी देर हो गई कि रमेश नाराज़ हो गए.'

'पर आंटी के पास तो पूरे दिन का बावर्ची था ना?' मैं जानती

थी कि गायत्री की मम्मी कई दशकों से कई सारे नौकरों पर राज करती रही हैं.

'हां वो तो है, पर मुझे लगा मम्मी को इस हालत में किसी और का पका खाना नहीं खाना चाहिए,' गायत्री बड़ी श्रद्धा से बोली.

अब उसकी महानता का तेज़ ऐसा चमक रहा था कि लगा मेरी आँखें चौंधिया जाएँगी! तो मैंने किसी परिचित को देखने का बहाना किया और वहाँ से भाग निकली. इतनी ज़्यादा महानता सहना मेरे लिए मुश्किल था. बर्दाश्त की भी एक हद होती है.

मैं मानती हूँ कि एक जमाना था जब दुःख सहने का फैशन था और दुखियारियों की इज़्ज़त होती थी. पर अब वो ज़माने लद गए. (1970 के पहले वाली सारी बातें पुरानी और रेट्रो मानी जाती हैं). जाहिर है कि डिशवॉशर्स, लॉन्ड्री सेवा, रेडी–मेड पापड़, अचार मसाले, खानसामे, बावर्ची, ड्राइवर और घर सफाई कर्मचारी सब हमारा बोझ घटाने के लिए ही बनाए गए हैं. अगर हम फिर भी इन सेवाओं को छोड़ कर घर कामों पर शहीद होने पर तुले रहेंगे तो कोई भी हमारी वकत नहीं करेगा. खामखा बिचारी बने रहने की हमारी बेवकूफी पर सब हँसेंगे.

'सफरिंग सीता' का फैशन जाने कब का बीत चुका है. अब हमें इस पुराने मॉडल को इज़्ज़त से रिटायर कर देना चाहिए.

और अब जब हम एक नए, बराबरी के युग में आत्मविश्वास के साथ आगे बढ़ रहे हैं तो चलिए कुछ बेहतर रोल मॉडल्स चुनें. जो हमें ज़्यादा मज़ेदार, ज़्यादा अच्छे, ज़्यादा पॉजिटिव लगे...जैसे 40 वर्षीय सेक्सी आंटी, सख्त पर स्मार्ट बॉस, खुशमिजाज़ और उत्साही एग्जीक्यूटिव्ज़, कूल और बुद्धिमान सहकर्मी वगैरह!

आज का कॉर्पोरेट मंत्र

- आज के युग में खामखा दुख–दर्द सहना महानता नहीं बेवकूफी और फूहड़ता मानी जाती है.
- आज हम कई तरह के किरदारों में से अपना रोल मॉडल चुन सकते हैं. जैसे स्टाइलिश मॉम, नमकीन सेक्सी आंटी, फैशनेबल

दीवा, क्लासी एच.ओ.डी., शालीन बॉस वगैरह...इनमें से किसी को चुनिए और दुःख सहना बंद कीजिए.

और...

- वैसे कई भारतीय मर्द आज भी अपनी शक्तिशाली माँ के प्रभाव में जीते हैं. हो सकता है 'सफरिंग सीता' बनकर आप ऐसे मर्दों से शायद थोड़ी–बहुत सहानुभूति निचोड़ पाएँ.

6

'ऑन' और 'ऑफ', बस मेरे लिए दो ही बटन समझना काफी है

घिसी–पिटी पारम्परिक छवि जैसा कोई कांसेप्ट होता है क्या?

मेरे साथ बात ये है कि अगर सामने आई कोई चीज ज़रा भी मैकेनिकल हो तो मेरे बिलकुल पल्ले नहीं पड़ती. मशीन–से नज़र आने वाले किसी भी गॅजेट को देख कर मेरे हाथ–पैर फूलने लगते हैं और दो से ज़्यादा बटन नज़र आए तो मेरा दिमाग बेवकूफों की तरह चलने लगता है.

जब हमारे घर टाटा स्काय लगाया जा रहा था तो मेरी घबराहट खौफ में बदल गयी सिर्फ ये देख कर कि अब मुझे दो रिमोट इस्तेमाल करने पड़ेंगे जिनमें अलग अलग 21 बटन होंगे. हाय! मैं मर जावां!

खैर, मेरे अधीर बेटे ने एक हफ्ता मेरी क्लास लेकर किसी तरह मुझे टीवी और सेट टॉप बॉक्स एक साथ ऑन करना सिखा दिया. एक नई कला को सीख कर मन में गहरी संतुष्टि का अनुभव हो ही रहा था जब एक शनिवार को एच. डी. ने बड़े उत्साह से फोन किया और कहने लगे कि मैं उनके लिए एक विम मैच (वेरी इम्पोर्टेन्ट मैच) रिकॉर्ड कर लूँ. (मेरे परिवार की नज़रों में आज तक कोई ऐसा मैच

नहीं रहा है जो वेरी इम्पोर्टेन्ट न हो. बिलकुल उन अवार्ड फंक्शन में आमंत्रित वी आई पी मेहमानों की तरह! मैंने आज तक जितने भी अवार्ड शो संभाले हैं उनमें हमेशा सारे लोग सिर्फ वी आई पी ही होते हैं. और सब को सबसे आगे वाली सीट्स ही चाहिए होती हैं (और उसके अलावा कुछ और सीटें, उनके बड़े–बड़े इगो और कई अन्य रिश्तेदारों के लिए).

जैसे ही एच.डी. ने चिल्लाकर मुझे निर्देश झाड़ने शुरू किये मुझे लगा कि फिर मैं अपनी पुरानी बुद्धू पर्सनालिटी में बदल रही हूँ और मेरा दिमाग कोई बात समझने से इनकार कर रहा है. 'अपू, तुमने टीवी ऑन कर लिया? ओके, अब तुम चैनल 402 पर हो? गुड! अब रिकॉर्ड बटन ऑन करो...क्या? रिकॉर्ड बटन नहीं है? बिलकुल है! वहीं रिकॉर्ड बटन है! नहीं मैं चिल्ला नहीं रहा! ओके ओके... शांत हो जाओ! तुम्हे एक छोटा लाल बटन दिख रहा है जिस पर 'आर' लिखा है? कहाँ? क्या मतलब कहाँ? टीवी स्क्रीन के ऊपरी दाहिने हाथ के कोने पर देखो...'

गनीमत है कि उस वक़्त सिड घर आ गया और उसने मेरे दिमाग के संतुलन और एच.डी. की आवाज दोनों को बचा लिया और भूकम्प टल गया और हमने मैच भी देखा.

अब चूँकि मैं अपनी कमज़ोरियों को मानने के मूड में हूँ तो ये भी बता दूँ कि मुझे एक और चीज पल्ले नहीं पड़ती–गाड़ियों के लिए मर्दों का पागलपन! एक और दूसरी कार में क्या फ़र्क है, उनकी पूजा क्यों की जाती है और उन्हें चलाया कैसे जाता है! ये सभी बातें मेरी समझ में नहीं आतीं. जहाँ तक मेरी समझ है, गाड़ियाँ, बसें और ऑटो सभी वाहन हैं जिनमें यात्रा की जाती है और इनमें गाडियाँ ज़्यादा आरामदेह होती हैं. तो मुझे ये समझ में नहीं आता कि उस रोज़ मैं एच.डी. की ऑडी को टाटा सूमो समझ बैठी तो उसमें कौन–सा बड़ा गुनाह हो गया और एच.डी. को बेहोशी क्यों आ गई? अरे दोनों ही गाड़ियाँ काली थी, बड़ी थी... तो मैं क्या करती... ज़रा धोखा हो गया! और फिर जब मैं यही किस्सा अपने ऑफिस के कुछ मर्दों को सुना रही थी उनकी सहानुभूति पाने की आशा में... तो

अचानक एच. डी. ने मुझसे अछूतों–सा व्यवहार शुरू कर दिया. और विश्वास मानिए उन मर्दों ने भी मुझे इस कदर तिरस्कार की नज़रों से देखा जैसे मैंने कोई घनघोर पाप कर दिया हो और जिसके लिए मुझे सिर्फ नर्क में जगह मिल सकती है.

और मुझे लगता है कि इस बात पर उन्हें जमीन पर लोट–लोट कर हंसने की भी कोई ज़रूरत नहीं थी. और ऐसा भी नहीं है कि वो सब गाड़ियों के खुद बहुत बड़े जानकार या विद्वान् हैं. अब ज़रा सोचिये, ये मर्द एस्टन मार्टिन और मिनी कूपर जैसी अजीब गाड़ियों पर लार टपकाते हैं जिनमें ढंग से एक आदमी तक फिट नहीं हो पाता! न लेग रूम है न डिक्की में ज्यादा जगह है! ये कोई गाड़ी है? यहाँ तक कि इस ऑडी में तो हमारी पिछली एकॉर्ड गाड़ी जितना लेगरूम भी नहीं है और मुझे बड़ा सदमा लगा ये जान कर कि इतने ज़्यादा दाम देने के बावजूद ये आठ लोगों तक को नहीं बैठा पाती! अब भई दाम ज़्यादा देने का मतलब है कि ज़्यादा से ज़्यादा लोगों को बैठाने की स्पेस भी होनी चाहिए. कम से कम दो परिवार, उनके कुत्ते, पिकनिक की टोकरियाँ और उनके सूटकेस ये सब फिट होना चाहिए न, तब तो बात समझ में आती है! वरना इतना दाम भरने में फायदा क्या?

गाड़ियों के बारे में मेरी अज्ञानता अब किस्सों–चुटकुलों में सुनाने लायक हो रही थी कि उस रोज़ मेरे एक कलीग ने नई गाड़ी खरीद कर हम सब के साथ सेलिब्रेट करने की घोषणा की. हम सब गाड़ी में सवार हुए और मैं सोच नहीं पा रही थी कि नयी गाड़ी की तारीफ में कहा क्या जाता है? 'वाउ, क्या पावर है? ओह! कितना बढ़िया सस्पेंशन है? कितना बढ़िया रेवेर्बरेशन है?' अब नम्रता से, तारीफ में कुछ तो कहना ही पड़ेगा! तो मैंने नाक सुडकते हुए धीरे से कहा, 'मुझे नए चमड़े की सुगंध बड़ी अच्छी लगती है!'

अचानक गाड़ी में शान्ति छा गई. पता चला कि ये उस कलीग की पुरानी गाड़ी थी, और ये गाड़ी हर तरह से... मेक, कलर, साइज़, आकार सब में नई गाड़ी से बिलकुल अलग थी. वो बेचारा कुछ मिनटों पहले मुझे अपनी नई कार की एक–एक बारीकी, एकदम डिटेल

में बता चुका था. यहाँ तक कि गाड़ी का चौसी नंबर भी. वो बेचारा हँसे या मेरी गर्दन दबा दे, समझ नहीं पा रहा था.

अब ये बताइए कि अगर मैं कार और उपकरणों के बारे में कुछ नहीं समझती तो क्या आप मुझे एक टिपिकल फीमेल ब्रेन कहेंगे? जिसके (दिमाग के बाएँ भाग) लेफ्ट ब्रेन में प्रॉब्लम है?

मैं बिलकुल नहीं मानती! मेरे हिसाब से मैं गणित और आँकड़े समझती हूँ, विवेकशील हूँ और बिलकुल लॉजिकल भी !

क्या सारे मर्द सत्ता के भूखे, दबंग और धाकड़ होते हैं? जिनके स्वभाव में बूंद भर भी सहानुभूति नहीं होती? बिलकुल गलत! एच. डी. को ही लीजिये. हमारे परिवार की सारी देखभाल और संभाल वही करते हैं. बड़ी–सी कम्पनी चलाने के अलावा वो हमारे घर का किचन भी मैनेज करते हैं. बहुत बढ़िया खाना पकाते हैं, हम सब को रोज़ संतुलित आहार खिलाते हैं. मेरे मत्थे किचन होता तो सबको रोज़ ब्रेड अंडे और कभी चेंज के लिए इंस्टेंट नूडल्स ही नसीब हो पाते.

और ये सुनिए, मैंने तो कई ऐसे मर्दों को देखा है जो गाड़ियों के मामले में मेरे ही जितने लद्धड़ हैं. मेरा एक मर्द फ्रेंड, एक बार ऑडी गाड़ी को, किसी दूसरी गाड़ी का ओलिंपिक में लांच किया हुआ लिमिटेड एडिशन समझ बैठा...क्यों? सिर्फ इस लिए कि ऑडी गाड़ी के 'लोगो' में रिंग्स (छल्ले) बने होते हैं!

हाल ही में महिला लीडर्स कॉन्फ्रेंस में एक पैनल मेम्बर, जो कि एक प्रतिष्ठित शिक्षा विशारद है, गलती से बोल उठी कि स्वाभाविक रूप से औरतें गणित में कमज़ोर होती हैं क्योंकि उनके दिमाग का दायाँ हिस्सा मर्दों के मुकाबले ज़्यादा सशक्त है. हालाँकि ये उदाहरण दे कर वो ये कहना चाह रही थीं कि मर्दों और औरतों को प्रकृति ने एक–दूसरे से अलग बनाया है...उन्हें अलग गुण दिए हैं. पर बदकिस्मती से पाँसा उल्टा पड़ गया और कई औरतें उन पर चढ़ बैठीं और बुरा मान गईं. काफी औरतें जो इंजीनियर और एनालिस्ट थीं तलवार तान कर विरोध में खड़ी हो गईं.

आज कल के युग में जब औरतें वित्त में तेज़ तर्रार हैं और मर्दों ने अपने आपको मेट्रोसेक्शुअल श्रेणी में डाल रखा है तो ये कहना कि

मर्दों में लेफ्ट ब्रेन (बायाँ दिमाग) सशक्त है तभी वो विवेकशील और तर्क युक्त है और औरतों में दायाँ ब्रेन स्ट्रांग होने की वजह से वो ज़्यादा कलात्मक और कम लॉजिकल होता है...सही नहीं लगता. समाज और बिजनेस दोनों में ही ये तर्क खत्म होता जा रहा है. हमारे ही संगठन में, दो ऐसे पोस्ट जो हमेशा मर्द लिया करते थे, सी.एफ.ओ. (चीफ फाइनेंशियल ऑफिसर) और डिजिटल हेड, दोनों पदों पर औरतें विराजमान हैं और कई डिपार्टमेंट हेड जो मर्द हैं, अक्सर काफी टाइम देकर अपनी टीम की औरतों के प्रॉब्लम का निवारण करने लगते हैं चाहे वो समस्याएँ उनके दाम्पत्य जीवन या नवजात शिशु के आहार से सम्बंधित ही क्यूँ ना हों.

अब ये बात शीशे–सी साफ है कि हम औरतों और मर्दों को उनकी पारंपरिक छवि के अनुसार खाकों में नहीं डाल सकते. ध्यान से देखें तो पता चलेगा कि वो एक–दूसरे से 'बेस्ट मैनेजमेंट प्रैक्टिसेज' सीख रहे हैं, एक–दूसरे से उपयोगी नुस्खे और व्यवहार सीख रहे हैं.

मैं तो ये भी मानती हूँ कि आज आदमी औरतों के कई गुण आत्मसात करने में लगे हुए हैं. जहाँ देखिये आपको साफ नज़र आएगा...मॉल में देखिये कितने सारे मर्द शॉपिंग करते नज़र आयेंगे. कपड़े, जूते, स्पा ट्रीटमेंट और स्किन केअर उत्पादन खरीदते हुए नज़र आयेंगे. किसी यूनिसेक्स पार्लर में जाइए, आपको अलग अलग किस्म और साइज़ के मर्द चेहरे पर हरा पैक लगाये, फेशिअल और पेडीक्योर, छाती के बालों की वैक्सिंग कराते नज़र आएँगे. मेरा एक मर्द दोस्त इस बात के लिए मशहूर है कि वो गया था शर्ट खरीदने और लौटा तो साथ में बेल्ट, एक ब्लैकबेरी, पच्चीस साल की गारेंटी वाला फ्राइंग पेन लेकर लौटा और साथ में ढेर सारे फल भी. जब कि उसकी पत्नी अपने साल भर के कपड़े कुल 15 मिनट में खरीद लेती है, आदतन.

साफ़ ज़ाहिर है कि ये एकतरफा परिवर्तन एक ही बात का संकेत देता है–'योग्यतम ही जीवित रहेगा'. सच्चाई यही है कि औरतों में पाए जाने वाले गुण, जैसे सबको सहमत कर के आगे बढ़ना, प्यार से पालन–पोषण करना, सुनने की क्षमता रखना–आज के युग में कामयाब

होने में यही गुण ज़रूरी है. न कि बस एक लीडर के पीछे सीधे रास्ते पर चलना, फॉलो करना, जैसे मर्द करते हैं.

अफवाहें और थ्योरीज तो यही इशारा करती हैं कि एक दिन दुनिया से मर्द लुप्त हो जायेंगे! औरतें तो मानवता को चलाने के लिए जरूरी कामों की एक्सपर्ट बन चुकी हैं, और एक बार अगर वो अकेले ही बच्चा पैदा करने में सक्षम हो जाती हैं तो आदमियों की ज़रूरत ही खत्म हो जायेगी. बस फिर प्रकृति अपनी चाल चलेगी और मर्द दुनिया से विलुप्त हो जायेंगे.

मुझे तो पक्का पता है ये होगा पर कुछ निराले ढंग से. जैसे डायनासोर दुनिया से अचानक बिलकुल लुप्त हो गए, वैसे नहीं, मर्द धीरे धीरे औरतों के रूप में विकसित होंगे और उस अवतार को धारण कर लेंगे.

क्रमिक विकास का ये खेल जो हमारी आँखों के सामने चल रहा है, प्यारी लड़कियों, इसमें एक अलग आध्यात्म छिपा हुआ है. वो ये हैः धैर्य रखिए और विश्वास रखिये कि हमारे दिन भी आयेंगे. इंतज़ार कीजिए. सारे सबूत यही बताते हैं कि पूर्व प्रचलित औरतों और मर्दों की छवियाँ (स्टीरियोटाइप्स) गायब होते जा रहे हैं, मर्द अपनी कट्टर–क्रूर मर्दानगी और दबंगई से मुक्त हो रहे हैं और हो सकता है एक दिन वो नारी के सहनशील अंदाज में अपने आप को ढाल लें.

तो बहनो अपने अस्त्र–शस्त्र त्याग दीजिये, वो दिन दूर नहीं है. शांति रखिए, भरोसा रखिए. इनाम उन्हीं को मिलता है जो शांति से खड़े हो कर धैर्य से अपने वक्त का इंतज़ार करते हैं.

अज के दिन का कॉर्पोरेट मंत्र

- नर और नारी दोनों की पारम्परिक छवियाँ धुंधली हो कर मिट रही हैं.
- मानव की विकास श्रृंखला की प्रगति के खातिर नर और नारी एक–दूसरे के गुणों को आत्मसात कर रहे हैं, एक–दूसरे से सीख रहे हैं. नए युग की यही मांग है.

और...

- आज के बदलते युग में, मानव जाति के जिंदा रहने के लिए मर्दों के टिपिकल गुणों के मुकाबले औरतों के गुणों की ज़्यादा अहमियत है. मर्दों के सामने, नारी के अवतार में ढलने के सिवाय कोई विकल्प नहीं रहेगा.

7

क्या मर्द स्तनपान करा सकते हैं?
बच्चों का चक्कर

तो बहनो, हम एक वर्किंग वुमन की जिंदगी की सच्चाइयों को स्वीकारने के सफर में आधा रास्ता तय कर चुके हैं. हमनें स्वीकार कर लिया है कि हम नारी हैं, मर्दों की घिसी-पिटी कार्बन कॉपी नहीं, हम अलग हैं. हमारी अपनी कमजोरियाँ हैं, अलग ताकतें हैं. हम समझ चुके हैं कि अगर जिंदगी अन्याय करती है तो दोनों लिंगों में बराबर का अन्याय करती है. हम ये भी जान चुके हैं कि अगर हम माँ हैं तो हमें अपराध बोध हर हाल में सताएगा और हर घड़ी सताएगा. हम ये भी मानते हैं कि हमारी ही तरह मर्दों को भी हर रोज़ कई तरह की समस्याओं से जूझना पड़ता है (हाँ, पर उनकी अपनी कुछ कमजोरियाँ हैं जैसे कि वो मल्टीटास्किंग नहीं कर पाते और काम में कार्यकुशलता नहीं ला पाते). अब चूँकि श्री डार्विन की 'योग्यतम की उत्तरजीविता' वाली थ्योरी स्वीकार ली गई है तो हमें ये भी पता है कि जल्द ही मर्द विलुप्त हो जायेंगे क्योंकि वो धीरे-धीरे नारी अवतार में ही जीवित रह पायेंगे.

तो अब हम यहाँ से कहाँ जा सकते हैं?

अब मैं आपका ध्यान उस कठिन स्थिति की ओर आकर्षित करना चाहती हूँ जो आम तौर पर तीस की उम्र के आस-पास की वर्किंग

'नारी, मर्द बनना नहीं ज़रूरी!' 41

वीमेन को झेलनी पड़ती है.

आइए मिलिए एक बहुत ही स्मार्ट, कॉर्पोरेट वकील, अमृता से जो कई सालों से हमारे कुछ लीगल केस संभाल रही हैं. अमृता नेशनल स्कूल ऑफ लॉ की टॉपर थीं और उसे दिल्ली की मशहूर लॉ फर्म में तुरंत नौकरी मिल गई. बुद्धिमान, मेहनती और फॉरवर्ड होने की वजह से उसका करिअर धड़ल्ले से ऊंचा उठता गया और २६ वर्ष की होते ही, माता–पिता ने उससे शादी करने का आग्रह किया और अमृता मान गई. सही लड़का खोज कर बड़े धूमधाम से एक ज़ोरदार पंजाबी शादी का आयोजन हुआ और अमृता और मोहित की शादी सम्पन्न हुई. बड़ा सुखी दाम्पत्य जीवन शुरू हुआ और काम काज, पार्टीज, सालाना छुट्टियाँ, इ.एम.आइज और कॉर्पोरेट सोपान चढ़ने में पांच साल ऐसे गुज़र गए कि दिनों का कुछ पता ही नहीं चला.

अब अमृता की उम्र तीस के करीब है और उसे एहसास है कि उसे जल्दी माँ बनना चाहिए क्योंकि उसकी 'बायोलॉजिकल क्लॉक' लगातार उसे यही याद दिला रही है. एक के बाद एक सभी दोस्त 'बेबी घर में अकेली है' कह कर पार्टियों में आने से इन्कार कर रहे हैं और अमृता को अधूरेपन का एहसास होना शुरू हो गया है. मन में एक प्यारा–सा घोंसला बनाने की इच्छा तीव्र होती जा रही है और वो, जो पहले, चीखते–चिल्लाते बच्चों से दूर भागती थी, अब उसे वही बच्चे बड़े प्यारे और क्यूट लगने लगे हैं. यहाँ तक कि अमृता और रोहित साल भर से बच्चे पैदा करने की बातें कर रहे हैं. पर न जाने कैसे वो सही समय आ ही नहीं पाता. पिछले साल आधा वक्त मोहित अपने अंतर्राष्ट्रीय असाइनमेंट में लगा रहा और महीने में सिर्फ एक बार वो घर होता. और इस बार अमृता अपनी लॉ फर्म में जूनियर पार्टनर बनाये जाने के लिए तैयार बैठी है. ये प्रमोशन उसे कभी भी दिया जा सकता है और वो चिंतित है कि कहीं अगर वो गर्भवती होने की खबर सुनाएगी तो न सिर्फ ये पोज़िशन हाथ से निकल जाएगी पर ऑफिस में, मौका परस्त, उसका कट्टर प्रतिद्वंदी, बाला, उसकी जगह तुरंत हड़प लेगा.

मोहित समझ नहीं पा रहा कि अमृता की प्रॉब्लम क्या है?

'डार्लिंग तुम्हें बच्चा चाहिए न तो चलो पैदा करते हैं. मैं तैयार हूँ. चलो आज रात ही शुरुआत करते हैं. फ्रिज में बढ़िया वाइन चिल हो रही है! क्या ख्याल है?' भौंहे उचका कर शरारती मोहित उसे चिढ़ाता है.

'मोहित प्लीज सीरियस हो जाओ! तुम्हारे लिए आसान है पर मेरा क्या? दुनिया में एक बच्चे को लाना बहुत बड़ी ज़िम्मेदारी है. अच्छी तरह सोच समझ कर प्लानिंग करनी पड़ेगी पता है?" अमृता समझाती है.

'अरे तुम्हें क्या लगता है मैं समझता नहीं?' मोहित बुरा मान जाता है.

'नहीं नहीं वो बात नहीं है मोहित. पर सब कैसे होगा? देखभाल कौन करेगा?' अमृता के स्वर में परेशानी है. मोहित चकरा जाता है. 'पर हम दोनों के माता–पिता ने काफी ज़ोर दे कर बेबी को सँभालने की बात की है. तो फिर प्रोब्लम क्या है?'

'पर प्रेगनेंसी की सारी प्रोब्लम्स तो मुझे अकेले ही झेलनी पड़ेगी ना? कोई और वो थोड़ी झेल सकता है?' अमृता ताना मारती है.

मोहित अब पूरी तरह कन्फ़्यूज़्ड है. बेबी की बात अमृता ने शुरू की. अगर उसे बच्चा चाहिए तो तरीका यही है. वर्ना और कैसे होगा बच्चा? और अगर नहीं चाहिए तो ये बात करना ही फ़िज़ूल है.

अब बेचारी अमृता अपनी कश–म–कश बयां कैसे करे?

कैसे समझाये उसे चिढ़ क्यों हो रही है? वो मोहित से बेहद प्यार करती है. उस बेचारे की कोई गलती नहीं है. पर वो करे भी तो क्या करे?

अमृता को बच्चा चाहिए. पर वो जानती है कि अब सिर्फ उसे ही अपने करिअर में टेम्परेरी ब्रेक लेना पड़ेगा. भले वो ब्रेक सिर्फ मैटरनिटी लीव तक चले, महीनों और सालों तक खिंचे...पर ब्रेक तो लेना ज़रूर पड़ेगा. ये त्याग मोहित को नहीं, सिर्फ उसे अकेले करना होगा, ये उसे खटकता है. बच्चा तो मोहित का भी है ना? तो सिर्फ उसे ही क्यों जॉब में ब्रेक लेना पड़ेगा...हो सकता है प्रमोशन से भी हाथ धोना पड़ जाए. (उसे चापलूस बाला की हंसती शक्ल नज़र आ रही है. ब्रेक बड़ा हो या छोटा, काम पर लौटने पर बाला केबिन में

होगा और उसे क्यूबिकल में बैठना होगा).

सच्चाई यही है कि जब बेबी आता है तो 'प्रथम मैन्युफैक्चरर' के रूप में पहली जिम्मेदारी माँ की ही हो जाती है. पति उस प्रक्रिया में तो सिर्फ ओ.ई.एम. (ओरिजनल इक्विपमेंट मैन्युफैक्चरर) माना जाता है. यानी सिर्फ पुर्ज़े सप्लाई करने वाला भागीदार जिसकी जिम्मेदारी सीमित होती है.

एक नारी जो अभी अपने आप को इस शादी में बराबर का भागीदार मानती आ रही है, उसे अचानक अकेले ही अब ज़्यादा भारी बोझ संभालना पड़ेगा. इससे रिश्ते में काफी तनाव आ जाता है और आपस में काफी जायज़–नाजायज़ रोष पैदा हो जाते हैं.

अभी कल ही ऑफिस में एक एग्जीक्यूटिव, जिसने हाल ही में बच्चे को जन्म दिया है, बता रही थी कि प्रसव टेबल पर उसके दिमाग में सर्वोपरि एक ही ख़याल था. अपने पति का खून कैसे किया जाए! जब कि वो बिचारा डेलिवरी के समय उसका हाथ पकड़े उसे सांत्वना दे रहा था और वो चिल्ला कर उसे अपनी सब तकलीफों की मुख्य वजह घोषित कर रही थी. (मैं मानती हूँ कि 90 प्रतिशत औरतें ऑपरेशन टेबल पर पड़े होने पर अपने पति से सबसे ज़्यादा नफ़रत महसूस करती हैं, जो कि इस दूसरी नफ़रत से थोड़ी सी कम होती है, जो वो तब महसूस करती है जब उन्हें पता चलता है कि उनका पति अपनी 26 वर्षीय सेक्रेटरी के संग लव अफेयर चला रहा है)

सच्चाई तो यही है कि प्रसव पीड़ा बहुत ही जान लेवा होती है. आपकी माँ ने उसे चाहे जितना नकारा हो, पर मैं तो यही कहूँगी उस तीव्र पीड़ा में अपने पति से नफ़रत करना बिलकुल जायज़ लगता है. विस्तार से समझाना पड़ेगा (चेतावनीः मासूम कुँवारी लड़कियों और जिनके बच्चे अभी नहीं हुए हैं–कृपया अगले दो पैराग्राफ न पढ़ें वर्ना आप कभी भी माँ नहीं बनना चाहेंगी).

ठण्डे टेबल पर आप समुंदर से किनारे पटकी गई व्हेल मछली की तरह पड़ी हुई है और दिमाग पर जोर डालकर सारी 'लामाज एक्सरसाइज़' (प्रसव के लिए सिखाई वर्जिश) याद करने की कोशिश कर रही हैं जबकी काफी सारे हँसते–खेलते नर्स और डॉक्टर आपकी

पीड़ा से बेखबर इधर–उधर घूम रहे हैं, और अगर कहीं उन्हें दर्द से तड़पती आप, नज़र आ भी जायें, तो उन्हें सिर्फ आपके डाइलेशन में दिलचस्पी है, आप में नहीं... जिसे देखो वो बीच–बीच में आकर आपके गुप्तांगों में ऊँगली डाल कर घोषणा करता है 'सिर्फ 6 इंच, अभी बहुत देर है', लापरवाही से आपकी पीठ थपथपाता है और निकल जाता है. कई घंटे आप यूँही असहनीय पीड़ा में पड़ी रहती हैं और कई सारे गैर लोग आपकी टांगों के बीच झाँक कर निकल लेते हैं. तब कहीं जा कर एक टहलता हुआ डॉक्टर आ कर घोषणा करता है 'ओ गुड! 9 इंच डाइलेशन हो गया! अब मैं आठ बजे बाला फ़िल्म शो देख पाऊंगा! मेरी पत्नी काफ़ी समय से ये फ़िल्म देखने की जिद्द कर रही है. उसे निराश किया तो हफ्ते भर कैंटीन का खाना खाना पड़ेगा'. वो हाथ धोते–धोते ठहाके लगाते हैं जो आपको बिलकुल ही नागवार लगते हैं... यहाँ आप मौत को गले लगाने की कगार पर हैं और डॉक्टर अपनी पसंदीदा फ़िल्म की बात कर रहा है! लापरवाह कमीना! बिलकुल आपके पति जैसा कमीना! सब मर्द कमीने होते हैं.

असीम घंटों की असीम पीड़ा झेलने के बाद जब नवजात शिशु को आपके कमजोर शरीर पर लिटाया जाता है तो सच मानिए, बढ़ा चढ़ा कर बताई गयी वो भावना, मातृत्व का वो जादुई एहसास, जो आपको सातवें आसमाँ में पहुँचा देती है, बिलकुल भी नहीं होती. कम से कम तुरंत तो नहीं ही होती. बल्कि आप इस लाल लाल चूज़े को रोष भरी नज़रों से देखती हैं. इसी ने आपको इस भयंकर पीड़ा से गुज़ारा है!

प्रेम और मातृत्व की भावना आती है पर काफी समय बाद. अभी तो आपको बिना सोये हजारों रातें बितानी है और एक दुधारू गाय की तरह इस बच्चे के इर्द गिर्द घूमना है और जब वो चाहे, हर दो घंटों में उसे दूध पिलाना है और हजारों पोतड़े साफ करने हैं.

इस सारे बच्चा पुराण में अक्सर औरतों को रह रह कर अपने पति के प्रति तेज़ गुस्सा और गहरी नफ़रत महसूस होती है. खासतौर से तब जब वो अपने आप से कुछ बुनियादी सवाल करती है... 'आखिर बच्चा पैदा करने में सिर्फ मुझे ही अपना फिगर क्यूँ त्यागना पड़ा?

अकेले मुझे ही क्यों सुबह की मितली झेलनी पड़ती है जबकी पति सामने रखी हर चीज को मुंह में ठूँसते जाते हैं? ऐसा क्यों है कि मुझे दुधारी गाय बन पूरा दिन घर बैठ कर दूध सप्लाई करना पड़ता है और ये आराम से पार्टियों में जा पाते हैं? बच्चा तो हम दोनों का है? है कि नहीं?

कभी कभी तो ये नाराज़गी खामखा बढ़ते—बढ़ते आपके दाम्पत्य जीवन में दरार पैदा कर सकती है जबकि सच्चाई (हम मानें तो) यही है कि पति उपरोक्त कोई भी काम करने योग्य नहीं हैं. अब बच्चे को स्तनपान पति तो नहीं करा सकते न? जन्म देना भी उनके बस की बात नहीं है. तो ये सारी फिज़ूल बातें, जो वो कर ही नहीं सकते, उससे उन्हें परेशान करने से क्या हासिल होगा?

अगर आपने ये शुरू के कठिन दिन काट लिए तो विश्वास मानिए, ये चिड़चिड़ाहट ज़्यादा समय तक नहीं टिकती. जब आपकी तबियत सुधरने लगती है तो उसी के साथ आपका नन्हा प्यारा बच्चा अपने कोमल होठों से आपको छूता है या आपको अपनी मासूम, अचरज भरी आँखों से देखता है, आपको चूमता है या अपनी नन्ही नन्हीं गोल आँखों से आपका पीछा करता है तो अपने आप आपका सारा रोष गायब हो जाता है. बस रह जाता है तो किसी के साथ मिलकर, एक जान का सृजन करने का जादुई एहसास!

तो चलिए हम अपनी ये चिढ़ और नाराज़गी छोड़ दें और स्वीकार कर लें कि हम माँओं को ही ये प्रमुख जिम्मेदारी संभालनी होगी और संभालनी चाहिए भी. जिस काम के लिए प्रकृति ने मर्दों को नहीं चुना तो हमें उनसे वो आशा नहीं करनी चाहिए. हम चाहे जितना चाहें हम ये काम किसी और को नहीं सौंप सकते. (वैसे आमिर और किरन ने आई वी एफ और सरोगेसी के जरिये बच्चा पैदा किया है, हम चाहें तो कर भी सकते हैं. पर आप बात समझ गयी ना?)

आज का कॉर्पोरेट मंत्र

* औरतों की जिंदगी में एक ऐसा वक्त आता है जब उन्हें बच्चा पैदा करने के लिए करिअर में छोटा—सा या बड़ा ब्रेक लेना

पड़ता है. हमें चाहिए कि हम ये काम खुशी-खुशी करें और पति इस काम में बराबर का सहभागी नहीं हो सकता है इस बात को भी स्वीकार करें.

और...

- सारी तकलीफ व्यर्थ नहीं होती. जैसे ही आपका नन्हा बच्चा अपने मसूड़ों वाली मुस्कान चमकाएगा आपका सारा दर्द छू हो जाएगा.
- मर्दों और पतियों से नाराज़ होने के और बहुत से कारण मिल जाएँगे. तो उनसे ऐसी बात पर क्या चिढ़ना, जो वो और आप, चाह कर भी नहीं बदल सकते?

8

उम्र के साथ–साथ औरतें ज्यादा खूबसूरत लगती हैं

आंटीजी

आगे बढ़ता निर्मम वक्त जैसे ही लड़कियों को 40 की उम्र के पड़ाव की ओर धकेलता है तो पता नहीं उन्हें क्या होने लगता है. मैंने अपनी कई सहेलियों में ये देखा है कि अपने उनतीसवें जन्मदिन पर आते आते वो कुछ अजीब ढंग से पेश आने लगती हैं. हालाँकि मर्दों के जीवन में आने वाली 'मिड लाइफ क्राइसिस' पर काफी कुछ लिखा जा चुका हैं...जब वो अचानक 'टैटूज' गुदवाने लगते हैं, हार्ली डेविडसन बाइक खरीदने पर आमादा हो जाते हैं या सामने आयी पहली, कमअक्ल 26 वर्षीय सेक्रेटरी से लव अफेयर शुरू कर देते हैं. पर आज तक किसी ने ये नहीं लिखा या बताया कि इस उम्र में औरतों को क्या होने लगता है. तो मेरा ख्याल है कि हमें थोड़ा वक़्त दे कर उम्र के इस दौर को कुछ गहरायी से समझना चाहिए ताकि हम इसका सामना पूरी तैयारी से कर सकें.

आम तौर पर 40 से जूझने के लिए औरतें सबसे पहला काम ये करती हैं कि वे 'क्रैश डाइट' पर चली जाती हैं. लेटेस्ट फैशन वाली डाइट पर जा कर (सेलेब्रिटी डाइट एक्सपर्ट पर हज़ारों खर्च कर के)

पहले तो ये अपना जबर्दस्त वज़न घटा लेती हैं और फिर घमासान शॉपिंग पर निकल पड़ती हैं और अपने लिए बहुत ही अयोग्य कपड़े खरीद लेती हैं जो उन्हें 20 वर्ष की उम्र में पहनने चाहिए थे. (तब वो ऐसे कपड़े पहनने में डरती थीं या उन्हें खरीदने में असमर्थ थीं) अब ये लेडीज़ नॉन स्टॉप पार्टी के जबर्दस्त मूड में आ जाती हैं!

और बस फिर इन्हें मिलने–मिलाने की एसी घुमक्कड़ी सूझती है कि इन्हें रोकना असंभव हो जाता है, मानो कोई भीमकाय इंजन के ब्रेक फेल हो गए हों... ये पूरे जोश और निष्ठा के साथ निकल पड़ती हैं. स्वाभाविक है, किसी ने इन्हें ये बताने की हिम्मत नहीं की, कि डाइटिंग के बाद पतली टाँगें और सूखी–मुरझायी किशमिश जैसी शक्ल के साथ ये हाई क्लास गिद्ध जैसी दिखती हैं. (एक रोज़ मैंने अपनी एक सहेली को यही बात समझाने की कोशिश की थी और वो तो मेरा मुंह नोचने पे उतर आयी थी पर जब मुझे पता चला कि बिचारी 15 दिनों से सिर्फ सलाद पत्ते और कुरमुरा खा कर जी रही है तो मैंने, उस दया की पात्र को तुरंत, पलक झपकते माफ़ कर दिया) छोटी–छोटी, कसी फ्रॉक पहने, सजी–संवरी, मेकअप लगाए ये सब से गाती–फिरती हैं कि इन्होंने कितने दिनों में कितने किलो घटाए. सभी एरे–गैरे लोगों के सामने अपने हड़ीले घुटनों का प्रदर्शन करती फिरती हैं. (हाय हाय !! माय डिअर ये बड़ी ही जानलेवा भूल है. ऐसे घुटने दिखाने ही हैं तो सिर्फ अपने 20 साल पुराने, वफादार पति को दिखाइए, औरों को नहीं.)

अब, निजी लेवल पर मैं मानती हूँ कि इस उम्र की औरतों के किसी भी व्यवहार से फैशन पुलिस एतराज करे तो करे पर किसी और को कोई प्रॉब्लम नहीं होना चाहिए. क्यूँकि अब मैं समझ गयी हूँ कि इनके ऐसे व्यवहार के पीछे गहरे मुद्दे छिपे हैं–ये एक तरह का विद्रोह है, जहाँ औरतें जमाने को ठेंगा दिखा कर बगावत कर रही हैं. और इसकी जड़ में दो बातें हैं.

पहलीः जब ये औरतें कच्ची उम्र की थीं और जब इनके फिगर्स बहुत अच्छे थे तब चुनने के लिए ज्यादा फैशनेबल कपड़े ही कहाँ थे? (याद है ना, जब ये जवां हो रही थीं तब फिल्मी हिरोइनें या

'नारी, मर्द बनना नहीं ज़रूरी!' 49

तो सिल्क साड़ियाँ, ढीले-ढाले सलवार कमीज़, या फ्रिल वाले फ्रॉक्स पहनती थीं. इन कपड़ों में फिगर का सेक्सी दिखना मुश्किल था. बस सिल्क स्मिता को छोड़ दीजिये, जो कोई भी कपड़ा पहन कर, हर हाल में सिर्फ सेक्सी ही नज़र आती थीं.)

दूसरी: भारत में जैसे ही लड़कियाँ तीस से ऊपर पहुँचती हैं, समाज उन्हें 'गुजरी-बीती' श्रेणी के कोने में ढकेल देता है, मानो उनकी उम्र ढल चुकी हो. यहाँ जिसने 28 पार किया तो बस उसे गुमनामी की अचर्चित खाई में ढकेलने का सबसे आम तरीका है उस पर 'आंटीजी' का लेबल लगा दीजिए. जैसे ही आप इस उम्र में पहुँचती है, या शादी कर लेती हैं, जिसे देखो, चाहे वो डाकिया हो, सब्जीवाला, दुकानदार, शैतान पड़ोसी बच्चा, सब आपको 'आंटी' बुलाने लगते हैं जैसे कि समाज ने उन्हें ये करने का लाइसेंस दे दिया हो.

यकीन मानिये कोई भी लड़की 'आंटी' के लेबल से ज़रा भी खुश नहीं होती. जैसे कि हिन्दी फिल्मों की हीरोइन्स के साथ होता है... तीस साल से ज़्यादा की होते ही उन्हें सिर्फ माँ और भाभी के रोल मिलते हैं वो भी उन्हीं हीरोस के साथ जिनकी वो हीरोइन रह चुकी हैं! ऐसे लेबल्स आपका अपमान करने के साथ-साथ आपसे घोर अन्याय भी करते हैं. पहली बार आंटी पुकारे जाने पर हर लड़की को बड़ा दुःख और सदमा लगता है और फिर बार-बार अपने को आंटी बुलाये जाने पर उसके मन में अपनी खुद की इमेज ऐसे गिरती चली जाती है कि अंत में गिर कर पैरों तक एक मैले-कुचैले किचन कपड़े जैसी हो जाती है.

अब एक दशक से आंटी बुलाए जाने पर मैं मन में मान चुकी हूँ कि मैं उम्र के मध्यम पड़ाव पर हूँ. फिर जब, एक रोज़ अचानक, चेन्नई की एक वीरान गली में मेरा पीछा करते, एक सड़कछाप मजनू ने मुझे देख कर सीटी बजाई और चूमने की वाहियात आवाजें करने लगा तो मुझे समझ ही में नहीं आया कि वो मुझे छेड़ रहा है. फिर जब दिमाग की बत्ती जली, तो सच बताऊँ, एक पल के लिए मैं दिल ही दिल में बड़ी गद-गद थी! (अरे वाह! दस साल से आंटी समझे जाने के बाद, पैंतीस साल की उम्र में, कोई लड़का मुझे छेड़

रहा है! कमाल है!) और फिर, अगले ही क्षण, जाहिर है, मैंने उसे, जैसा कि मुझे करना चाहिए, एक करारा तमाचा जड़ दिया! मेरा ये उसूल है कि ऐसे सड़क छाप मजनुओं को उनकी बद्तमीज़ी का जवाब तुरंत, वहीं, पिटाई से मिलना चाहिए. मैंने पीटा ज़रूर पर सच बताऊँ, दिल नहीं कर रहा था!

तो अब आप समझ गयीं ना कि चालीस साल की पकी उम्र में औरतों के अजीबोगरीब व्यवहार के पीछे एक जायज़ वजह है? बड़ी उम्र में पहुँचने के पहले ही उन्हें, बेमर्जी आंटी के कोने में धकेल दिया जाता है तो वो क्या करें? अब अगर उनमें विरोध दिखाने का आत्मविश्वास आ गया है तो मैं कहूँगी उनका झंडा और ऊँचा हो! उन्हें और बल मिले!

मेरी सहेलियाँ मुझे बताती हैं कि चालीस साल तक आते–आते उनके अंदर एक किस्म का आत्मविश्वास कायम हो जाता है और पहले के मुकाबले दुनिया से आँखें मिलाने और जूझने की शक्ति आ जाती है. इसके पहले उनमें, विरोध में खड़े रहने का बल नहीं था या वक्त नहीं था.

अगर आप नारी जीवन के सफर को करीब से समझें तो आपको इस बात का सच नज़र आ जाएगा. उदहारण के लिए जब वो 12 और 20 के बीच की उम्र में होती हैं तो उन्हें अपना आप अजीब और बेढब लगता है. आप को हर वक्त किसी न किसी चीज़ में झेंप या हिचकिचाहट महसूस होती हैं. चाहे वो आपके माता–पिता हों, आपके माथे के मुंहासे हों, पार्टी में पहनी गलत ड्रेस हो, आपकी छाती के बहुत जल्दी बढ़ने पर या ठीक से न बढ़ने पर...आप झेंप में जीती हैं...हर चीज में अति करती हैं... पड़ोस के क्यूट लड़के ने आपकी तरफ मुस्कुरा दिया तो आप उड़ने लगती हैं और दोस्त ने आपके फोन का जवाब नहीं दिया तो आप अफसोस के समंदर में डूब जाती हैं. उस उम्र में सब कुछ कठिन और मुश्किल लगता है.

बीस वर्ष में पहुँचने पर आप हर चीज में दुगने दम की कोशिश लगा देती हैं... क्यूँकि आपको सब कुछ चाहिए होता है! सारी बढ़िया पार्टियों में आपको न्योता आया कि नहीं? आपके पास ज़्यादा से ज़्यादा

फैशनेबल कपड़े और बॉयफ्रेंड हैं या नहीं? यहाँ आप क्वालिटी नहीं क्वांटिटी चाहती हैं. सब ज़्यादा से ज़्यादा चाहिए. तो आप पालिका बाज़ार और लिंकिंग रोड में शॉपिंग करती हैं. खूब बॉयफ्रेंड, खूब पार्टीज़, आपको अपनी अहमियत, बर्थडे पर ज़्यादा से ज़्यादा फूलों के गुच्छे मिलने से पता चलती है, हर वीकेंड पार्टी में जाने से पता चलती है, ज़्यादा टकीला शॉट्स पीने से पता चलती है. मन में एक असुरक्षा की भावना भी रहती है.

तीस साल में आते–आते आप जॉब में मिडिल मैनेजमेंट में पहुंच चुकी होती हैं. घर में एक पति एक बच्चा होता है. ज़िन्दगी अचानक बड़ी व्यस्त हो जाती है. पत्नी, माँ, बेटी होने के साथ साथ आप कॉर्पोरेट सोपान पर तेज़ी से बढ़ रही होती हैं. दो दो ई.एम.आई. भर रही होती हैं और आपको पता ही नहीं चल पाता कब पड़ोस वाला बच्चा आपको आंटी कह कर सम्बोधित करने लगा.

और फिर आता है वो शानदार चालीस का दशक. यहाँ आते आते आप में कामयाबी से मिला आत्मविश्वास भी आ चुका है. आप को अपनी ताकतों और कमज़ोरियों का एहसास है और आप अपने आप से खुश हैं और किसी को कोई बात सिद्ध करने की ज़रूरत नहीं महसूस करतीं... आप चाहे जो पहनें, चाहे जो कहें, चाहे जो करें! अगर यहाँ पहुँच कर आपका कुछ वज़न बढ़ भी गया हो तो आपके पास अनुभव (और पैसा) है जिससे आप अपने लिए बढ़िया कपड़े खरीद कर अच्छी लग सकती हैं. घर में बच्चे को आपकी इतनी ज़रूरत नहीं और पति गोल्फ में मसरूफ है तो अब आपको अपने लिए टाइम ही टाइम मिल जाता है. स्पा, मैडिटेशन क्लास, दोस्तों के साथ पार्टी, किताबें पढ़ना, ऑफिस में ज़्यादा समय बिताना, अपना मनपसंद बिज़नेस शुरू करना. आप जो दिल करें वो कर सकती हैं. अब आप में एक गहरी संतुष्टि, सौम्यता और गरिमा आ चुकी है जो आपको बड़ा आकर्षक बनाती है. तो बस, देखते देखते आप आंटी से सेक्सी, जंगली बिल्ली में तब्दील हो चुकी हैं.

तो चलिए स्वीकार कर लें कि वक्त के साथ–साथ हमारे अंदर एक परिपक्वता आ जाती है जो हमें पुरानी वाइन की तरह ज़्यादा

मोहक, ज़्यादा आकर्षक बना देती है. हर बढ़ता साल हमारे अंदर और ज़्यादा आत्मविश्वास पैदा करता है जिससे हम खुल कर, अपने हिस्से का आसमां मांग बैठते हैं और पा भी लेते हैं...चाहे वो ऑफिस हो, बिज़नेस हो या अपना घर हो! तो चलिए अपने गहरे गले वाले टॉप्स, गाँठों वाले घुटनों और अपने जबर्दस्त आत्मविश्वास के साथ आगे बढ़ें, दुनिया की फिक्र छोड़ दें और वो सब हासिल करें जो हम छोटी उम्र में, जिम्मेदारियों और डर की वजह से नहीं हासिल कर पाए थे.

आज का कॉर्पोरेट मंत्र

- जैसे–जैसे औरतों की उम्र बढ़ती है, उनका आत्मविश्वास और बढ़ जाता है और वो अपना हक मांगने की हिम्मत कर पाती हैं. पारिवारिक जिम्मेदारियाँ घट जाने से उन्हें अपने ऊपर ध्यान देने का, अपने सपने पूरे करने का वक्त मिल जाता है.
- यही वक्त है जब औरतों को वो सब हासिल कर लेना चाहिए जो वो कम उम्र में नहीं कर पाईं थीं. चाहे वो पॉटरी सीखना हो या अपना नया बिज़नेस शुरू करना.

और...

- मैं मानती हूँ कि आपको वही करना चाहिए जो आपका दिल करे और मैं पूरी तरह आपके साथ हूँ पर बस एक गुज़ारिश है, प्लीज़, वो फ्रिल वाली फ्रॉक, चाहे जितनी फैशनेबुल हो, बड़ी औरतों पर अच्छी नहीं लगती. तो उन्हें न पहनें.
- किसी भी नौजवान से पूछिए, आपके पोर–पोर से झलकता स्टाइल, अनुभव और आत्मविश्वास आपकी पर्सनालिटी को बहुत ही आकर्षक बना देता है...स्टाइलिश जंगली बिल्ली! अपने आप से नया रिश्ता बनाइये!

9

हम सब साइज़ ज़ीरो नहीं हो सकते
शरीर की गोलाइयों का फैशन है या गया?

अभी हमने देखा कि औरतों को आत्मविश्वास के साथ खिलने में कुछ वक्त लगता है. उम्र के साथ ही हमें खुद पर यकीन होने लगता है और हम अपने रिश्तों में खुल कर अपनी बात कहने की हिम्मत कर पाते हैं. उम्र के कई साल हमें अपने आप पर भरोसा नहीं होता, हम में हिचकिचाहट रहती है. वाकई आज तक मैं जितनी भी औरतों से मिली हूँ उनमें बहुत ही कम ऐसी होंगी जो अपने आप को पूरी तरह स्वीकार करती हैं और खुद से पूर्णतः संतुष्ट हैं.

खास तौर से हम अगर साइज़ जीरो की बात करें तो मैं आज तक किसी ऐसी लड़की से नहीं मिली जो ये कहे कि वो जैसी दिखती है उस से वो पूरी तरह संतुष्ट है. 'शी, मैं कितनी मोटी हूँ!' 'उफ', मेरा पिछवाड़ा कितना चौड़ा है'! 'काश मेरी नाक थोड़ी छोटी होती'! 'काश मैं इतनी पतली न होती'. मुझे ऐसी लड़कियों से सख्त चिढ़ है जो कहती हैं 'मुझे अपने चेहरे का दाहिना प्रोफाइल ठीक लगता है पर मेरा बायाँ प्रोफाइल, दोपहर की रोशनी में बड़ा गंदा लगत है' और जिनका सब कुछ सुडौल है वो कहती हैं 'काश मेरी गालों पर गड्ढे होते!'

लड़कियाँ चाहे जितनी खूबसूरत हों, उन्हें अपने आप में कोई न

कोई खोट ज़रूर नज़र आ जायेगी (मैंने सुना है कि ऐश्वर्या राय को अपने कानों का आकार सख्त नापसंद है) बस इसी कारण से लड़कियाँ हर वक्त अपना रंग-रूप बदलने में लगी रहती हैं. वैसे मुझे ऊपरी तौर पर किए बदलावों से एतराज़ नहीं है, जैसे ऊँचाई बढ़ाने के लिए ऊँची एड़ियाँ पहनना, गोरेपन के लिए क्रीम्स लगाना, कसे कोर्सेट्स पहन कर शरीर की चौड़ाई छिपाना, (अगर हमें खंबे जैसी पतली नज़र आने का शौक है तो वही सही!), पर अपने लुक्स बदलने के लिए सर्जरी करवाना या जहरीली चीजें खा कर अपने शरीर को परिवर्तित करना, जैसे कॉस्मेटिक सर्जरी, टमी टक्स, बोटॉक्स वगैरा. वो सिर्फ इस लिए कि कई बदलाव परमानेंट होते हैं, बाद में हम चाह कर भी उनके असर को पलट नहीं सकते! जैसा कि मेरी परिचित एक पूर्व अभिनेत्री ने बड़े अफसोस के साथ समझा.

जिन दिनों मैं एक लाइफस्टाइल चैनल की हेड थी उन दिनों प्रीता राय, एक भूतपूर्व ब्यूटी क्वीन, जिसने सिर्फ एक फिल्म में काम किया था, हमारे एक शो को एंकर कर रही थी. अमेरिका की ओपरा विनफ्रे टाइप शो में मशहूर सेलेब्रिटी गेस्ट अपने दिल की बातें प्रीता से खुल कर करने वाले थे. ये भावुकता से भरा शो था. आप पूछें, इससे पहले ही मैं बता दूँ कि प्रीता राय इस शो के लिए चुनी गई थीं क्योंकि उनके बड़े जबर्दस्त 'कॉन्टेक्ट्स' थे, जानी-मानी हस्तियों से और हमारे संगठन के बड़े अधिकारियों से भी जो इस लाइफस्टाइल चैनल के मालिक थे. तो हमने अपनी सारी टीम को निर्देश दे दिए थे कि वो उनसे बड़ी मुलायमियत से पेश आयें.

शो की थीम को नज़र में रखते हुए, शो का इमोशनल और नाटकीय होना बहुत ज़रूरी था और हर तीसरे एपिसोड में ये ज़रूरी था कि जानी-मानी हस्ती की दर्द भरी दास्तां सुन कर एंकर और दर्शक, आंसू बहा बहा कर रोएँ, अपनी सहानुभूति जताएँ.

'मुझे फुटपाथ पर सोना पड़ा और ब्रेक मिलने के पहले सौ प्रोड्यूसर्स से रोल के लिए भीख मांगनी पड़ी'. 'मेरे बॉयफ्रेंड ने किसी का एहसान उतरने के लिए मुझसे ये 'आइटम नंबर' करवाया और बाद में मुझे छोड़ दिया. वर्ना मैं तो हमेशा महत्वपूर्ण किरदार ही अदा

करना चाहती थी'. आप समझ रही हैं ना?'

शूटिंग को शुरू हुए २ हफ़्ते हो चुके थे और एक रात को एक बजे मुझे प्रीता का फोन आया. 'डार्लिंग, तुम कहाँ हो? अभी तक मुझे शूट पर नज़र क्यों नहीं आई हो?' उसने रूठे स्वर में पूछा. 'प्रीता मैं चैनल के लॉन्च प्लान्स में बिज़ी थी. सब ठीक तो है ना?' मैंने पूछा, ये जानते हुए कि शूट पर सब कुछ बहुत अच्छा नहीं चल रहा था, पर असली समस्या पर गौर करने का टाइम मुझे नहीं मिल पाया था.

'ओ डार्लिंग शो तो बहुत ही बढ़िया चल रहा है और इतने लंबे अरसे बाद कैमरा के सामने मुझे वाकई बड़ा मज़ा आ रहा है, और सारे सेलेब्रिटी मेहमान मेरे दोस्त हैं, तो वैसे प्रॉब्लम कुछ नहीं है, पर डार्लिंग मैं तुम्हे सख्त हिदायत देती हूँ कि तुम अपनी प्रोडक्शन टीम को बदल डालो'. मन की आँखों में मुझे उसका नखरीला मुँह बनाता चेहरा नज़र आ रहा था.

'क्यों प्रीता? मैंने तो तुम्हारे शो पे अपनी सबसे योग्य टीम को लगाया है. प्रीता हम जानते हैं आप कितनी प्रोफेशनल हो और सबसे बढ़िया टीम के ही साथ काम करना चाहोगी.'

''डार्लिंग उन्हें लाइटिंग टेक्नीक का ज़रा भी आइडिया नहीं है. मेरे चेहरे पर पूरी काली परछाइयाँ पड़ रही हैं. इन लोगों ने तो मुझे बहुत ही बदसूरत बना दिया है. वो रूआँसी आवाज़ में बोली.

'ओके ओके. आप बेफिक्र हो जाइए मैं इस समस्या का हल निकाल लूँगी' मैंने मीठे स्वर में सांत्वना दी. 'आप आराम से नींद पूरी कीजिए वर्ना कल आँखों के नीचे काले गड्ढे नज़र आएँगे. हम वो तो नहीं चाहते हैं ना?'

अब उन्हें कोई कैसे समझाए कि उनके चेहरे की बदसूरती लाइटिंग से नहीं बल्कि उनकी ढलती उम्र का नतीजा हैं?

प्रीता जी की बद्तमीजी बढ़ती गई और चूँकि शो हमारी अपेक्षा के अनुसार ज़्यादा बेहतर नहीं होता जा रहा था, हमने प्रोडक्शन टीम को दो बार बदला और फिर एग्जीक्यूटिव प्रोड्यूसर और आखिरकार राइटर को भी बदल डाला. सभी को साफ नज़र आ रहा था, प्रीता को भी, कि प्रोग्राम फ्लॉप हो रहा था और कारण हम सबकी समझ

में नहीं आ रहा था. तब एक रोज़ डायरेक्टर मेरे पास आया और बोला 'बॉस, मैं आप को कुछ दिखाना चाहता हूँ.' और उसने अभी तक शूट की हुई सारी फुटेज मुझे दिखानी शुरू की.

एक जवां स्टारलेट आँसू पोंछते हुए कह रही थी, 'और फिर मेरे पिता के गुज़र जाने के बाद मेरी माँ ने मुझे स्कूल से हटा दिया और मुझे साथ लेकर प्रोड्यूसर्स के चक्कर काटने लगी.'

कट टू प्रीता रिएक्शन शॉट. चेहरे पर मुस्कान जमी हुई थी. 'उफ! यू पुअर थिंग.'

'मुझे ब्रेक देने वाला फिल्म प्रोड्यूसर रात को मेरी वैनिटी वैन में आया, शराब के नशे में धुत!' जवान स्टारलेट के खूबसूरत चेहरे पर आंसू बह रहे थे.

कट टू प्रीता रिएक्शन शॉट—चेहरे पर वही मुस्कान जमी हुई थी. 'हाय हाय, कितना दर्दनाक है.'

'और जब मैंने ऐतराज किया तो उसने मुझे फिल्म से निकाल देने की धमकी दी और बोला कि वो सबसे कहेगा कि मैंने उससे पैसे लिए और उसे ब्लैकमेल करने की कोशिश की.'

कट टू प्रीता रिएक्शन शॉट, चेहरे पर मुस्कान जमी हुई. 'ओफ! कितना घिनौना आदमी था!'

'आप देख रही हैं क्या हो रहा है?' डायरेक्टर बड़बड़ाया 'प्रीता उसे कोई रिएक्शन शॉट दे ही नहीं पा रही है! उसका चेहरा एकदम सुन्न हो चुका है. वरना इतनी बढ़िया कहानियों पर मैं इतना बढ़िया शो बना सकता था. क्या बढ़िया टी.आर.पी. मिल सकते थे!' वो बगल की दीवार पर अपना सर मारने लगा.

'पर क्यूँ? मैंने आश्चर्य से पूछा. मुझे याद है प्रीता कभी भी इतनी बुरी एक्ट्रेस नहीं थी. उसे अचानक क्या हो गया? 'अरे ये सारा प्रॉब्लम बोटॉक्स का किया–धरा है! चेहरे पर बोटॉक्स के इंजेक्शन लगाने से चेहरे के मसल्स सुन्न हो गए हैं. चेहरे के भाव फ्रीज हो गए हैं! मुँह बिचकाते हुए एग्जीक्यूटिव चिढ़ कर बोल रहा था.

बिचारी प्रीता! तो ये था कारण शो के फेल होने का! जहाँ हमें ड्रामा क्वीन चाहिए थी वहां हमें मिल गई आइस क्वीन! बर्फ में जमे

चेहरे वाली!

प्रीता ने अपने चेहरे को जवां रखने के लिए बोटॉक्स अपनाया और अपने चेहरे पर भाव दर्शाने की क्षमता खो दी. विडंबना देखिये हमें उसके चेहरे की झुर्रियों से कोई एतराज़ नहीं था. बिना बोटॉक्स किए चेहरे से वो अपने सेलेब्रिटी मेहमानों की भावुक कहानियों पर कम से कम सही रिएक्शन तो दे सकती थी. भावुकता और संवेदनशीलता जता सकती थी.

आज प्रीता की ही तरह कई औरतें अपने शरीर की काट छांट, जहरीले पदार्थों का सेवन और जान लेवा डाइटिंग कर के, किसी काल्पनिक खूबसूरती का पीछा कर रही हैं जिसे वो आदर्श मानती हैं और इस चक्कर में वो अपना विशिष्ट व्यक्तित्व खो कर किसी लेटेस्ट दीवा की कार्बन कॉपी बन चुकी हैं!!

शुरुआत की थी करीना कपूर ने, साइज़ ज़ीरो बन कर. हम सब उसकी देखा सीखी, अपने फिगर को सिंगल डिजिट का साइज बनाने में लग गए. जैसे ही हमारे फिगर सिकुड़ने लगे ब्यूटी का फैशन बदल गया. मेरी सींक–सी पतली दोस्त को उसके पति ने बड़े प्यार से समझाया कि उसे अपना वजन कुछ बढ़ाना चाहिए, शरीर में कुछ गोलाई लानी चाहिए. ये बातें उन्होंने 'दी डर्टी पिक्चर' देखने के कुछ मिनटों बाद ही कही थी.

जैसे ही विद्या बी, आठ से अस्सी वर्षीय मर्दों की चहेती 'पिन अप गर्ल' बन गई, रातों रात पांसा पलट गया और भरे गोल शरीर का फैशन लौट आया. अब मर्द ऑफिस से घर लौटते वक्त अपनी पत्नी और गर्लफ्रेंड्स के लिए मिठाइयाँ और चॉकलेट्स घर लाने लगे. (बिलकुल मेरे अमृतसर वाले अंकल की तरह. वहां सभी पति घर लौटते वक्त अपनी पत्नियों के लिए हर रोज़ कुछ मीठी भेंट लाते हैं वर्ना घर का दरवाज़ा उनके लिए नहीं खुलता) वाकई, सभी पति अपनी पत्नियों को सारे डाइट प्लान्स छोड़ कर, अपनी माँ के बताये, अच्छे–खासे, गरिष्ठ पंजाबी और गुज्जू भोज खाने का प्रोत्साहन देने लगे.

अब औरतों को मॉडर्न वक्त के साथ कदम मिलाने के लिए, सींक–सी पतली अनुष्का को छोड़ गोलमटोल विद्या में परिवर्तित होना पड़ा. अब

चूंकि बिचारी औरतें खाना खाना ही भूल चुकी थीं तो उनके लिए एक पतली ब्रेडस्टिक से ज़्यादा खाना मुश्किल हो गया था. सालों से जो बेचारी, अपनी प्लेट की हर कैलोरी, पॉजिटिव और नेगेटिव 'फूफा' 'मूफा' सब का हिसाब रख रही थी, इस गरिष्ठ और हेवी खाने को नहीं झेल पा रही थी. अचानक खुशी के आंसू बहाते हुए वो अपने जीवन का पहला रसगुल्ला और गुलाब जामुन चख रही थीं.

और इन सारी फैशनेबल औरतों के बिलकुल विपरीत है जानी मानी गायिका उषा उत्थुप. बिलकुल 'कूल' और अपनी पर्सनालिटी से पूरी तरह संतुष्ट! अपनी वजनदार और हस्की आवाज और जिस तरह के गाने वो गाती हैं, अगर वो दुनिया के मापदंडों से चलती तो उन्हें एक वेस्टर्न म्यूज़िशियन की तरह दिखना चाहिए था. यानी एक छोटी—सी, टीनेजर की, काली कॉकटेल ड्रेस में अपने शरीर को जबरदस्ती घुसेड़ना चाहिए था! मगर नहीं! उषा उत्थुप, जैसे हमारे पंजाब में कहते हैं, 'खाते—पीते घर की लगती हैं. कांजीवरम साड़ियां पहनती हैं, बालों में गजरे और पैरों में मैचिंग केड्स (दौड़ने वाले जूते) पहनती हैं. उन्होंने अपने विशिष्ट स्टाइल से अपनी अलग पहचान बना रखी है. उनका आत्मविश्वास और व्यक्तित्व क्या बढ़िया लगता है. देखने और सुनने में औरों से बिलकुल अलग, बहुत ही बढ़िया!

वाकई हम औरतों को अगर किसी को देख कर ये गुण सीखना है, सिर्फ नकल कर के नहीं, बल्कि उनके आत्मविश्वास और व्यक्तित्व से, तो हमें उषा उत्थुप से सीखना चाहिए. और किसी और की आदर्श मानी हुई खूबसूरती की नकल नहीं करनी चाहिए. जो कि (ज़्यादातर) हमारे मन में मर्दों ने फिट कर रखी हैं! चलिए, आइए हम अपने आप को पूरी तरह स्वीकार करें. जो हम सचमुच हैं, उसी से प्यार करना सीखें. सच मानिए अगर हम बाहरी दबावों और औरों के सोचे आइडियाज़ छोड़ दें तो हम इसी निष्कर्ष पर पहुँचेंगे कि हम जैसे हैं, वही सही हैं! और फिर थोड़े बहुत फेरबदल कर के, हेयर कट, कुछ पाउडर, ज़रा सी लिपस्टिक लगा कर हमें पता चलेगा कि हम अच्छे ही नहीं, बहुत ही अच्छे लग रहे हैं!

आज का कॉर्पोरेट मंत्र

- हम सब में अपनी एक अलग बात है. तो क्यों न हम उस विशिष्ट पर्सनालिटी को उभारें और सामने लाएँ और हर लेटेस्ट फैशन का पीछा करना छोड़ दें.
- स्टाइल तब नज़र आता है जब हमारे अंदर गहराई छिपी हो, अंदर अलग सोच हो. जो अपने आप में संतुष्ट होता है उसमें चेहरे पर एक खास तरह का आत्मविश्वास झलकता है.

और...

- अपने शरीर पर परमानेंट बदलाव लाने से पहले हमें अच्छी तरह सोच–विचार कर लेना चाहिए... अपने करेंट बॉयफ्रेंड का नाम शरीर में गोदने से पहले और चेहेरे के मसल्स को बोटॉक्स से बर्बाद करने के पहले सोचिये... क्योंकि फिर आप इन्हें दोबारा मिटा नहीं सकेंगी .

10
दुश्मन हमारे अंदर छिपा है
रानी या राक्षसी?

'औरतें ही औरतों की सबसे बड़ी दुश्मन होती हैं', इस बात में ज़रा भी सच्चाई है या ये सिर्फ हमें बताई गयी कहानियाँ हैं? कहीं ये हम औरतों को आपस में बाँट कर हम पर राज करने की, मर्दों की चाल तो नहीं? दूसरी औरतों को हमारी मुसीबतों के लिए दोषी ठहराना दरअसल अंदर न देख कर बाहरी चीज़ों में खोट ढूंढना भी हो सकता है.

यही बात मैं अपनी दो सहेलियों से डिसकस कर रही थी जो साथ मिल कर एक बड़ा कामयाब बिज़नेस चलाती हैं. दोनों बड़े उग्र भाव से बताने लगीं कि जब वो अपने पैर जमा रही थी तो औरतों ने ज़्यादातर उनके रास्ते में बाधाएं पैदा की जबकि मर्द सहकर्मियों ने उनकी मदद की.

एक थियरी ये हो सकती है कि कई सालों पहले तक दफ्तरों में बहुत कम औरतें कार्यरत थी और जो काम पर रखी जाती थीं वो भी कंपनी की छवि सुधारने के लिए, मात्र कोई महिला कोटा पूरा करने के लिए ही होती थीं. तो शायद ये औरतें अपनी 'रिज़र्व्ड सीट' या अपनी जगह को सुरक्षित रखने के लिए नही चाहती हों कि दूसरी औरतों को कामयाबी मिले.

पर आज की स्थिति में सभी को बराबर का मौका मिलता है. आज की स्पर्धा औरतों और मर्दों से बराबर की है. और अगर आपका रवैया रूखा और असहायक है तो वो औरतों और मर्दों दोनों से एक-सा होगा. ये बस एक थियोरी है जो, 'औरतें ही औरतों की सबसे बड़ी दुश्मन हैं' वाली बात को मानने वालों का जवाब है.

निजी तौर पर मैं इस बात को बिलकुल नहीं मानती. मैंने अपने कामकाजी जीवन में कई सारी औरतों के संग काम किया है, जिसमें मेरी दो महिला बॉस शामिल हैं, पर मैंने उन सबसे हमेशा सहायता और प्रोत्साहन ही पाया है. जैसे मालिनी, मेरी सभी बॉस के मुकाबले मुझे सबसे ज़्यादा समझने वाली बॉस थी. वो अपने अधीन काम करने वाली लड़कियों को बड़ी मेहनत से सारे काम और गुर सिखाती थी. ज़रूरत पड़ने पर मैनेजमेंट से उनके हक के लिए लड़ती भी थी. उन्हें नियम कानून बदलने पर मजबूर करती थी तभी तो हम जैसों को, गर्भावस्था में 'फ्लेक्सी-टाइमिंग' (अपनी सुविधानुसार ऑफिस आना) और अन्य फायदे मिल सके.

हालाँकि मालिनी बहुत ही अच्छी बॉस थी पर मेरी दूसरी बॉस, जिन्हें हम रेखा मॅम कहते थे, बड़ी ही सख्त थी. पर वो सभी से सख्त थीं. अपनी झाड़-लताड़ और कटाक्ष से सभी (औरतों और मर्दों) को बेवकूफ सिद्ध कर देती थी. वैसे देखा जाए तो अक्सर उनके अधीनस्थ, थे भी इस लताड़ के लायक.

'काव्या मैं घर जा रही हूँ और मैं चाहती हूँ कि अपूर्वा और तुम मिलकर इस मैगज़ीन-रीडरशिप प्लान को पूरा कर लो और कल सुबह सबसे पहले मुझे प्रेज़ेंट करो. समझी तुम?' रेखा मॅम ने सख्त आवाज़ में निर्देश झाड़ते हुए अपनी गाड़ी की चाभी, सिगरेट्स का डब्बा उठाया और एच क्यू (हेडक्वार्टर) की मीटिंग के लिए रवाना हो गईं.

'हाँ रेखा, ये कल तैयार हो जाएगा', काव्या ने ज़ोर से सर हिलाया और रेखा मॅम के पीछे-पीछे मुझे आँख मारी. उफ! मैंने सोचा अब काव्या क्या खिचड़ी पकाएगी? ज़रूर मुझे भी किसी मुसीबत में फंसा देगी. पहले से ही उसका बॉस से छत्तीस का आँकड़ा है.

ये मेरी पहली नौकरी थी और हम मैनेजमेंट ट्रेनीज़ की कम्पलसरी

ट्रेनिंग के बाद मुझे रेखा मॅम की टीम में रखा गया था. काव्या मेरी रिपोर्टिंग मैनेजर थी. बदकिस्मती से रेखा मॅम ने ठान लिया था कि काव्या महामूर्ख है और वो हर सुबह उसे डांट का पूरा डोज पिला उसे पूरी तरह जमीन में रगड़ देना चाहती थी ताकि हम जूनियर्स को सबक मिल सके कि 'देखो मूर्खों के संग ऐसा ही व्यवहार होगा!

हमें यही बात सिखाने के लिए हर सुबह हमारी क्लास लगती थी (मेरे ख्याल से हमारी कैंटीन बॉय ने इस जबर्दस्त झाड़ के सारे ड्रामे के लिए दर्शकों को टिकट भी बाँट दिए थे...)

हर आम दिन की शुरुआत होती थी जब रेखा मॅम फुर्ती और धड़ाके के साथ, आँखें चमकाते हुए, बिगड़े मिजाज़ और भारी साँसें लेती ऑफिस में घुसती थी. और सारे ऑफिस की साँस रुक जाती थी. अपनी कॉफी बना कर रेखा अपनी कुर्सी पर विराजमान हो जाती थी और काव्या की तरफ शक्की नज़र से देखते हुए सारे कामों की सूची का हिसाब मांगने लगती थी. काव्या आदतन या तो काम अधूरे छोड़ देती या गलत कर देती थी या उनके बारे में भूल चुकी होती थी–तो बस! रेखा की ज़ुबान चल पड़ती थी. सारे ऑफिस के सामने काव्या को ऐसी झाड़ पड़ती और काव्या सर झुकाए, झेंप के साथ खड़ी सुनती रहती थी. बस बीच बीच में बुदबुदाती... 'पर रेखा मैंने... तो...,' और रेखा एक लीटर रसम पीकर सुबह जो शूरू होती (वो एक अच्छी साऊथ इंडियन थी) तो किसी भी हाल में रुकती नहीं थी. घंटे भर इसी तरह भाषण देने के बाद रेखा वहीं से लाल– पीली हो कर निकल जाती थी. काव्या अपनी टेबल कुर्सी पर आ कर कटे पेड़ की तरह पस्त हो जाती थी.

कई दिन की लताड़ के बावजूद काव्या बिना ज़रा बदले, बेशर्मों की तरह डटी रहती और एक इंडियन रबर की गेंद की तरह उछल कर दुबारा पोज़िशन पर आ जाती, अगले दिन की लताड़ के लिए तैयार! मैं तो पहले दिन से रेखा के नाम से इतना खौफ खा चुकी थी कि जब मेरी ट्रेनिंग के बाद जी.एम. ने मुझे रेखा की टीम में डाला, मैं फूट–फूट कर रो पड़ी थी.

खैर जैसे ही उस रोज़ रेखा ऑफिस से निकली मैंने तुरंत काव्या

को घेर लिया. 'चलो जल्दी–जल्दी प्लान को निपटा देते हैं. मेरे ख्याल से हमें दो घंटे ज़रूर लगेंगे.'

'रुको स्वीटहार्ट, मुझे अपनी पेज थ्री की पार्टी के लिए अभी एक डिज़ाइनर ड्रेस का इंतज़ाम तो कर लेने दो! वो हो जाए तो हम बैठ कर काम भी कर लेंगे.' उसने आराम से कहा.

और फिर काव्या जो फोन पर शुरू हुई...अपनी सारी मॉडल फ्रेंड्स को फोन कर कर के वो पार्टी ड्रेस उधार मांगने में लग गयी. बदकिस्मती से वो ड्रेस हाथ नहीं लग रही थी. जब तक इंतज़ाम हुआ तब तक उसके घर जाने का वक्त हो गया. इस बीच मेरी हालत डर के मारे ऐसी पतली हो गयी थी कि मैं बेवकूफों सी थरथरा रही थी. दीवारें नाप रही थी, अगली सुबह जब रेखा को पता चलेगा कि काम नहीं हुआ तो उसकी शक्ल की कल्पना कर के काँप रही थी.

'रिलैक्स बेबी! काव्या मम्मी ने सब कुछ कण्ट्रोल में ले लिया है, निश्चिंत रहो.' काव्या ने मेरा कंधा प्यार से थपथपाया.

'कंट्रोल?' मैं चूहों सी चूँ चूँ करते हुए बोली. 'तुम दस मिनिट में घर चली जाओगी, हमने अभी तक कोई एनॅलिसिस तक नहीं की है. मैंने आज तक जिन्दगी में कभी कोई मीडिया प्लान नहीं बनाया तो मैं ये अकेले कैसे करूँगी? रेखा कल हमें मार डालेगी. हे भगवान हम अब क्या करेंगे! ई ई ई ...' मैं रोते स्वर में बोल उठी.

मैं सर धुन रही थी कि आखिर काव्या इतनी निश्चिंत और शांत कैसे है? उसे रोज़ की डांट–फटकार अच्छी लगने लगी है क्या? उसे अपना टॉर्चर करवाने में मज़ा आने लगा था? या उसने आज रेखा की कॉफी में जहर मिला दिया था, जिससे उसे पता है कि कल रेखा ऑफिस नहीं आ पाएगी? मैं यहाँ पगलाई जा रही थी कि ये इतने इत्मीनान से कैसे बैठी है? दिमाग गोल–गोल घूम रहा था! 'अरे ये क्या कर रही हो? मेरी आँखें फटी रह गई जब मैंने देखा कि काव्या पिछले साल का बना प्लान निकाल कर उसकी फोटो कॉपीज़ बना रही है.

'मैंने तुमसे कहा था न कि चिंता मत करो.' वो मुंह बिचकाती हुई बोली.

'अरे पर हम ये नहीं इस्तेमाल कर सकते, ये बेईमानी है' मैंने धीरे से कहा .

'उफ! बच्ची कहीं की! तुम सब मैनेजमेंट ट्रेनी टाइप बड़े नेक और सच्चे बनते हो! बचपना छोड़ो! वैसे भी मैगज़ीन रीडरशिप में कोई बदलाव आया थोड़ी होगा, ये कह कर काव्या अपनी पार्टी के लिए रवाना हो गयी.

ज़ाहिर है मैं रात भर ज़रा भी नहीं सो पायी और ऑफिस के रास्ते में दो बार मेरा मन हुआ कि चलती ट्रेन के सामने कूद पड़ूँ. सुबह ग्यारह बजे दरवाजा खुला और रेखा मॅम (काली साड़ी पहने) ऑफिस में दाखिल हुई. मेरे मुंह से एक दर्द भरी आवाज़ निकल पड़ी... यानी आज उनका मूड खराब है. उनके कपड़ों की चॉइस से मूड का अंदाज़ा लगाना हम सीख चुके थे. जब से मैं आई थी उन्हें हमेशा लाल, बैंजनी, गहरे नीले रंगों में देखा था. तो मैं उन्हें कभी धूप से पीले, या ठण्डे शांत नीले रंगों में देखने की कल्पना भी नहीं कर सकती थी. हालाँकि लोगों ने बताया था कि कभी एक बार जब उन के शरीर में सारे चक्रों का संतुलन हो गया था तो ये भी संभव हो पाया था.

'चलो ज़रा मुझे प्लान दिखाओ', रेखा मॅम काव्या की ओर देख कर चालाकी से मुस्कुराई. (या मुझे ऐसा लगा?)

क्या उन्होंने झूठ पकड़ लिया? रेखा मॅम की बाँई भौंह फड़क रही थी. चेहरे पर दुष्टता झलक रही थी. डर के मारे मुझे उबकायी आ रही थी.

रेखा मॅम ने प्लान पर नज़र डाली और पन्ने पलटे. 'तुमने फिल्म फेयर के बजाए फेमिना क्यों चुनी, एडवरटाइज़ करने के लिए?'

'अंऽऽऽऽ, क्योंकि हमने मूवी मैगज़ीन भी चुनी है और फिल्म्फेयर और मूवी दोनों को चुनना सही नहीं होगा...इससे पाठकों का डुप्लीकेशन होता है. पाठक दोहराए जाते हैं' काव्या ने समझाया.

'अच्छा? मूवी और फेमिना लेने से कितने पाठक डुप्लीकेट होते हैं? फिगर्स बताओ?' रेखा ने पूछा. 'ऐसे मुँह जुबानी याद नहीं पर मैं अपने कैलकुलेशन देख कर बता सकती हूँ. आप चाहें तो...' काव्या

'नारी, मर्द बनना नहीं ज़रूरी!' 65

बहादुरी से झूठ बोले जा रही थी.

'प्लीज, जरा फिगर्स बताने का कष्ट करो, या ऐसा करो अपने कैलकुलेशन यहीं ले आओ. हम सब मिलकर उन्हें देखते हैं.' रेखा बोली और काव्या को अपने मनगढ़ंत कैलकुलेशन्स लाने भेज दिया गया.

रेखा मॅम मेरी तरफ घूर कर बोली 'वो झूठ बोल रही है ना? ये प्लान पिछले साल का है. इस बार के कैलकुलेशन्स हैं ही नहीं.' उसके दिमाग से निकले कई तीर मेरे दिमाग को भेद रहे थे.

मैं क्या कहूँ सूझ नहीं रहा था. हाँ कहूँ तो मुझे चुगलखोर कहा जाएगा और ना कहूँ तो झूठा. मैंने तुरंत वो किया जिसे करने में मैं माहिर हो चुकी थी. फूट फूट कर रोना शुरू कर दिया. और फिर जो रेखा ने अपनी सारी आक्रामक तलवारें और बंदूकें निकाल कर काव्या पर वार किया वो मैं आज भी, बीस सालों के बाद याद करके काँप उठती हूँ.

उसके बाद काव्या ज़्यादा दिन उस नौकरी पर नहीं टिक सकी और फिर उसने हर एक से रेखा की खूब बुराई शुरू कर दी, उसे सारे मार्केट में, तेवर दिखाने वाली चुड़ैल घोषित कर दिया जो लगातार पी एम एस से पीड़ित रहती है.

अब जो लोग रेखा को जानते तक नहीं उनकी नज़रों में रेखा हमेशा के लिए एक दुष्ट, आक्रामक बॉस बन गयी जिसने अपनी महिला सहकर्मियों को कभी सपोर्ट नहीं किया. हमेशा उन पर बेवजह सख्ती बरती. जब कि सच तो ये है कि रेखा अपने नीचे काम करने वाले मर्दों से भी उतनी ही सख्त थी, और वो सब सचमुच डाँट खाने लायक थे. काव्या द्वारा बनायी रेखा की छवि उसी बात की पुष्टता करती है कि 'औरतें ही औरतों की सबसे बड़ी दुश्मन होती हैं' और रेखा को तुरंत दुष्ट सास-ननदों के बीच स्थान दे दिया गया. उन औरतों के बीच जो नारी मुक्ति आन्दोलन की सबसे बड़ी बाधाएँ होती हैं. जबकि सच्चाई कितनी अलग थी.

अन्य औरतों को दोष देने का सीधा मतलब है कि आप अपने अंदर देखने के बजाय बाहर के कारणों को दोषी ठहरा रही हैं. दरअसल औरतों की दुश्मन दूसरी औरतें नहीं होती, दुश्मन हमारे अंदर है. हम

खुद हैं! सच्चाई तो ये है कि सारे निर्णय हम खुद लेते हैं...जैसे नौकरी छोड़ना, सबसे पहला प्रोब्लम सामने आते ही हमारा भाग खड़े होना, सख्त बॉस या कठिन प्रोजेक्ट से भाग खड़े होना. या फिर काव्या की तरह मेहनत से कतराना... ये सभी निर्णय हम खुद लेते हैं, स्वयं, किसी के दबाव में नहीं.

कई बार हम अपने आप को धोखा ये कह कर देते हैं कि अन्य औरतें आड़े आयीं, सहकर्मी सहयोग नहीं करते थे, सास दुष्ट थीं या माँ पुराने ख्यालों की थी, इसलिए हम फलां काम नहीं कर पाए. दरअसल दोषी होती है हमारी अपनी कमज़ोरियाँ, जहाँ हम अपने आप को उत्साहित नहीं कर पाए या परिस्थितियों से नहीं लड़ पाए या अंदर के डर नहीं मिटा पाए.

तो इस भाग का आखरी सबक ये है कि दुश्मन बाहर मत खोजिए, दुश्मन हमारे अंदर बैठी हुई है, जिससे जूझना हमें सीखना पड़ेगा.

आज का कॉर्पोरेट मंत्र

- 'औरतें औरतों से दुष्टता करती हैं' ये एक गलतफहमी है जिसे हमें तुरंत दिमाग से निकल देना चाहिए.
- हमें समझना होगा कि हमारा दुश्मन, हमारे अंदर के डर होते हैं जिन पर हमें विजय पानी होगी.

और...

- अगर हम अपनी बाहर की रेखाओं को दोष देते रहेंगे तो हम अपनी कमज़ोरियों से जूझना कब सीखेंगे? सासों और महिला बॉस को दोषी, बस कुछ ही समय तक ठहराया जा सकता है. उम्र भर नहीं.

स्वीकार करने के दस सबक

1. **मुझे अपना नारीत्व स्वीकार है।**
   नारी होने के लिए हमें क्षमाशील होने की ज़रूरत नहीं है. हमें निःसंकोच नारीत्व के सारे गुण–लक्षणों को स्वीकारना होगा. शुक्र है कि आज कामयाब होने के लिए हमें मर्दों जैसा बनने की ज़रूरत नहीं है.

2. **मैं मानती हूँ कि मुझे अपराध-भावना होती है।**
   हाँ, औरत को हक है कि वो वर्किंग मॉम बने और अगर न चाहे तो मॉम ही न बने. पर हर स्थिति में उसे थोड़ी–बहुत अपराध भावना ज़रूर महसूस होगी. हमें स्वीकार करना होगा कि ये एक औरत की ज़िन्दगी का अभिन्न अंग है.

3. **मैं स्वीकार करती हूँ कि जिन्दगी अन्याय करती है–औरतों से भी और मर्दों से भी।**
   हमें अक्सर लगेगा कि ज़िन्दगी हम औरतों से न्याय नहीं करती पर सच्चाई तो ये है कि जिंदगी में मर्दों को भी काफ़ी सारी चुनौतियों का सामना करना पड़ता है. समाज की बनाई 'परिवार के पालक' की भूमिका में अपने आप को, मर्ज़ी न मर्ज़ी ढालना पड़ता है.

4. **मैं स्वीकार करती हूँ कि चूंकि मैं मल्टीटास्किंग करने में सक्षम हूँ तो मेरे हिस्से में ज़्यादा काम आएगा।**
   मल्टीटास्किंग एक ऐसी बहुमुखी कला है जो सिर्फ औरतों में होती है. तो हमें इसे बोझ नहीं बल्कि अपनी ताकत मानना चाहिए और जीवन की दौड़ में इसका भरपूर इस्तेमाल कर के आगे बढ़ना चाहिए.

5. **मैं स्वीकार करती हूँ कि आज के युग में 'स्वयं पर दुःख लादने वाली', बिचारी छवि, बिलकुल अनुचित है।**
   आज के युग में 'बिचारी' और 'सताई नारी' जो कि खुद तकलीफें

ओढ़ ले, बिलकुल हास्यास्पद मानी जाती है और वो किसी की नज़रों में ऊंची नहीं समझी जाती. तो अब ये शहीद होने का स्वांग छोड़िए.

6. **मैं स्वीकार करती हूँ कि जग जीतने के लिए मुझे धीरज के साथ इंतज़ार करना होगा।**
औरत और मर्द की घिसी-पिटी, स्टीरियोटाइप छवियाँ अब धीरे-धीरे धुंधली हो कर मिट रही हैं... हम दोनों को आपस में एक-दूसरे के गुणों और खूबियों को अपनाना चाहिए. नई दुनिया में अपना वजूद कायम रखने के लिए मर्दों को औरतों के अवतार में परिवर्तित होना पड़ेगा और औरतों को सिर्फ धैर्य से इंतज़ार करना होगा.

7. **मैं स्वीकार करती हूँ कि मर्द, बच्चों को जन्म नहीं दे सकते।**
हम सभी औरतों के जीवन में ऐसा वक्त आता है जब हमें अपने करिअर में ब्रेक ले कर बच्चे पैदा करने होते हैं, हमें चाहिए कि हम इस कर्तव्य को खुशी से निभाएँ क्योंकि मर्द इस प्रक्रिया में चाहें भी, तो बराबर की साझेदारी नहीं निभा सकते.

8. **मैं स्वीकार करती हूँ कि उम्र के साथ-साथ मैं ज़्यादा बेहतर होती जाऊँगी।**
उम्र के साथ-साथ औरतों का आत्मविश्वास बढ़ता चला जाता है. यही वक्त है जब हमें अपने अंदर की शक्तियों और कलाओं का भरपूर इस्तेमाल कर के वो सब कुछ आज़माना चाहिए जो हम कम उम्र में नहीं कर पाए थे. जैसे पॉटरी सीखना या कोई नया बिज़नेस शुरू करना.

9. **मैं स्वीकार करती हूँ कि सभी नारियाँ साइज़ ज़ीरो नहीं हो सकतीं।**
औरतों को चाहिए कि जैसा उन्हें प्रकृति ने बनाया है, अपने उसी स्वाभाविक रूप से प्यार करें. हम सभी के अंदर आत्मसम्मान

जगाने वाली अपनी अलग विशिष्टता होती है.

10. **मैं स्वीकार करती हूँ, कि मैं खुद ही अपनी सबसे बड़ी दुश्मन बन सकती हूँ।**
'औरतें ही औरतों की सबसे बड़ी दुश्मन होती हैं' ये सबसे बड़ा झूठ है जिसका हमें तुरंत पर्दाफाश करना चाहिए. और हमें ये मान लेना चाहिए कि अक्सर हम खुद ही अपनी हालत के जिम्मेदार होते हैं.

भाग-2

स्वयं ढलें

अपनी सच्चाई के अनुसार स्वयं को ढालिए और फिर आपकी सच्चाई खुद आपके अनुकूल ढल जाएगी.

11

सब शुरू होता है सही एटिट्यूड, सही रवैय्ये से

अपनी सोच सकारात्मक रखिए

याद है बचपन में कलाइडोस्कोप नाम का, एक दूरबीन जैसा लम्बा खिलौना हुआ करता था जिसके अंदर अलग-अलग रंगीन पैटर्न और डिज़ाइन्स नज़र आती थीं? और हम उसे हिला हिला कर, घंटों उन मोहक डिज़ाइन्स को देखते रहते थे. सोचने चलो तो अंदर, कांच की टूटी चूड़ियों के सिवा कुछ भी नहीं था.

कल्पना के कुछ क्षणों में, मुझे हमारा जीवन भी कुछ ऐसा ही लगता है: सब अलग-अलग हिस्से जीवन के इन टुकड़ों जैसे हैं पर सब साथ सुयोजित किए जाएँ तो एक खूबसूरत डिज़ाइन बनाई जा सकती है.

ये हमारे सफ़र का दूसरा हिस्सा, जिसमें हम सीखेंगे अपने वास्तविक जीवन के अनुसार स्वयं को ढालना, कुछ इसी तरह है. ये वो पड़ाव है जहाँ, हमने पिछले पड़ाव में जिन सच्चाइयों को स्वीकार किया था, अब हम उन्ही सच्चाइयों को अपनी जीत का सामान बनाना सीखेंगे. ताकि वो हमारे पक्ष में काम करें और विपक्ष में खड़ी हो कर हमारे रास्ते का रोड़ा ना बन जाएँ. और फिर हम अपनी कामयाबी

की अनोखी और खूबसूरत तस्वीर बना पाएँगे, जो बिलकुल निराली और अपनी होगी.

चूंकि हर काम का आरम्भ बिंदु हमारे अंदर होता है और हम अपने आप और अपने परिवेश को अपनी ज़रूरत अनुसार ढालने निकले हैं, तो चलिए शुरुआत करें एक पॉज़िटिव माइंड सेट (सकारात्मक सोच) से. तो स्वयं को बदलने में पहला कदम होगा अपने दिमाग में लड़ाई जीत लेना.

मैंने अपने ग्रेजुएशन की पढ़ाई चेन्नई के स्टेला मैरिज कॉलेज में सम्पन्न की जो दक्षिण भारत के सर्वोतम कॉलेजों में से था. कहने को ये सीनियर कॉलेज था पर यहाँ के नियम–कानून बिलकुल किसी सख्त कान्वेंट स्कूल जैसे थे. जैसे कॉलेज के वक्त मेन गेट्स पर ताला लगाना (ताकि लड़कियाँ अंदर और लड़के बाहर रहें) और अगर कोई छोटी स्कर्ट या स्लीवलेस ब्लाउज पहनने की ज़ुर्रत करती तो उसे घर भेज देना. (मैं आज तक इस नियम को लागू करने का कारण नहीं समझ पायी हूँ. क्योंकि वहाँ बिताये तीन वर्षों में मैंने एक सत्तानवे साल के माली और गेट पर खड़े कमज़ोर नज़र वाले चौकीदार के सिवा किसी मर्द को नहीं देखा).

हालाँकि हमारे कॉलेज में आत्मा की सफाई और शुद्धि के लिए बदस्तूर हर सुबह आचरण विज्ञान क्लासेस होते थे और हमारे मन में जबरन ज्ञानोदय के लिए एक कठिन स्टडी स्केडयूल भी बनाया गया था. साथ–साथ हमारे शारीरिक विकास के लिए भी कॉलेज बड़ा जागरूक था और 'शरीर आत्मा का मंदिर है' जैसे ऊंचे उसूलों का पालन करता था. यानी हमारी इच्छा हो न हों, कॉलेज में दाखिला लेते ही, हमें किसी न किसी खेल–कूद में अपना नाम लिखवाना पड़ता था, जबरदस्ती.

लक बाई चांस मैंने अपना नाम हॉकी कोचिंग क्लास में लिखवा लिया और सभी के (और मेरे भी) आश्चर्य का ठिकाना न था जब मेरा सिलेक्शन कॉलेज की टीम में हो गया. आगे तो सभी दंग रह गए और मैं भी स्तब्ध थी जब मेरा छोटा–सा स्पोर्ट्स करिअर ग्राफ बड़ी तेज़ी से बढ़ता गया और मैं मद्रास यूनिवर्सिटी के लिए और फिर

तमिलनाडु राज्य टीम के लिए गोल कीपर चुन ली गयी.

मेरा सारा खानदान और सारे दोस्त मेरी अब तक छिपी प्रतिभा के इस विस्फोटक ढंग से सामने आने पर एकदम चकित थे क्योंकि उन्होंने कभी मुझे अपनी प्रिय आराम कुर्सी से हिलते नहीं देखा था. मैं खुद चक्कर में थी कि मुझे कैसे इस खेल में इतना मज़ा आने लगा है? सुबह–सुबह के प्रैक्टिस सेशंस, भयंकर दुखदायी 'सिट अप्स', टखनों में गड़ने वाले स्ट्रैप्स, चारों तरफ पैरों पर पड़े नील... ये सारा कष्ट कुछ मायने नहीं रखता था उस सुखद एहसास के सामने, जो टीम मेम्बर्स के आपसी दोस्ताने में था. वो गहरा संतोष जो बॉल को धड़ाक से प्रतिस्पर्धी के गोलपोस्ट में मारने से मिलता था और वो गर्व जो बॉल रोकने के लिए लगाई हज़ारों ऊँची–जबर्दस्त छलांगों में होता था.

तमिलनाडु वीमेंस हॉकी टीम में, पूरे प्रान्त से चुनी, सब तरह की लड़कियाँ शामिल थीं–मॉडर्न, शहरी, चेन्नई की लड़कियों से लेकर पूर्व आरकोट और सेलम की फूहड़ लडकियाँ–और हम सब का पहला टूर्नामेंट था आल इंडिया नेशनल वीमेंस वार्षिक स्पोर्ट्स सम्मेलन, जो कि उस वर्ष पंजाब में रखा गया था.

संसार के छोटे–से हमारे कोने में, तमिलनाडु की हॉकी खिलाड़ियों के बीच हम स्टार थे पर हम बहुत जल्दी समझ गए कि इस नेशनल मीट की बात ही कुछ और है. इन हट्टे–कट्टे पंजाबी खिलाड़ियों, हृष्ट–पुष्ट हरयाणवियों और पारे–सी चंचल उत्तर–पूर्व की टीम्स के सामने हमारी कोई औकात नहीं है. हम एक के बाद एक, दो मैच हार गए वो भी बहुत ही बुरी तरह से! (हमारे स्कोर हॉकी के बजाय बास्केटबाल स्कोर्स जैसे नज़र आ रहे थे 12–0 और 7–0 और हमारी बॉल मैदान में बहुत ही मुश्किल से कभी प्रतिद्वन्द्वी साइड की तरफ जा पा रही थी.

आखिरकार हमारी आखरी गेम खेलने की सुबह आ गयी. सच्चाई तो ये थी कि हम में से काफी खिलाड़ी अपने बैग्स पैक कर के, मुँह छिपा कर, जल्दी से जल्दी, हार का मैदान छोड़ कर भागना चाहते थे. चूँकि मैं टीम की गोलकीपर थी मैंने अपने आप को समझा

लिया था कि हार का कारण मैं ही हूँ. और हर हाल में अगली गेम से मुझे ड्रॉप कर दिया जाएगा. मेरी नासमझी देखिये कि तब मेरे ये पल्ले नहीं पड़ा कि प्रतिद्वंद्वियों ने सिर्फ मुझे ही नही, हमारी पूरी टीम को पीट दिया था. हमारा और उनका कोई मुकाबला नहीं था.

कोच ने हम सब लड़कियों को शुरू के 'वार्म अप' सेशन में इकट्ठा किया और हमें एक ज़ोरदार मुस्कान देते हुए उकसाया, लड़कियों हिम्मत रखो! हिम्मत! ये मैच पिछले मैचों से कहीं ज़्यादा आसान है. जो हुआ उसे भूल जाओ और जैसे घर पर खेलती हो उसी हिम्मत से खेलो! हमें इनके छक्के छुड़ाने हैं, याद रखो!

लड़कियों पर कोच के प्रोत्साहन का असर पड़ा और सभी हिम्मत जुटा कर अपने 'वार्म–अप' में लग गई. कोई बॉल की ड्रिब्लिंग, कोई बॉल पास करने की प्रैक्टिस, कोई अपने मसल्स के व्यायाम में लग गया. बस मैं एक कोने में मुँह लटकाए खड़ी रही. हमारी कैप्टेन शेरिल दौड़ती हुई आई और दबी आवाज़ में मुझे खदेड़ कर बोली 'पागल हो? क्या कर रही हो? जल्दी फील्ड पर चलो. टीम से ड्राप होना चाहती हो?' चाह कर भी कैप्टेन को नज़र अंदाज नहीं कर सकती थी. इसलिए मैंने बड़े निरोत्साहित अंदाज में, बेमन से अपना 'वार्म–अप' शुरू कर दिया. कोच गिद्ध की तरह मुझ पर नज़र गड़ाए हुए थी. जब टीम की घोषणा का वक्त आया और खेलने वाले ग्यारह खिलाड़ियों के नाम लिए गए तो मेरा नाम एनाउन्स नहीं हुआ. उन्होंने मुझे टीम से ड्रॉप कर दिया और बैक–अप गोलकीपर से कहा कि वो पैड पहन कर फील्ड में आ जाए. टीम ने ये मैच बड़े दिल से और बहादुरी से खेला पर फिर भी हम मैच हार गए.

बाद में कोच मेरे पास आयी. 'मैच के पहले क्या चल रहा था? आशा है कि तुम समझ गयी होगी कि मैंने तुम्हें ड्रॉप क्यों किया? इसलिए नहीं कि तुम बुरा खेल रही थीं, बल्कि इसलिए कि मैं टीम में ऐसी गोलकीपर को नहीं ले सकती थी जिसके अंदर जीत के लिए कोशिश करने की इच्छा भी मर चुकी हो! मुझे चाहिए थे बुलंद हौसले वाले ग्यारह खिलाड़ी, दस नहीं!'

तब जा के मुझे समझ में आया, टीम से बेदखल कर दिए जाने

'नारी, मर्द बनना नहीं ज़रूरी!' 77

की वजह ये नहीं थी कि मैं पिछली गेम्स हार चुकी थी, बल्कि कारण मेरी नकारात्मक सोच थी, जीतने की कोशिश से मुँह मोड़ लेना...बस मेरे इस रवैये ने तय कर दिया कि मैं टीम में खेलूंगी या नहीं! मेरे एटिट्यूड से मैंने कोच को जता दिया था कि मैं मैदान में उतरने से पहले ही अपने मन में मैच हार चुकी हूँ और कोच का ये फर्ज़ था कि वो ऐसी टीम मैदान में भेजे जो विपरीत परिस्थितियों के बावजूद, आखिरी सीटी के बजने तक, मैच जीतने की भरसक कोशिश में लगी रहे.

ये सब कुछ पच्चीस साल पहले हुआ था पर मैं आज तक उस चंडीगढ़ के हॉकी फील्ड की ठिठुरती सुबह का सबक नहीं भूल पायी हूँ. मैंने ये सीखा कि हर एक को जिन्दगी में, अपने चुने क्षेत्र में, लगातार भरसक कोशिश करते रहना चाहिए. अक्सर परिस्थितियाँ हमारे विरूद्ध खड़ी हो जाएँगी पर हमें अपने मनोबल को जुटा कर, अपना सारा दम लगा कर कोशिश करते रहना चाहिए. अड़चनों का सामना होते ही कई बार हम पहला युद्ध अपने मन के अंदर ही हार बैठते हैं. चढ़ने के पहले ही पर्वत से डर जाते हैं. बैठे-बैठे हम मन में डरावने दैत्य पैदा कर लेते हैं और बुरी परिस्थितियों की कल्पना से काँप उठते हैं.

'मैं टीम की इकलौती लड़की हूँ, टीम का हिस्सा नहीं बन पाऊँगी.' 'अगर मैंने फ्लेक्सी टाइमिंग माँगा तो मैं नौकरी से हाथ धो बैठूँगी.' 'मेरे बॉस मुझसे नफ़रत करते हैं.' 'अगर मैंने प्रेग्नेंट होने की खबर दी तो ये प्रोजेक्ट मुझसे छीन लिया जाएगा' 'मेरे हिस्से में बस बदकिस्मती है, मेरा कोई मददगार नहीं, न घर में न दफ्तर में.' जब हम अपने आप से ऐसी बातें करते हैं तो उस वक्त, जैसे हमारे दिमागी दैत्य हँस कर 'एवं अस्तु' कह देते हैं और काल्पनिक वचन सच्चे और ठोस हो जाते हैं. इसे 'ऑटो सजेशन' कहते हैं और हम अपने आप को विश्वास दिला देते हैं कि यही सच्चाई है. जब कि सच्चाई बिलकुल विपरीत होती है. हमारी नकारात्मक सोच हमें चुनौतियों पर विजय पाने से रोकती है.

हॉकी की कहानी यही जताती है कि गलत सोच और गलत

रवैया, वो पहला गलत कदम है जो हम खुद उठाते हैं और अपनी हार के रास्ते पर उतर पड़ते हैं. बल्कि अगर सोच सकारात्मक हो तो परिस्थितियाँ खुद-ब-खुद बदल जाती हैं और हमें कामयाबी की ओर पंख लगे कदमों से पहुँचा सकती है.

आज का कॉर्पोरेट मंत्र

- अड़चनें सभी की जिंदगी में आती हैं. कामयाब वही होते हैं जो समस्याओं का सामना सकारात्मक सोच से करते हैं.
- अक्सर हम युद्धभूमि में उतरने से पहले ही कई युद्ध अपने मन के अंदर ही हार जाते हैं.

और...

- जब चुनाव, हुनर और जबर्दस्त एटिट्यूड के बीच हो तो हर हाल में जबर्दस्त एटिट्यूड ही जीतेगा.!
- सभी बॉसेस उन्ही लोगों को पसंद करते हैं तो जोशीले, जीत की भरसक कोशिश करने वाले, और समस्याओं का हल ढूँढने वाले होते हैं. टीम से निकाल बाहर किए जाने का शर्तिया तरीका है सबको, सामने गिरने वाले गड्ढे दिखाइए!

12

आज तक कोई भी कड़ी मेहनत का विकल्प नहीं ढूँढ पाया

होने वाली माँ की उम्मीदें

प्रतीका, हमारी एक वित्त एक्जीक्यूटिव, एक रोज़ मेरे कमरे में मिठाई का डिब्बा ले कर आई. 'मॅम, आपको एक खुशखबरी देना चाहती हूँ. मैं माँ बनने वाली हूँ,' वो शर्माते हुए बोली.

'मुबारक हो प्रतीका! पर इतनी जल्दी? मुझे लगा अभी–अभी तो तुम्हारी शादी हुई है.' मैंने आश्चर्य जताते हुए धीरे से पूंछा.

'हाँ मॅम पर मुझे भी नहीं पता ये कैसे हुआ!' उसके मुँह से ये सुन कर हम सब हँस पड़े.

प्रतीका ने कुछ ही महीनों पहले हमारी कम्पनी जॉइन की थी और आते ही अपनी मेहनत और लगन से टीम में अपनी महत्वपूर्ण जगह बना ली थी. फिर जॉइन करने के दो ही महीनों में उसने शादी के लिए छुट्टी की अर्ज़ी दी, जो हमने कुछ मुश्किल से स्वीकार की और अब वो एक ही साल के अंदर दुबारा छुट्टी लेने के लिए तैयार बैठी है—मैटरनिटी लीव.

विविधता के प्रति जागरूक संगठन होने के नाते हमारे सामने प्रतीका की ज़रूरतों को सम्भालने के सिवा कोई चारा नहीं था पर फिर

मैं अपने उस एच.ओ.डी. के गुस्से को भी समझ रही थी जिसे एक मेम्बर के बगैर ही, पूरे साल काम करने की मजबूरी झेलनी पड़ती... एक तो वैसे ही मार्केट की तंग आर्थिक स्थिति के चलते टीम्स छोटी हो चली हैं और फिर उसमे भी एक सदस्य घट जाए तो डिपार्टमेंट की कार्यकुशलता पर असर तो होने ही वाला था.

तो हमने तय किया कि इन हालात में हमसे जो ज़्यादा से ज़्यादा बन पायेगा हम करेंगे और स्थिति को संभाल लेंगे. कुछ हफ्तों के बाद मैंने देखा कि वित्त की पूरी ऑडिट टीम रोज़ देर रात तक काम कर के अपनी तिमाही ऑडिट पूरी करने में जोर-शोर से लगी हुई है पर इस सारी कार्रवाही में प्रतीका बिलकुल नदारद है. अगली बार जब वो नज़र आई तो मैंने उससे पूछा, 'तो आजकल कहाँ हो प्रतीका? कहीं नज़र नहीं आती?' उसने आँखें गोल-गोल कर के आश्चर्य जताया 'पर मैंने आपसे बताया था ना कि मैं प्रेग्नेंट हूँ.'

उसके आश्चर्य जताने से मुझे कुछ गुस्सा आया और मैं बोल पड़ी...'हाँ मैं वो जानती हूँ पर उसका, तुम्हारे ऑफिस न आने और जल्दी घर जाने से क्या सम्बन्ध है? मुझे बताया गया है कि तुम ये अक्सर कर रही हो? 'मैं ये मान कर चल रही हूँ कि तुम्हारी सेहत ठीक ठाक है और डॉक्टरों ने तुम्हें यात्रा और काम करने के लिए मना नहीं किया है?'

'हाँ मॅम... पर मुझे कुछ हल्का-सा चक्कर आया और कुछ मितली आई तो मैंने सोचा कुछ दिन आराम कर लूँ मेरे पति को मेरी इतनी चिंता है कि उन्होंने मुझे ट्रेवल करने से बिलकुल सख्त मना कर दिया है.' उसके स्वर में कुछ नाराज़गी थी कि, मैं उसके गर्भवती होने के बावजूद उससे काम की बात कर रही हूँ, जबकि उसे दुलार की आशा थी.

और फिर प्रतीका की पूरी गर्भावस्था में हमें उसकी मितली, चक्कर, उबकाई, पति की चिंता, माँ की घबराहट, दादी की हिदायतें, कि कब वो काम करे, कब न करे, सब झेलनी पड़ीं.

और दूसरी तरफ, उसके ठीक विपरीत थी, मेरी एक अच्छी दोस्त और सहकर्मी अमृता, जो अपनी गर्भावस्था को कोई बीमारी नहीं बल्कि

नार्मल बात मान कर चल रही थी. वो रोज़ बस में चलती, फिर एक घंटा ट्रेन में सफर करती और आखरी १५ मिनट पैदल चल कर ऑफिस आती. उसने अपनी प्रेगनेंसी के करीब आठ महीने ये किया, बिना एक भी दिन छुट्टी लिए! और बिचारी अमृता को उबकाई सिर्फ सुबह नहीं आती थी. सुबह, शाम, दोपहर वो ये बहादुरी से झेलती थी, बिना शिकायत. हर जगह साथ में प्लास्टिक बैग ले कर चलती थी. यहाँ तक कि क्लाइंट मीटिंग में भी! एक रोज़ क्लाइंट प्रेजेंटेशन में उसे उबकाई आई तो वो प्रेजेंटेशन के बीच में, इजाज़त ले कर बाहर गयी, निवृत्त होकर लौट भी आयी...हमने वो ब्रेक नार्मल समझ कर स्वीकार कर लिया और रुकावट के बाद प्रेज़ेंटेशन जारी रहा. (क्लाइंट हाल में बाप बने थे इसलिए उन्हें अमृता से पूरी सहानुभूति थी) एक बार जब अमृता की तबियत ज़्यादा खराब हो गयी और डॉक्टर ने उसे घर रहने की सख्त हिदायत दी तो उसने पलंग पर लेटे लेटे कई सारे हिसाब–किताब निबटा डाले और मुझे वो सारे आँकड़े पेश किए जिसकी मुझे अपने एक रिव्यू के लिए सख्त ज़रूरत थी.

हम सभी ने अपनी गर्भावस्था में कड़ी मेहनत की है, मीलों सफ़र किया है, हर तरह के वाहन में शहर की दूरियाँ नापी हैं, 'क्यू' में खड़े रहे हैं...ये सब, बिना किसी से कोई रियायत की आशा या कोई खास ट्रीटमेंट की अपेक्षा किए (अपने परिवार से कुछ देखभाल की आशा ज़रूर रखी, बस). हम सभी अपनी गर्भावस्था को कोई बीमारी नहीं बल्कि ज़िन्दगी का एक हिस्सा मानते थे. अक्सर जब मैं गर्भावस्था में, ऑफिस से घर लौटते वक्त अपनी दुखती कमर पकड़ कर ट्रेन में लेडीज़ कम्पार्टमेंट में खड़ी रहती थी तो ये ख्याल ज़रूर मन में आता था कि कोई औरत मुझे अपनी सीट ऑफर क्यूँ नहीं करती? तब मुझे ये ध्यान आया कि इन औरतों ने भी, इसी ट्रेन में,कभी न कभी, एसी ही अवस्था में, घंटों खड़े रह कर, धक्के खाते हुए सफर किया होगा, बिना किसी से कोई रियायत या मदद की आशा किए. तो स्वाभाविक है वो मानती हैं कि उन्हीं की तरह सभी लोगों को अपनी स्थिति सम्भालना आना चाहिए और उन्हें लोगों से विशेष देखभाल की आशा नहीं रखनी चाहिए.

पर बदकिस्मती से इन कर्मठ और होशियार लड़कियों के जब बच्चे होते हैं तब इन्हें मजबूरन अपनी नौकरी छोड़नी पड़ती है क्योंकि तब घर–दफ्तर–बच्चा–परिवार सब सम्भालना कोई सर्कस से कम कठिन नहीं होता. एक वर्किंग मॉम होने का मतलब हैं 15 सालों के लिए, दो शिफ्ट्स में, दो कमरतोड़ नौकरियाँ करना...जहाँ दोनों ही जॉब्स अपनी अलग–अलग खींचातानियाँ, प्रेशेर्स और टेनशन्स पेश करते हैं. यानी भूल जाइये रात भर की पूरी नींद, और देर से उठने की आराम तलबी... आप किसी सन्डे, बेड में लेटे–लेटे नाश्ता करने की आशा नहीं कर सकतीं. (सिवाय शायद अपने जन्मदिन के) और अब आपको ख्वाब में भी नहीं मिल सकती वो पहले–सी आज़ादी और मस्ती जब आप हर हफ्ते रात भर की पार्टियों में घूम सकती थीं. सामने रोज़ होंगी, पेंडिंग काम की दो–दो सूचियाँ जिनमें कम से कम पैंतीस आइटम होंगे जैसे 'कंपनी की प्रोसेस लिस्ट चेक करना' या 'एनवॉयरमेंट एजुकेशन के स्कूल प्रोजेक्ट के लिए रंग बिरंगे पत्थर लाना'. (चूंकि सिड ने मुझसे इन पत्थरों की मांग, प्रोजेक्ट जमा करने की पिछली रात के 10.30 बजे की थी, तो मुझे रात में सड़क से ये कंकर–पत्थर बटोरने पड़े और रात भर बैठ कर उन्हें रंगबिरंगा पेंट करना पड़ा.)

कामयाबी पाने के लिए ज़िन्दगी के हर मुकाम पर कड़ी मेहनत करना और डटे रहना, कभी मैदान छोड़ के न भागना, ये दो बातें हैं जिन्हें हम कभी तज नहीं सकते. किसी ने एक रोज़ मुझसे कहा था, 'मैं जितनी ज़्यादा मेहनत करती हूँ, मैं उतनी ज़्यादा लकी होती चली जाती हूँ!'

ये तो तय है कि माँ, पत्नी और आदर्श कर्मचारी बनना हर कमज़ोर–दिल इंसान के बस का नहीं है. पर परिश्रम जारी रखें और डटे रहें तो कामयाबी मिलती जरूर है.

आज का कॉर्पोरेट मंत्र

- 'डटे रहना' ही वो एक मात्र जज़्बा है जो आपको कामयाबी की मंज़िल तक निश्चित रूप से पहुँचाता है. किसी भी कामयाब औरत से पूछिए, वो कामयाब हुई क्योंकि उसने कोशिश कभी नहीं

छोड़ी. बिलकुल उस चींटी की तरह जो बड़े-से दाने को लगातार कोशिश से ऊँचाई तक ढकेलती रहती है, कभी नहीं रुकती.
- काम से दूर भागना यानी अपनी कामयाबी से दूर भागना है. जैसा करेंगे वही तो भरेंगे.

और...

- गर्भावस्था कोई बीमारी नहीं. ज़िन्दगी की एक क्रिया है. उसकी आड़ में काम या जिम्मेदारियों से मुँह ना चुराइए.
- आपकी बॉस आपकी माँ नहीं जो आपका प्यार-दुलार करेंगी उसकी आशा सिर्फ घर वालों से कीजिए. ऑफिस आ कर सच्चे प्रोफेशनल-सा व्यवहार कीजिए. काम पर रियायतों की आशा मत रखिए.

13

अपनी प्राथमिकता सूची बनाना सीखिए

वो क्या है? चिड़िया? प्लेन?
अरे, वो तो सुपर-वुमन है!

जैसे कि हमने पिछले चैप्टर में देखा कि नारी अगर अपने व्यावसायिक और निजी जीवन दोनों को कामयाब बनाना चाहती है तो कड़ी मेहनत उसके लिए अनिवार्य है. पर सारी मेहनत को कामयाबी में बदलने के लिए ये भी ज़रूरी है कि वो स्मार्ट ढंग से काम करे. अपने सारे कामों की सूची बना कर उससे ज़रूरी और गैर जरूरी कामों को अलग करना सीखें.

अगर कोई नारी ये समझती है कि वो अव्वल दर्ज़े की बावर्ची, जबर्दस्त मेजबान, नम्बर वन कर्मचारी होने के साथ-साथ स्कूल की सब पी टी ए मीटिंग्स अटेंड कर पायेगी और साथ में स्कूल के क्रिसमस कार्यक्रम की अध्यक्षता, स्कूबा डाइविंग सीखना और अपनी इंडस्ट्री की हर मुलाकात में भाग लेना...ये सभी काम अपने रूटीन में फिट कर पायेगी....तो विश्वास मानिये, वो अपने आप को धोखा दे रही है. जीवन में इतना सारा कुछ कर पाना असंभव है.

आप चाहे जितनी होशियार और मेहनती हों, अगर आपने अपनी दिशा में उछाली गई प्रत्येक बॉल को कैच करने की कोशिश की तो उसमें से एक न एक ज़रूर गिर कर टूट जाएगी. आपको, हर

हाल में, कुछ गैर ज़रूरी चीज़ों को हटा कर, एक बार में सिर्फ कुछ ज्यादा ज़रूरी चीजों को संभालना चाहिए वो भी पूरी दक्षता के साथ, तभी आपको मनचाहा नतीजा मिलेगा.

इस प्राथमिकता सूची को बनाने में आपको समझना होगा कि किस वक्त कौन–सा काम ज़रूरी है और सूची के कामों को अलग अलग कैसे किया जाए. गैरज़रूरी कामों को या तो नज़रंदाज़ करें या ज़्यादा अच्छा है किसी और को सौंप दें. (कई सालों से मैं अपने यहाँ खाना बनाने के काम–जिससे मुझे सख्त नफरत है और जिसे मैं बेमतलब समझती हूँ, अपनी माँ, मेड, पति और आज कल अपने बेटे को सौंप रही हूँ (जो कि काफी अच्छा खाना पका लेता है). अपनी जिन्दगी और करिअर में ये सूची हर मुकाम पर बदलती रहेगी तो हमारे लिए ज़रूरी है कि इस वक्त जो महत्वपूर्ण है उसी पर फोकस करें.

मिसाल के लिए, शीला, इन दिनों मानती है कि उसकी सूची में सबसे प्रथम है उसका छोटा–सा केटरिंग बिज़नेस, उसके दो बढ़ते बच्चों की देखभाल और उसका परिवार. एक जमाने में, हम दोस्तों के बीच, शीला को हम 'एवररेडी' शीला कहा करते थे क्योकि जब किसी को उसकी ज़रूरत होती वो हाज़िर हो जाती थी. ऐन वक्त पर किसी कॉर्पोरेट पार्टी में साथ जाने के लिए, किसी उबाऊ शादी में संगत के लिए, अचानक तय किए गए वीकेंड ब्रेक में कंपनी देने, या २ बजे रात को लोनावला ड्राइव पर जाने के लिए...पर आज उसे उसके नए अवतार में पहचानना मुश्किल हो गया है... जिम्मेदार एन्त्रोप्रेन्युर और मॉम के रूप में! अब उसकी ज़िन्दगी घड़ी देख कर चलती है, जहाँ एक हफ़्ते पहले से उसके हर घंटे का कार्यक्रम तय हो जाता है. वो अपने बिज़नेस में क्वालिटी, अपने बच्चों की पढ़ाई और स्कूली कार्यक्रमों पर पूरी तरह फ़ोकस्ड है और दोनों ही काम बड़ी कुशलता पूर्वक निभा रही है.

एक रोज़ मैंने उससे पूछा कि कहीं उसे वो पहले की तरह, उठ कर चल देने वाली आज़ादी का न होना खटकता तो नहीं? उसने बड़ा ही सीधा जवाब दिया. 'जिन्दगी में हर चीज़ का एक समय होता है, एक जगह होती है. एक वक्त होता है लापरवाही से आज़ाद

घूमने का और एक वक्त होता है किसी की ज़िम्मेदारी ले कर उसकी देखभाल करने का. ज़िंदगी के हर मोड़ पर प्राथमिकता सूची बदलनी चाहिए तभी तो हम आगे बढ़ेंगे... विकसित होंगे'.

उसी तरह अनन्या ने अपनी मल्टी नेशनल कम्पनी के शुरुआती, मुश्किल सालों में सिर्फ अपने काम पर पूरा ध्यान लगाने का तय किया और बच्चा पैदा करना, बाद के लिए छोड़ दिया.

ये कुछ मौके ज़िन्दगी में एक ही बार आते हैं और इनके बारे में बड़ी गहराई से सोच कर ही कुछ तय किया जा सकता है (अक्सर ये निर्णय बड़े दुःखदाई होते हैं) पर हमें रोज़ ही काफी छोटे-छोटे निर्णय लेने पड़ते हैं, प्राथमिकता तय करनी पड़ती है. बॉस के घर ड्रिंक या घर जा कर बेटे का होमवर्क करवाना चाहिए? पति की ऑफिस पार्टी या अपने ऑफिस में देर रात की डिपार्टमेंट मीटिंग? दुर्गा पूजा पर हाफ-डे ले कर रिश्तेदारों के लिए भोज पकाना या वक्त पर अप्रेज़िल निबटाना?

न जाने कितनी औरतों ने सुपरवुमन बनने के चक्कर में अपने आप को पूरी तरह बर्बाद कर लिया है. हर काम खुद करेंगी और हर काम में अव्वल भी आना चाहेंगी! परफ़ेक्ट बनने के फेर में आपको इतने सारे पापड़ बेलने पड़ेंगे, जिससे आपको भयंकर स्ट्रेस हो सकता है और एक रबर बैंड की तरह तनी आप, एक दिन चटाक से टूट जाएँगी और घुटने टेक देंगी. इस भयंकर स्थिति में पहुँचा ही क्यों जाए जब आप एक वर्किंग वुमन की इस कठिन राह पर परफ़ेक्ट बनने की इच्छा को तज कर अपना सफर जारी रख सकती हैं. अगर आप होटल जैसा खाना नहीं पका पायी तो क्या? एक आध स्पोर्ट्स मीट में उपस्थित नहीं रह पायी तो कौन-सा आसमान गिर पड़ेगा और अपने क्लाइंट के सभी प्रश्नों का जवाब आपकी जुबान पर हर वक्त न हो तो भी कौन सा तूफान आ जाएगा?

एक रोज़, मॉल में, मुझे विभा मिल गयी. शक्ल से बेहद परेशान लग रही थी. 'क्या प्रॉब्लम है विभा?'

'अरे कुछ नहीं' उचटे हुए ध्यान से शेल्फ पर नैपकिन के डिब्बे उठाते-धरते बोली.

'क्या मैं कुछ मदद करूं? क्या ढूँढ़ रही हो?'

'अरे मुझे गुलाबी नैपकिन्स की ज़रूरत है और यहाँ सिर्फ सफेद और पीले नैपकिन्स मिल रहे हैं' वो बड़बड़यी.

'गुलाबी ही लेने का कोई खास कारण है क्या?' इतनी विशेष जरूरत सुनकर मैं चकराई?

'मेरे सेंटर पीस के गुलाबी फूलों से मैच करने के लिए! आज शाम मैंने हरीश के ऑफिस कलीग्स के लिए पार्टी रखी है' उसने मुझे ऐसे घूरा जैसे मैंने बहुत ही बेवकूफी भरा सवाल पूछ लिया हो. 'मैं सोचती हूँ एम जी रोड के मॉल में जा कर देख लूँ. शायद वहां मिल जाए.' कह कर वो वहां से फुर्र हो गयी.

विभा हमेशा ही इधर से उधर फुर्र–फुर्र उड़ती ही नज़र आती है. जब देखो तब वो भयंकर जल्दी में रहती है. घर में जल्दी, ऑफिस में जल्दी... मैं उसे कई सालों से जानती हूँ. मैंने उसे आराम से निश्चिंत बैठे कभी नहीं देखा है, पांच मिनट के लिए भी. वो बहुत ही महत्वाकांक्षी है और स्पर्धा में आगे रहना चाहती है, हर काम औरों से बेहतर करना चाहती है. तो बस इधर से उधर दौड़ती रहती है, अव्वल आने के चक्कर में चाहे वो ऑफिस का काम हो या घर की पार्टी का खाना हो. उसकी बेटी को क्लास में अव्वल आना पड़ेगा और पति को ऑफिस में सबसे ज़्यादा इन्क्रीमेंट मिलना ही चाहिए!

कई साल तक उसने ये रवैया बनाए रखा और काफी कामयाबी भी पायी. और फिर वो दिन आ ही गया... प्रलय का दिन! (वही दिन जब मैंने उसे मॉल में देखा था) जिसका किस्सा, पार्टी में मौजूद, मेरे एक दोस्त ने मुझे बाद में सुनाया.

आखिरी स्वीट डिश आने के पहले तक पार्टी में सब बहुत बढ़िया चल रहा था. उसके पहले, पार्टी में स्टार्टर्स खा कर सभी उँगलियाँ चाट रहे थे. (हालाँकि उँगलियाँ चाटने की जरूरत नहीं पड़ी क्योंकि हर एक को हर स्टार्टर्स के साथ ड्रिंक से मेल खाता गुलाबी नैपकिन पकड़ाया जा रहा था). घर चमक रहा था, नौकर–चाकर बड़े नम्र और फुर्तीले थे, खाना जबर्दस्त था और म्यूज़िक तो बिलकुल माशाअल्लाह था. पर, विभा, जिस बढ़िया 'तिरामिसू' बनाने के लिए मशहूर थी, उस

रोज़ बदकिस्मती से वो बहुत ही खराब बन गया.

जैसे ही हरीश के बॉस और अन्य लोगों ने 'तिरामिसू' चखा, उन्हें महसूस हो गया कि वो बहुत गड़बड़ है. शायद वो डिश खराब हो चुकी थी. किसी को पता नहीं ये हुआ कैसे, पर इस बात से विभा को जैसे सदमा लग गया. पता चलते ही जैसे विभा पर घबराहट का भयंकर दौरा पड़ गया और डॉक्टर को बुला कर उसे नींद की गोलियाँ दे कर शांत करना पड़ा. पिछले दिनों मुझे खबर मिली कि विभा ने काम से लम्बा ब्रेक ले कर, अपने मन को रिलैक्स करने के लिए, हिमालय की ठंडी हवा खाने का तय कर लिया है और लम्बी छुट्टी पर चली गयी है.

अक्सर ऐसे, बेहद-कामयाब लोगों से, छोटी-मोटी किसी भी प्रकार की नाकामी बर्दाश्त नहीं होती. बात छोटी या बड़ी की नहीं, उन्हें बस हार सहन नहीं होती. मेरी एक दूर की मौसी बिलकुल ऐसी ही थीं. कम उम्र में, काफी सारी कामयाबी हासिल करने की वजह से, उन्होंने अपने बारे में बड़ी ऊँची राय बना ली थी और वो अपने घरवालों से भी बड़ी ऊँची अपेक्षाएँ रखती थी. उनके लिए ज़रूरी था कि सब परिवार वाले हर चीज़ में परफ़ेक्ट हों और वो स्वयं औरों के मुकाबले में सबसे आगे हों और फिर एक रोज़, जैसे सभी के साथ होता है, उन्हें निराशा का सामना करना पड़ा. उन्हें एक ज़रूरी प्रमोशन मिलने की पूरी आशा थी, जबरदस्त भरोसा था क्योंकि आखिरकार वो अपने संगठन की अब तक की, सबसे बेहतर मैनेजर थीं! उन्हें वो नहीं दिया गया और उन्हें ऐसा भयंकर सदमा लगा कि वो न तो इसके कारणों पर ज़्यादा गौर कर पायीं और न ही इस एक निराशा से उभर कर अपने बाकी सुखी जीवन पर ध्यान लगा पायी. ये ख्याल उनके बर्दाश्त के बाहर था कि कोई उन्हें सर्वोत्तम से कम समझे और इसी वजह से उन्होंने अपनी नौकरी से इस्तीफा दे दिया और कॉर्पोरेट जिन्दगी हमेशा के लिए छोड़ दी. मुझे हमेशा लगता है एक अच्छा-खासा टैलेंट बर्बाद हो गया!

मेरी मौसी ने सामान्य जीवन, जिसे वो कंट्रोल नहीं कर सकतीं, छोड़ कर समाज से दूर अपना एक परफ़ेक्ट बसेरा बना लिया है.

परफ़ेक्ट बंगला जिसमें वो परफ़ेक्ट फल और सब्जियाँ, एक परफ़ेक्ट बगीचे में उगाती हैं. बातों-बातों में उनकी मुकाबला करने की आदत झलक ही जाती है जब वो फोन कर हमें बताती हैं कि वो कितनी खूबसूरत जिंदगी जी रही हैं और दुनिया के सबसे बढ़िया गुलाब और पालक बगीचे में उगा रही हैं. उन्होंने सामान्य जीवन से वनवास ले लिया है. आम जीवन बहुत ही अनियंत्रित होता है और सच्चाई बड़ी बेतरतीब होती है.

यथार्थ जीवन में हमें सारी राह निराशाओं और मोह-भंग का सामना करना पड़ेगा और इस पर किसी का बस नहीं है. पर इसी डर से अगर हम यथार्थ से मुँह मोड़ लें और हर छोटी निराशा को एक भारी-भरकम हार समझ लें तो हम एक भरे-पूरे जीवन के विविध अनुभवों का गहरा सुख नहीं महसूस कर पाएँगे, भले ही ये जीवन परफ़ेक्ट न हो कम से कम इसमें हम छोटी-छोटी, मामूली सफलताएँ तो पा सकते हैं.

आज का कॉर्पोरेट मन्त्र

- ज़रूरी और गैर ज़रूरी कामों में प्राथमिकता तय कर पाना कामयाबी पाने की सबसे बड़ी कला है.
- आपको परफ़ेक्ट होने की ज़रूरत नहीं है बस आपने जो काम चुना है उसी में सर्वोत्तम बन जाइए.

और...

- जिस काम में आपको मज़ा आता हो उसी में दक्ष बन जाइए. बाकी काम औरों को सौंप दीजिए.
- अपनी कमियों को स्वीकार करने से ही चरित्र का निर्माण होता है. कभी-कभार किसी काम न कर पाने पर भी अपने आपको सराह लीजिए-छोटी-सी हार मान कर दरअसल आप सच्चाई का सामना करना सीख रही हैं जो लम्बे जीवन काल में बड़ा उपयोगी है.

14

मदद मांगने में कोई हर्ज नहीं है
क्या आप कंट्रोल छोड़ने को तैयार है?

'मम्मी जी, मैंने सागर की रागी दलिया बना दी है, उसके जागने पर आप खिला देंगी? मुझे ऑफिस के लिए देर हो रही है. उसे ठीक दस बजे नहला दीजिएगा. मैंने बाथरूम में थर्मामीटर छोड़ रखा है. पानी का तापमान देख लीजिएगा. एक बात और. प्लीज़ उसे सामान्य पाउडर नहीं सिर्फ बेबी पाउडर ही लगाइएगा. लगता है उसे हमारे पाउडर से एलर्जी है.' दरवाजे की ओर दौड़ते-दौड़ते अंजू बोलती चली जा रही थी.

'उफ!! बेटा तू इतनी परेशान क्यों होती है? निश्चिंत हो कर जा, मैं सब संभाल लूँगी! जा ना, देर हो चुकी है' ये कह कर मेरी मौसी ने अपनी बहू को रवाना कर के दरवाज़ा बंद किया. चिढ़ी नज़र से मेरी तरफ देखते हुए बोलीं. 'देख, अंजू कैसे मुझे हिदायतें दे रही थी जैसे कि मैं पहली बार बच्चा पाल रही हूँ, मैंने अपने तीन बच्चों को अकेले, बिना किसी मेड के पाला है. अच्छे खासे तो हैं तीनों.' मौसी ने चम्मच उठा कर दलिया को चखा. 'हाय हाय! चीनी नहीं डाली? बिचारा बच्चा खायेगा कैसे, तू बता?' उन्होंने चम्मच भर चीनी दलिया में मिला दी. मैंने याद दिलाया. 'पर मौसीजी अंजू ने आप से खास तौर पर कहा था कि सागर को चीनी नहीं देनी है?'

'अरे वाह! बेचारे बच्चे को एनर्जी कहाँ से मिलेगी? बच्चे को चीनी मना है! भगवान जाने आज कल की नई लड़कियाँ इन्टरनेट पर क्या अनाप–शनाप पढ़ कर बच्चे पाल रही हैं? इसे ज़रा चख, तो पता चलेगा! कल मेरे बच्चे ने एक दाना नहीं चखा जब तक कि मैंने चीनी नहीं डाल दी! अगर हमें चीनी नुकसान करती तो परमात्मा चीनी बनाता ही क्यों? मैंने तेरे सारे भाई–बहनों को पाला है, सब कुछ खिला कर! कुछ हुआ उन्हें? और तू? तेरी माँ ने भी तेरा पालन–पोषण तुझे सब खिला पिला कर ही तो किया है न?' मौसी ने मुझे घूर के पूछा.

मैं कुछ दिनों से अपने मौसेरे भाई और उसकी पत्नी के यहाँ रह रही थी और रोज़, बड़े करीब से सास–बहू का तमाशा देख रही थी. रोज़ के टी. वी. सीरियल की तरह यहाँ कहानी में रोज़ नया ट्विस्ट होता है. कई सालों से साथ रह कर मेरी मौसी और उनकी बहू, अंजू में अच्छी–खासी दोस्ती हो चुकी थी पर पता नहीं क्यों सागर की परवरिश को ले कर दोनों में छत्तीस का आँकड़ा था. रोज़ सुबह ऑफिस जाते वक्त अंजू अपनी सास को लगातार, सागर से सम्बंधित, सभी कामों की सूची याद करा जाती और मौसी कभी उसका सीधा विरोध नहीं करती थीं पर जैसे ही बहू का कदम बहर पड़ता, वो वही करती थीं जो उन्हें पोते की परवरिश में सही लगता था. चाहे बात चीनी मिलाने की हो या विलायत से अंजू की बहन के भेजे तेल के बजाय, घी से सागर की मालिश करने का मामला हो. मौसी अंजू के हर निर्देश को अनसुना कर के अपने मन की सुनती थीं. देख कर बड़ी हँसी आती कि अंजू पागलों की तरह सागर के लिए इस्तेमाल होने वाला एक–एक सामान, यहाँ तक कि 'बाथटब' भी, पानी में उबाल कर कीटाणु रहित बनाती और मौसी इस साफ–सुथरे एंटीसेप्टिक बच्चे को बगीचे में खेलने और मिट्टी खाने को छोड़ देती. अगर वो मिट्टी खाता तो आ कर उसका हाथ मुँह धुलवा देती और फिर उसे बगीचे की घास में घुटनों के बल चलने को छोड़ देतीं.

अब स्वाभाविक है, जब भी अंजू को अपनी सास के कारनामों का पता चलता, वो घर में हाय–तौबा मचा कर अपने पति का सर

खा जाती. अंजू को पता था कि वो उसके अलावा कुछ और कर भी नहीं सकती थी. उसे एहसास था कि अगर उसे अपनी नौकरी पर जाना है तो उसे अपनी सास की मदद की सख्त जरूरत है और उसे उनकी परवरिश चाहे जितनी बेतरतीब लगे, सच्चाई सामने थी कि सागर अपनी दादी की देखभाल में खुश और स्वस्थ था.

अगर आप बात की गहराई में जाएँ तो आप को पता चल जाएगा कि औरतें घर दफ्तर दोनों सम्भालते वक्त आखिर किसी और से मदद माँगने में क्यों कतराती हैं? ऐसा नही है कि मदद माँगेंगी तो मिलेगी नहीं. मगर औरतों को बच्चों की परवरिश और किचन का कंट्रोल किसी और के हाथ में सौंपना अच्छा नहीं लगता. अपना जीवन दूसरों के हिसाब से जीना पसंद नहीं आता.

मगर सच्चाई तो यही है कि कई बार हमें अपनी माँ, सास, परिवार या अपने संगठन से मदद माँगने की ज़रूरत पड़ती है. अगर मैं, बीस साल पहले जिस कम्पनी में काम कर रही थी, उनसे अपने लिए 'फ्लेक्सी टाइमिंग' (सुविधा अनुसार ऑफिस आना) नहीं माँगती तो मैं आज जहाँ हूँ वहां बिलकुल नहीं पहुँच पाती! उन दिनों कम्पनी में, आजकल की तरह, औरतों को विशेष सुविधाएँ देने का चलन नहीं था और अगर मेरी माँ ने, मेरे बेटे की परवरिश का पूरा जिम्मा नहीं लिया होता तो मैं एक टी.वी. चैनल के 'हाई–प्रेशर जॉब' को कभी नहीं निभा पाती. हाँ ये ज़रूर है कि मदद लेने से अक्सर हमें अपनी जिंदगी के बहुत ही अनमोल हिस्से को दूसरे के हाथों में सौंपना पड़ता है, अपने हाथों से कंट्रोल छोड़ना पड़ता है. मैं तो कहूँगी, खासतौर से बच्चों की परवरिश के लिए, बेहतर है आप अपनी माँ या सास को अपनी ये अमानत सौंपें क्यूंकि 'डे–केयर' सुविधा जितनी भी साफ–सुथरी हो, लापरवाह भी हो सकती है.

जो नारी अपना जॉब और परिवार, बखूबी से सम्भालती नज़र आती है, समझ लीजिए उस नारी ने औरों से मदद जरूर मांगी है. ऐसी औरतें अपने इर्द–गिर्द, एक बढ़िया 'सपोर्ट–सिस्टम' बना लेती हैं. माँ, पति, पड़ोसी, मेड्स, सभी का एक सहयोगी घेरा बना लेती हैं और उनसे भरपूर मदद लेती हैं.

अभी कुछ चैप्टर्स पहले हमने स्वीकार किया था कि हमें 'सतायी सीता' का पुराना–धुराना रोल मॉडल उठा कर फेंक देना चाहिए. तो फिर चलिए, अपने नए स्वतंत्र, विवेकशील अवतार में हम ये भी गाँठ बाँध लें कि हम घर–परिवार वालों से मदद लेने में पीछे नहीं हटेंगे. आखिर अगर आप अपनी तनख्वाह से घर की सम्पन्नता बढ़ा रही हैं, तो घरवाले, घर के कामों में हाथ बँटा कर पारिवारिक जीवन को आसान क्यों नहीं बना सकते? अपने पति और बच्चों से ज़रूर मदद माँगिए पर कामों को बाँटने में लिंग भेद न करें. ये नहीं कि लड़की है तो उसे झाड़ू–पोंछा और किचन के काम दें और लड़कों से बल्ब बदलवाने और शॉपिंग का काम करवाएँ. ये सारे घिसे–पिटे ख्याल भी 'सताई सीता' के मॉडल के साथ ही निकाल फेंकिए.

कामयाब औरतों ने अपने संगठनों से सहायता मांगी है और ऑफिस के पूरे परिवेश को, अपनी खास ज़रूरतों के प्रति संवेदनशील बनाने के लिए उकसाया है, भले ही ये करने में उन्हें नियमों को बदलने की माँग क्यूँ न करनी पड़ी हो. अगर आपने अपने काम के ज़रिये, अपने संगठन, बिज़नेस में और अपने बॉस के मन में अपनी जगह बना ली हो तो आपको चाहिए कि उनसे नारी सुलभ पॉलिसीज़ की मांग करें, अगर उनके यहाँ ऐसी पोलिसिज़ न हों तो.

जैसे हमारे यहाँ लता ने कंपनी से अपने नवजात शिशु के लिए, 'क्रेश' बनवाने की मांग की क्योंकि उसके यहाँ बच्चा सम्भालने वाला कोई नहीं था. जिससे वो रोज़, बच्चे और मेड को, ऑफिस ला सकी और अपनी नौकरी भी निभा सकी. ये निर्णय हम दोनों के लिए ही फ़ायदेमंद सिद्ध हुआ क्ँयूकि इससे हमने न सिर्फ एक कर्मठ लड़की को संगठन में बनाए रखा बल्कि 'क्रेश' की स्थापना के बाद कई और लड़कियों ने हमारी कम्पनी जॉइन करना उचित समझा.

कई कामकाजी महिलाएँ अपने दोस्तों को भी अपना 'सपोर्ट सिस्टम' बना लेती हैं. तो 'कार–पूल्स', 'पॉट–लक डिनर्स' (जहाँ सब निमंत्रित घर से, एक–एक डिश बना के लाते हैं) के अलावा मैं कई ऐसी औरतों को जानती हूँ जिन्होंने अपने बच्चों के क्लास में पढ़ने वाले, बच्चों के पैरेंट्स से दोस्ती कायम कर ली है. इस मामले में मैं

कितनी कच्ची थी ये एहसास मुझे तब हुआ जब एक बार सिड की स्कूल पिकनिक देर रात को रद्द हो गयी और सारे स्कूल के माता-पिता को अपने आपसी नेटवर्क से खबर मिल गयी. नब्बे बच्चों के क्लास में मैं ही एक इकलौती माँ थी, जो अगली सुबह ६ बजे सिड को ले कर स्कूल पहुँची. बाकी सारे एक-दूसरे से जुड़े थे. मैंने जो गलती की, प्लीज आप मत दोहराइयेगा.

आज का कॉर्पोरेट मंत्र

- कामयाब होने के लिए औरतों को चाहिए कि घर और दफ़्तर में मदद माँग कर अपना सपोर्ट सिस्टम तैयार करें. बच्चों की परवरिश में, जहाँ तक हो सके, जितने हो सके, अपने घरवालों को शामिल करें. ये सच है कि 'बच्चों की परवरिश में पूरा गाँव साझीदार होना चाहिए.'
- औरतें मदद माँगने से कतराती हैं क्योंकि वो अपने जीवन के कई अहम हिस्सों का नियन्त्रण दूसरों के हाथों में नहीं देना चाहती.

और...

- अपने बच्चों को पालने में अपनी माँ या सास की मदद लें. आखिर उन्होंने आपकी और आपके पति की परवरिश की है और अच्छी-खासी की है!
- अगर आप एक अच्छी कर्मचारी हैं तो आपका संगठन आपको सहयोग और सुविधाएँ ज़रूर देगा ताकि आपके जीवन में संतुलन बना रहे. (पर अगर आप मेहनती नहीं हैं तो उनसे विशेष रियायतों कि आशा मत कीजिएगा.)

15
सुविधाओं का विशेष उपयोग
खास अधिकारों का जिम्मेदारी पूर्वक इस्तेमाल

जब हम अपने संगठनों पर नारी-सुलभ नियम-कानून बनाने के लिए दबाव डालते हैं (और हमें ये ज़रूर करना चाहिए, न सिर्फ अपने लिए बल्कि कॉर्पोरेट क्षेत्र में हमारे बाद आने वाली लड़कियों के फायदे के लिए भी), तो हमें यह भी एहसास होना चाहिए कि इन सुविधाओं के साथ जुड़ी होती है एक ज्यादा बड़ी जिम्मेदारी जो खिसक के अब सीधे हमारे कन्धों पर आ जाती है...कि हम, मिली रियायतों का नाजायज़ फ़ायदा न उठाएँ और अपने संगठन को सिद्ध कर दें कि हम काबिल-ए-तारीफ हैं और आधा दिन काम करने के बावजूद हम पूरा दिन काम करने वाले सहकर्मियों के ही बराबर (अगर बेहतर नहीं) कर्मठ और योग्य हैं.

खुशकिस्मती से मुझे आज तक जितनी भी लड़कियाँ मिली हैं, बड़ी ईमानदारी से ये बात समझती हैं, कि खास अधिकारों के मिलने से उन पर कामयाब नतीजे लाने का बोझ और बढ़ गया है. यहाँ तक कि मेरी एक सहकर्मी जिसे घर से काम करने की इजाज़त मिली हुई है, बता रही थी कि अगर वो ऑफिस के वक्त में कोई घरेलू काम या खाना बनाना शुरू कर दे तो उसे बड़ी अपराध भावना महसूस होती है.

और फिर इस दुनियाँ में कभी–कभी बीना जैसी लड़कियाँ भी मिल जाती हैं.

बीना हमारी क्रिएटिव टीम की प्रोड्यूसर, जब देखो तब, किसी न किसी मुसीबत में फँसी नज़र आती थी. लगता था दुनिया की सारी मुसीबतें उसी के हिस्से में आ गयी हैं. जैसे ही शहर में कोई नई बीमारी मंडराने लगती बीना का नाज़ुक शरीर बस उस बीमारी की गिरफ्त में आ जाता. और बीना के ढेरों दोस्त और रिश्तेदार, दूरदराज़ के शहरों में रहते हुए भी, जब देखो तब किसी मुसीबत में फँस कर उसी से मदद माँग बैठते और सबसे आश्चर्यजनक बात...बड़े नियमित ढंग से, हर वक़्त उसके परिवार में किसी न किसी का देहांत भी होता रहता था.

शुरू में तो हम सभी को उससे बड़ी सहानुभूति हुई और हम सब इस चक्कर में थे कि कोई इतना ज़्यादा बदकिस्मत कैसे हो सकता है. और फिर अचानक उसकी नानी तीसरी बार स्वर्ग सिधार गयीं! जब हमें सच्चाई का पता चला तो हमने बड़ी नम्रता से उसे काम से हटा दिया. हमने उसे समझाया कि शायद वक्त आ गया था जब उसे ये नौकरी छोड़ कर किसी ऐसे को सौंप देनी चाहिए, जो अपना ज़्यादा से ज़्यादा समय काम पर लगाने की क्षमता रखता हो और शायद उसके लिए यही बेहतर होगा कि वो अपना पूरा समय अपने रिश्तेदारों और दोस्तों की ड्यूटी निभाने में लगा दे.

हालाँकि उसके बगैर काम करने में संगठन को गहरा धक्का लगेगा पर हम ये कोशिश करने को तैयार थे.

हमारी एक और कर्मचारी जो काफी दिनों की लम्बी सिक लीव पर थीं, अचानक अपने फेसबुक पेज की फोटो में विलायती छुट्टी मनाती नज़र आयी. ज़ाहिर है, अब वो हमारे ऑफिस में काम नहीं करती.

हालाँकि मैंने पाया है कि दस में से नौ मामलों में जब भी लड़कियों को 'फ्लेक्सी टाइमिंग' की सुविधा दी गयी है उन्होंने ऑफिस में लगाए घंटों में, दुगनी जिम्मेदारी और दुगनी मेहनत से काम किया है.

आज संगठनों को एक बिलकुल निराली, नए युग की समस्या का सामना करना पड़ रहा है...उनके सामने सवाल ये नहीं है कि क्या

औरतें, दी गयी रियायतों का गलत फायदा उठाएँगी, बल्कि विविधता के प्रति जागरूक संगठन होने के नाते औरतों को ज़्यादा से ज़्यादा सुविधाएं देने के चक्कर में कहीं वो मर्दों से अन्याय तो नहीं कर रहे? वो कहीं पक्षपात की उल्टी गंगा तो नहीं बहा रहे?

अब ज़रा इसकी कल्पना कीजिए.

मान लीजिए एक संगठन में दो सेल्स हेड हैं, एक मर्द है और दूसरी औरत. दोनों ही कर्मठ हैं और दोनों ही बराबरी से अपने सही वार्षिक टारगेट हासिल कर लेते हैं और जायज़ है कि दोनों के ओहदे और फायदे–भत्ते एक बराबर हैं. अब मान लीजिए एक साल इनमें से एक, यानी महिला सेल्स हेड, मैटरनिटी लीव पर चली जाती है और अपने हक अनुसार 6 महीनों की वेतन सहित छुट्टी ले लेती है जो कम्पनी ने उसे दी है, और मान लीजिये उसने प्रेगनेंसी के नौ महीनों में अपना वार्षिक टारगेट भी हासिल कर लिया है, तो अब जब कम्पनी उनको वार्षिक फायदे (इंसेंटिव) दे रही है तो क्या उसे वो सारा बोनस मिलना चाहिए? क्योंकि उसने बारह में से सिर्फ नौ महीने काम किया है जब कि मर्द ने पूरे 12 महीने काम किया है.

किताबी तौर पर शायद जवाब आसान लगे पर जब कंपनी का एच. आर. हेड निर्णय करने चलता है तो जवाब इतना सीधा नहीं लगता.

नियम अनुसार महिला के हिस्से में जो कुछ बनता है वो उसे पूरे का पूरा मिलना चाहिए. (मैटरनिटी लीव तो तनख्वाह सहित होती है) और ये जायज़ बात है. पर अगर उसे अपना पूरा बोनस (फायदे) मिले तो फिर उस मर्द सेल्स एग्जीक्यूटिव को क्या मिलना चाहिए, जिसने साल भर काम किया है? उससे तीन महीने ज़्यादा काम किया है? पर फिर तो सच्चाई ये भी है औरतों को ज़रूरतन, बच्चा पैदा करने के लिए छुट्टी लेनी पड़ती है जो मर्द को नहीं लेनी पड़ती. बात का दूसरा पहलू ये भी है कि बाप बनने पर मर्द भी अपने बच्चे के साथ वक्त बिताना चाहता है पर उसे सिर्फ तीन दिन की पैटर्निटी लीव मिलती है. तो फिर क्या सही है और क्या जायज़ माना जाए?

ये सही–गलत का सिलसिला और तर्क तो चलते ही रहेंगे. हमें अपने दोनों कर्मचारियों, मर्द और औरतों के प्रति न्याय कैसे करना

चाहिए? संतुलन कैसे बनाए रखना चाहिए?

तो ये है कुछ वो प्रक्टिकल समस्याएँ जो आज के प्रगतिशील संगठनों को सँभालनी पड़ती हैं क्योंकि वो औरतों के प्रति संवेदनशील बनने के मार्ग पर निकल चुके हैं और साथ–साथ उन्हें अपने मर्द कर्मचारियों के हक भी संभालने हैं. चूंकि संगठन, एक बड़ा नाज़ुक संतुलन बनाए रखने में इतनी मेहनत कर रहे हैं, तो आइए अब हम इनके काम को और कठिन न बनाएँ और हमें दी हुई सुविधाओं का नाजायज़ फ़ायदा न उठाएँ और ये भी ध्यान रखें कि हमसे पहले आयी पीढ़ियों ने इन हकों के लिए काफी लड़ाई की होगी.

स्कैंडेनेविया का एक मल्टीनेशनल संगठन है जो नौ महीने की मैटरनिटी लीव, तनख्वाह सहित देता है. मेरा एक बैच मेट, आशु जो उस कंपनी का सेल्स और मार्केटिंग हेड है बता रहा था कि उसने कसम खा ली है अब वो अपनी टीम में कभी महिलाओं को नियुक्त नहीं करेगा. मेरे दिमाग में सीधे लाल बत्ती जल गयी! बस सब ले दे के मैं आशु पर टूट पड़ी. नारीमुक्ति आंदोलन का दबदबा झाड़ते हुए अपनी बहनों के हक ले लिए लड़ पड़ी. उसे औरतों का दुश्मन, पक्षपाती, एम सी पी और बहुत कुछ कह बैठी.

'अरे रुको ! पहले मेरी बात तो सुनो झांसी की रानी!' वो विरोध में खड़ा हो गया! ' तुम ही बताओ मैं क्या करूं? जब से लड़कियों को हमारी नौ महीने की प्रसूति छुट्टी का पता चला है, जिन्हें बच्चा पैदा करने का इरादा होता है हमारी कंपनी जॉइन कर लेती हैं और आते ही, कुछ ही महीनों में प्रेग्नेंट हो जाती हैं. पिछले कुछ महीनों में तीन ऐसे किस्से हो चुके हैं जो पहले महीने में ही प्रेग्नेंट हो गयीं. बारह लोगों के डिपार्टमेंट में अगर तीन लोग छुट्टी पर हों तो काम कैसे मैनेज होगा?' मुंह लटकाए वो मेरी तरफ देख रहा था.

मैनेजर होने के नाते मुझे उससे पूरी सहानुभूति है पर एक औरत होने के नाते मैं चिंतित हूँ. अगर हम औरतों ने ऐसे संगठनों का फायदा उठाया तो हम कामकाजी महिलाओं की छवि क्या होगी?

हमारे बाद आने वाली औरतों को भी शक की नज़रों से देखा जाएगा! क्या उनसे ये खास सुविधाएँ छीन ली जाएँगी? (हो सकता

है औरतों के प्रति संवेदनशील होने का सिलसिला ही खत्म हो जाएगा क्योंकि कोई भी संगठन औरतों को नियुक्त ही नहीं करना चाहेगा.)

आज का कॉर्पोरेट मंत्र

- ये ज़रूरी है कि आप अपने संगठन के साथ मिलकर एक ऐसी स्थिति पैदा करें जहाँ आपका और कंपनी दोनों का फायदा हो. ज़ोर दीजिए कि उनके नियम नारी सुलभ हों तो दोनों का परस्पर सम्बन्ध दृढ़ होगा.
- उतना ही ज़रूरी है कि हम अपने संगठन से मिली सुविधाओं का नाजायज़ फायदा न उठाएँ, सर्वोत्तम काम कर के उसकी पूरी कीमत अदा करें.

और...

- अगर आपने, बाई चांस, पेट में दर्द का बहाना बना कर छुट्टी मारी है और आप दोस्तों के साथ पहाड़ों में घूमने गयी हैं तो कम से कम फेसबुक पर अपना फोटो तो मत अपलोड कीजिए. याद रखिए आपने पिछले महीने ही अपने बॉस को फेसबुक फ्रेंड बनाया था.
- किसी भी संगठन को अपना शोषण करवाना पसंद नहीं है. नियमों का गलत फायदा उठाने वाली औरतों को उसका हर्जाना ज़रूर भरना पड़ेगा. या फिर आगे आने वाली पीढ़ी की औरतों को उसकी कीमत चुकानी पड़ेगी.

16
यहाँ पति ट्रेन किए जाते हैं
जीवन-साथी को मददगार कैसे बनाएँ

स्वयं को ढालने और बदलने के इस सफर को कामयाबी के आखरी पड़ाव तक पहुँचाने में, सबसे अहम कदम है अपने पति की सही ट्रेनिंग. अगर आप यहाँ चूक गयीं तो समझ लीजिए, आप चाहें जितनी मेहनत कर लें, लक्ष्य पर चाहें जितना डटी रहें, अपने संगठन से चाहे जितना सहयोग पा लें, कोई फायदा नहीं होगा. जब तक आप अपने पति को, अपनी कॅरिअर और जरूरतों को हैन्डिल करने की ट्रेनिंग न दे दें, आप बहुत ज़्यादा आगे नहीं बढ़ पाएँगी.

अफसोस कि एक 'रेडीमेड' सहयोगी पति न तो कहीं मिलता है और न ही पेड़ों से तोड़ कर पाया जा सकता है. उन्हें हौले-हौले सिखा-पढ़ाकर, बरसों तक ट्रेन करना पड़ता है फिर एक दिन अचानक वो अपने शिथिल रूप से जाग उठते हैं और आपकी सारी फ्रेंड्स आपको ईर्ष्या की नज़रों से देखने लगती हैं 'तुम कितनी लकी हो! संजय, सिड को भी कितनी अच्छी तरह संभाल लेते हैं! कितना बढ़िया खाना पकाते हैं? अब ये मत कहना कि ये शेपर्ड्स पाई भी संजय ने अकेले बनायी है?' जब कि वो तारीफ से गदगद हो कर मुस्कुरा रहे हैं, आप अंदर ही अंदर इठला रही हैं. आखिर ये सारी ट्रेनिंग किसकी है! मन ही मन आप तारीफ स्वीकारती हैं और अपनी पीठ

थपथपाती हैं. आपके दोस्त क्या जानें कि ये सब लक या किस्मत नहीं बल्कि आपके अथक प्रयासों और मेहनत का नतीजा है.

वैसे ये तो मानना पड़ेगा कि पतियों की टोली में कभी–कभी कोई, निराला, खास–अपवाद भी मिल जाता है जो अलग सोच रखता है. ऐसे किस्म के मर्द बचपन से ही औरतों को बराबर का दर्ज़ा देते हैं, या अपनी पत्नी के जन्मदिन पर एक शानदार डिनर तैयार कर देते हैं. पर ज़्यादातर पति, 'टी.एल.टी.' (तौलिया लाओ टाइप) बिरादरी के होते हैं. इस बिरादरी की सबसे बड़ी संख्या, माफी चाहती हूँ हमारे इलाके से आती है यानी उत्तर प्रदेश और खास कर, दिल्ली से. जहाँ बेटों की परवरिश ही कुछ ऐसे होती है...बेटों को पूजने वाली और उनकी चाकरी में एक टांग पर खड़ी रहने वाली माँ के हाथों. तभी तो ये समझते हैं कि सारी दुनिया इनकी दीवानी है और इनकी राहों में पलकें बिछाए बैठी है. इससे भी बदतर वैरायटी देखनी हो तो उन मर्दों को देखिये जो पैदा दक्षिण में हुए हैं पर पीढ़ियों से दिल्ली में बसे हैं. जैसे कोई नया धर्म अपनाने पर आदमी और ज्यादा कट्टर बन जाता है उसी तरह इस वैरायटी का प्राणी टी.एल.टी. के उसूलों को अपने उत्तर प्रदेशी भाइयों से कहीं ज़्यादा ढिठाई से मानता है.

हमारे एक पडोसी, इनकम टैक्स के एक वरिष्ठ अफसर हैं जो लुधियाना से हैं और ये समझ लीजिए टी.एल.टी. बिरादरी के बादशाह हैं. उनके घर में एक आम सुबह कुछ इस तरह शुरू होती है.

'अजी आपकी चाय तैयार है'. उनकी बीवी उन्हें जगाने की कोशिश करती है पर जवाब में खर्राटे और टी.एल.टी. बादशाह के मुंह से बुदबुदाहट सुनाई पड़ती हैं. क्योंकि वो उस सेक्सी एक्ट्रेस के घर रेड मारने के ख्वाबों में डूबे हुए हैं. 'उठिए ना चाय ठंडी हो रही है?' दस मिनट बाद भी उनके जागने की कोई आशा नहीं है और पुष्पा उन्हें हल्के से हिलाती है.

ये सब सुबह 9 बजे हो रहा है जब आस–पड़ोस की सारी जनता कई घंटों पहले 7.57 की लोकल और 8.05 लेडीज़ स्पेशल ले कर काम पर निकल चुकी है. अब आप समझ ही चुकी होंगी कि आई टी की प्रवेश परीक्षाओं के लिए लोग दौड़ क्यों लगाते हैं. हीरों के

व्यापारियों के यहाँ रेड करने या न करने से मिलने वाले लाभों के अलावा 11 बजे तक ऑफिस पहुँचने की बहुत बड़ी सुविधा भी तो है और 5 बजे शाम को ऑफिस से निकल कर मेहनती इनकम टैक्स अफसरों के संग अपने क्लब में बैठ कर शराब पीना (क्लब जिसके मालिक के यहाँ महीनों से किन्हीं गुप्त कारणों से रेड टल गयी).

खैर हमारे पड़ोसी, टी.एल.टी. बादशाह आखिरकार, निन्दासी आँखों से उठ कर किसी तरह डाइनिंग टेबल की कुर्सी पर आकर धँस जाते हैं जहाँ सामने चाय का कप और करीने से तहाया, ताजा अखबार उनका इंतज़ार कर रहा है. परिवार में सभी जानते हैं कि अखबार पे पहला हक इन्हीं का है वरना फिर अखबार बासी और गुड़मुड़ हो जाता है. 'ये चाय तो ठंडी है!' वो पहला घूँट थूँकते हुए चिल्लाते हैं. 'पुष्पा कितनी बार कहा है कि मुझे ठंडी चाय से नफ़रत है. चाय का पूरा प्याला उनके सर पर उंडेल कर 'ये सब आपकी गलती है' चिल्लाने के बजाय, जो आम तौर पर हम और आप करते, पुष्पा बेचारी (इन्होंने अभी ये किताब नहीं पढ़ी है न) नयी चाय बनाने किचन की ओर दौड़ती है.

एक घंटे बाद नाश्ता कर के टंच, टी एल टी बादशाह काम पर जाने की तैयारी शुरू करते हैं. 'पुष्पा टॉवेल कहाँ है?' बाथरूम से चिल्लाते हैं (ज़रा सोचिये बाथरूम फर्श पर पानी टपकाते, अपने भीमकाय शरीर से उसे गीला कर रहे हैं और 50वीं बार टॉवेल ले जाना भूल गए).

'पुष्पा मेरी शर्ट की आस्तीन ठीक से प्रेस नहीं है! पुष्पा मेरे जूतों की पॉलिश?' 'पुष्पा मेरा रूमाल?' 'कार की चाभियाँ कहाँ हैं? कौन रोज़–रोज़ उन्हें हटाता है?' 'अरे कल रात आप चाभियाँ सोफे पर फेंक गए थे तो क्या उन्हें वहीं पड़े रहने देती?' कायदे से पुष्पा को उन्हें सही जवाब देना चाहिए पर वो इधर से उधर, बादशाह की गुलाम बनी, बुरी तरह दौड़ रही हैं.

और फिर बादशाह के मुँह से लापरवाही से निकला एक वाक्य 'अरे हाँ, आज शाम कुछ दोस्त घर आ कर मैच देखेंगे. कुछ बना लेना. कह कर वो तो रफू–चक्कर हो गए अपने जरूरी काम करने.

'नारी, मर्द बनना नहीं ज़रूरी!' 103

पिछले अनुभवों से पुष्पा जानती है कि 'कुछ' का मतलब दो से दस दोस्त हो सकते हैं और कुछ बना लेना का मतलब है खाने में दर्जन भर चीजें बना लेना उनकी शान में! तो बेचारी महीने में पाँचवी बार अपना पार्लर अपॉइंटमेंट कैंसिल करती है और बादशाह के रवाना होने के बाद सारी साफ-सफाई शुरू करती है. बाकी का दिन खाना पकाने में निकल जाएगा...और हाँ बच्चों का होमवर्क और उनके खाने-नाश्ते का इंतज़ाम भी तो उसी को करना है.

पतियों की ट्रेनिंग में, अफसोस ये है कि शुरुआत आपको इसी मटैरियल से करनी होगी. तो सोच लीजिये पति की ट्रेनिंग का काम कितने सारे पहाड़ चढ़ने के बराबर है! पर आप दिल छोटा मत कीजिए. आप बस शुरू कीजिए और लगी रहिए (मेरी किताब और मेरी टिप्पणियों पर गौर करती जाइए). धीरे-धीरे आपकी मेहनत जरूर रंग लाएगी, हिम्मत रखिए. पति की ट्रेनिंग शुरू करने के पहले आपको एक बात अच्छी तरह समझ लेनी होगी. आदमी अजीब किस्म के प्राणी होते हैं. बरसों का मेरा अनुभव बताता है कि अगर आप इनके मुँह पर कोई बात सीधे-सीधे कह दें तो ये तुरंत उलटी दिशा में भाग खड़े होंगे. कोई बात कहनी हो तो धीरे से, अपनी कोहनी से इन्हें हिलाइए, हौले से कान में उस वक़्त बात छोड़िये, जब सचिन तेंदुलकर बैटिंग कर रहा हो. और कभी भी इनकी तरफ सीधे आँख मिलाकर ऑर्डर मत दीजिएगा-उफ! मेरा मतलब अपना ये सुझाव मत दीजियेगा!

कोई भी मशविरा कभी देना हो तो इसे धीरे से, बातों में छिपा कर, फुसला कर दीजियेगा, जब वो किसी ज़रूरी काम में मशगूल हों.

'मैं सोच रही थी कि कल अगर तुम मम्मी को डॉक्टर के यहाँ ले जाते तो मैं अपना बचा हुआ पेपर वर्क कर लेती.' सोफे पर बैठे, मैच में मशगूल पति को आप, पीठ थपथपाते हुए, सोफे झाड़ते हुए, धीरे से अपनी बात कहती हैं. 'ओफ ओ? हटो, टीवी के सामने से हटो! हां ठीक है मैं उन्हें ले जाऊँगा....माशाअल्लाह! क्या शॉट मारा है.'

तो आप तरीका समझ गयीं ना?

एक बात और ध्यान में रखनी होगी. पति को ट्रेन करते वक्त ये जरूर याद रखिएगा कि ये बेचारे मल्टीटास्किंग नहीं कर सकते इस

लिए इनसे, एक बार में एक ही बात कीजिएगा. फिर धीरे–धीरे बाकी की बातें नर्म ढंग से, पर पक्के ढंग से समझाइएगा.

अब मिसाल के लिए मैंने एच डी की ट्रेनिंग में सबसे पहले उन्हें एक अच्छा श्रोता बनाना सिखाया, उन्हें मेरी बातें सुनने की आदत डाल कर. जब हमारी नई–नई शादी हुई थी तो मेरे तीसरे वाक्य में ही इनका ध्यान उचट जाता था–रेडियो के गाने या अखबार की सुर्खियों से (जिन्हें ये पहले पढ़ चुके थे) या दिमाग में कौंधे किसी बेमतलब ख्याल से! और जैसे ही मैं अपनी किसी प्रॉब्लम का ज़िक्र छेड़ती कि ये ढेरों मशविरे और हिदायतें देने लगते. कई सालों की निरंतर ट्रेनिंग करनी पड़ी जिसमें कई ट्रीटमेंट्स शामिल थे जैसे महीनों की चुप्पी, भीगी पलकें और तिरछे इशारे शामिल थे. और आज मैं गर्व के साथ कह सकती हूँ कि इन्होंने आर्ट ऑफ लिसनिंग (धैर्य से सुनने की कला) का कोर्स बहुत ही अच्छे नम्बरों में पास कर लिया है.

क्योंकि ये अब नीचे की सभी बातें समझ गए हैं:

1. जब भी मैं इन्हें अपनी कोई समस्या बताती हूँ तो इन्हें जगह जगह पर 'ऊं!... ओह...! और हाय! तुम पर क्या गुज़री होगी' जैसे सहानुभूति के शब्द व्यक्त करने होंगे. इनकी तरफ से हमारी बातचीत में उतना योगदान ही काफी होगा, इससे ज़्यादा की कोई अपेक्षा नहीं है.
2. राय और मशविरे देना इन्हें सख्त मना है. मैं अपने जॉब की लेटेस्ट समस्या इन्हें बताती हूँ पर इनकी राय लेने के लिए बिलकुल नहीं! मुझे पता है मुझे क्या करना है. मैं अपनी प्रोब्लम्स के बारे में अपना दिल हल्का करना चाहती हूँ ताकि हमारा आपसी जज्बाती रिश्ता और पुख्ता हो.

अब तो ये इस काम में इतने माहिर हो चुके हैं कि मेरी समस्या की पूरी सूची, ये सचिन की बैटिंग देखते–देखते भी सुन लेते हैं और सही जगहों पर सहानुभूति भरे 'ऊं! ओ! हाय!' भूले बगैर.

एक बार आप ट्रेनिंग का तरीका समझ लें तो आप ज़्यादा कठिन ट्रेनिंग प्रोसिजर भी सीख जाएँगी. मसलन आप अगर ऑफिस या

बिज़नेस ट्रिप पर हों तो बिना माँ या सास से मदद मांगे अपना घर कैसे मैनेज कर सकती हैं या इनके ऑफिस और गोल्फ शेड्यूल के बीच पी.टी.ए. मीटिंग कैसे फिट कर सकती हैं या बच्चों की परवरिश में इनसे बराबर की मदद या काम कैसे करवा सकती हैं.

अब सिड के बोर्ड एक्ज़ॅम शुरू होने वाले थे. एच. डी. और मैंने मिल कर तय किया कि हम अपने–अपने ऑफिस से 15–15 दिन की छुट्टी ले कर सिड को परीक्षा के लिए तैयार करेंगे. पहले पन्द्रह दिनों की ड्यूटी मेरी थी और मैं बिचारे सिड के साथ बड़ी लगन से, सुबह 10 बजे से लेकर रात 10 बजे तक इतिहास, भूगोल, एनवायर्नमेंटल एजुकेशन का कोर्स दोहराती थी.

फिर आई एच डी की बारी. चूँकि मैं इनके काम करने के तरीके से वाकिफ हूँ, मैंने सोचा चलो मैं एक दिन और घर रुक जाती हूँ ताकि मुझे भी संतोष हो जाए. मैंने आते जाते, इनके और इनके भाई के बीच होने वाली फोन की बातचीत सुनी थी और उसमें 'छुट्टी', 'बियर', 'गोल्फ' जैसे शब्दों का कुछ ज्यादा प्रयोग मुझे खटका था. फिक्र होना स्वाभाविक थी.

मेरा शक सही निकला, एच. डी. सुबह जल्दी उठे, सिड का नाश्ता निपटा कर उसे तैयार कर के स्टडी टेबल में किताबों समेत टिका आए और उन्होंने अपनी छुट्टी मनाने की तैयारी शुरू कर दी. फ्रिज में बहुत सारी बियर की बोतलें जमा कर अपनी आराम कुर्सी को टी.वी. के सामने घसीट लाए और बड़ी दिलचस्पी से टी.वी. के मैच पर गौर करने लगे.

'आज का क्या प्लान है?' मैंने बड़े मीठे स्वर में पूछा. 'क्यों? सिड की पढ़ाई पर नज़र रखना, और क्या?' मेरी तरफ आँखें बड़ी बड़ी कर के बोले. तुम चलो, ऑफिस के लिए तुम्हें देर हो रही है. तुम वैसे ही दो हफ्तों से घर पर हो. अब जाओ जल्दी करो.' कह कर उन्होंने मुझे करीब–करीब दरवाजे के बाहर ढकेल दिया.

'और यहाँ बेडरूम में बैठे–बैठे, मैच देखते हुए, भला तुम सिड की पढ़ाई पर नज़र कैसे रख सकते हो?' मैंने घूरते हुए पूछा.

'अरे? उसमें क्या है? अभी देखो... 'सिड तुम पढ़ाई कर रहे हो

न?' बेडरूम में इन्होंने दहाड़ कर पूछा. 'हाँ पापा' सिड ने अपने स्टडी टेबल पर रूलर और रबर के संग बुक क्रिकेट खेलते–खेलते बड़े मीठे स्वर में जवाब दिया.

'देखा? मैं बस हर थोड़ी देर में ऐसे ही चेक करता रहूँगा. तुम निश्चिंत होकर ऑफिस जाओ! सब कुछ मेरे कंट्रोल में है. रिलैक्स.' इन्होंने मेरी तरफ मुस्कुरा के कहा.

बस, मैंने सोचा भाड़ में गए मेरे मीठे इशारे!! इस मौके पर कुछ और ही टेकनीक चाहिए! तो बस मैं एच. डी. पर सवार हो गयी... मैंने पिछले 15 दिनो में किस लगन और मेहनत से सिड की पढ़ाई करवाई थी, उसकी एक–एक बारीकी इन्हें गिनवा डाली! कि कैसे मैं उसकी सारी पढ़ाई करवाते समय सिर्फ खाना देने के लिए उठती थी, बाकी पूरा टाइम स्टडी टेबल पर जमी रहती थी! और बगल के बेडरूम में जोर–जोर से मैच लगा कर टी.वी. देखना, किसी भी मापदंड से पढ़ाई का माहौल बनाने के लिए उपयुक्त नहीं है. खास तौर से जब हमें पता है कि सिड के खून में उसके पापा की ही तरह क्रिकेट का पागलपन घुला हुआ है!!

इस 'शॉक ट्रीटमेंट' का बड़ा अच्छा असर हुआ और बाकी के चौदह दिन एच.डी. ने वाकई सिड की पढ़ाई अच्छी तरह करवाई.

हालाँकि मैं ट्रेनिंग के तरीकों को हमेशा निर्मल और हल्के धक्कों तक ही सीमित रखने का मशविरा देती हूँ पर कभी–कभी, जरूरत पड़ने पर, 'टफ कॉप' (सख्त रवैया) का रूप भी धारण करना पड़ता है. इसके परिणाम भी बहुत बढ़िया मिलते हैं, सच मानिए.

आज का कॉर्पोरेट मंत्र

- व्यावसायिक और निजी जीवन में कामयाबी पाने की सबसे पहली बुनियादी जरूरत है एक मददगार पति.
- रेडी–मेड, सहयोगी और मददगार पतियों की सख्त कमी है इसलिए हमें उन्हें अपनी ज़रूरत अनुसार ट्रेन करना पड़ेगा.

और...

- पति की ट्रेनिंग एक बहुत ही धीमी प्रक्रिया है जिसे बड़े धैर्य के साथ, हौले-हौले, कई दशकों, साथ रहकर ही मांजा जा सकता है. शादी करते ही कुछ वर्षों में इसे सीखना असम्भव है.
- 'करत-करत अभ्यास... रसरी आवत जात सिल पर पड़े निशान'... वाली सोच अपनानी होगी. धीरे-धीरे, लगातार, कह-कह कर बात मनवाई जा सकती है हालाँकि कभी-कभी चीख-चिल्लाहट का भी प्रयोग असर दिखाता है.

17

बॉस होना प्रासंगिक है

हर दौड़ में अव्वल आना ज़रूरी नहीं

एच. डी. घर में बड़े उद्देश्यपूर्वक आते हैं 'अपु तुम कहाँ हो?' बड़ी बुलंद आवाज में पूछते हैं. दरवाज़ा खोलने वाली मैं ही थी शायद ये उनकी नज़र में ही नहीं आया. 'तुमने डॉक्टर को बुलाकर स्कैम्पर का चेक–अप करवाया?' स्कैम्पर हमारे घर का, एक आँख वाला, पालतू कॉकर स्पैनियल है जो पिछले ग्यारह सालों से परिवार का आदरणीय सदस्य है. 'और उसकी दवाइयाँ सखाराम को भेज कर मंगवाईं?' सखाराम भी हमारा अति सम्मानित ड्राइवर है और शुक्र है उनकी दोनों आँखें सलामत हैं. 'और तुमने फलवाले से बात की या नहीं?' एच. डी. का खास दोस्त जो पिछले कई सालों से हमें बेहद महंगे फल बेच कर हमारा दिवाला निकलवाने पर तुला हुआ है और इसी बल पर उसने अपने और अपने पाँच भाइयों के लिए पक्का मकान भी बनवा लिया है. 'उसने फोन कर के मुझसे पूछा कि वो फल लेकर कब आये? मैंने तुमसे कहा था ना कि उसे फोन कर के आज बुलवा लो?'

मेरा सर घूमने लगता है, जैसे ये सारी बातचीत सुनी–सुनाई, जानी–पहचानी क्यूँ लग रही है? क्योंकि बिलकुल यही सारे काम मैंने एक दिन पहले एच.डी. से करने को कहे थे. पर इससे ज़्यादा मीठे

स्वर में, आज वो मेरी ही बातें मुझसे क्यों दोहरा रहे हैं?

अगली सुबह सिड मेरे पास आकर कहता है 'मम्मी मेरे ख्याल से आपको स्कैम्पर के डॉक्टर को फोन कर देना चाहिए था. मैंने कल ही आपको कहा था' वो घूर कर मेरी तरफ देखता है. झुक कर स्कैम्पर को दुलारता है और स्कैम्पर भी अपनी नज़रों से मुझे दोषी ठहरता है कि मैं उसकी सेहत के मामले में इतनी लापरवाह कैसे बन गयी हूँ.

हमारे परिवार की प्रॉब्लम ये, है कि हम सब के सब अपने आप को सी.ई.ओ. समझते हैं. तो आर्डर झाड़ना सब जानते हैं और दूसरों से काम पर अमल करने की आशा रखते हैं. पुरोहित परिवार कागज पर प्लान्स लिखने में बड़ा तेज है पर उन्हें पूरा करने में बिलकुल फिसड्डी! सभी एम.डी. की तरह सारे निर्देश बड़ी फुर्ती से दे देते हैं और सोचते हैं अन्य छोटे–मोटे लोग काम पूरा करेंगे. वो ये भूल जातें हैं कि बाकी लोग भी सिर्फ निर्देश झाड़ना जानते हैं... काम कोई नहीं करता!

ईमानदारी की बात ये है कि इसमें गलती पूरी तरह हमारी नहीं है. हमारा तो ये हाल है कि जैसे कहते हैं न 'कुछ लोगों में पैदाइशी सी.ई.ओ–पना होता है (जैसे सिड), कुछ लोग सी.ई.ओ.–पना हासिल कर लेतें हैं (जैसे संजय) और कुछ लोगों पर सी.ई.ओ.–पना जबरदस्ती लाद दिया जाता है (जैसे मैं)! अब सिड तो मानता है कि वो पैदायशी लीडर है, फॉलोअर नहीं, एच. डी. अपने मैनेजमेंट कॉलेज के दिनों से मानते हैं कि वो जितनी जल्दी हो सके अपना संगठन चलाना शुरू कर देंगे और मैं तो समझ ही नहीं पायी कि इतनी कम उम्र में मुझ पर, पहले डिपार्टमेंट और फिर संगठन चलाने की जिम्मेदारी कैसे लाद दी गयी.

हम सब न सिर्फ ऑर्डर झाड़ने में तेज़ हैं पर हमें किसी और से ऑर्डर लेने में बहुत कोफ्त होती है, उसकी सीधी वजह है हमारे दिमागों की डिफेक्टिव सोच जो कहती है कि हमें सब कुछ आता है. (आहा! कहीं आपको अपने ऑफिस के किसी ऊँचे पद पर बैठे व्यक्ति की याद तो नहीं आ गयी?)

निर्देश लेने से हमें जो एलर्जी है वो तब बिलकुल खुलकर सामने

आ गयी, जब हम ड्राइव कर के टस्कनी, इटली में छुट्टी मनाने गए थे. हमेशा से ऐसी छुट्टियों पर ये तय है कि मैं, हमारे परिवार की औपचारिक नेविगेटर (मार्गदर्शक) हूँ, और मैं ही सारा कार्यक्रम तय करती हूँ, सारे मैप्स देख कर सारी जगहें खोजती हूँ, कौन–सी जगह देखनी है, कहाँ रुकना है, हम हाईवे से सरसराते निकलेंगे या रास्ते में खूबसूरत नज़ारे देखते हुए निकलेंगे वगैरह वगैरह, सब मैं ही तय करती हूँ. पर इस बार हमारे परिवार ने डिजिटल दुनियाँ का सहयोग लेने का तय किया यानी मैप्स के बजाय जी.पी.एस. (GPS–रास्ता दिखाने वाला सॉफ्टवेयर) इस्तेमाल करने का तय किया.

तो जीपीएस सिस्टम ऑन करने पर टिम हाज़िर हो गए जो शब्दों में हमे निर्देश देने लगे और हम सफ़र के लिए रवाना हो गए. पहला सफ़र तय किया तो टिम की शांत, बढ़िया, अपर क्लास एक्सेंट वाली स्मूथ आवाज हमें निर्देश देती रही और हम चलते रहे. हम आराम से टस्कनी के उस घर पहुँच गए जहाँ हमें अगले दस दिनों के लिए रहना था. पर तब तक हमें ये भनक नहीं हो पाई थी कि हसबैंड डिअर यानी संजय को मिस्टर जी.पी.एस. यानी टिम से सख्त नफ़रत हो चुकी थी. हो सकता है टिम के सख्त निर्देशों से उसे अपने स्कूल के सख्त प्रिंसिपल याद आ रहे हों और या फिर संजय को हम सभी की तरह, किसी दूसरे से आदेश लेने में चिढ़ हो रही हो या फिर जैसे सभी मर्दों को नापसंद है, किसी और से दिशा पूछना, संजय को भी उससे परहेज हो.

खैर अगले दिन हमें ये समझ में आया कि जब भी टिम कुछ कहता था, एच.डी. उससे बिलकुल उलटी दिशा में गाड़ी घुमा देते थे क्योंकि उनके अनुसार टिम बिलकुल गधा था, बेवकूफ था. हर बार मेरी और सिड की गुज़ारिशों के बाद ही संजय टिम की बताई दिशा लेते थे. हर बार हम जब भी दो राहे पे आते और क्षण भर में निर्णय लेना होता, गाड़ी के अंदर शोरशराबा–झगड़ा शुरू हो जाता. किसी तरह लड़–झगड़ के हम निर्धारित जगह पर पहुँच जाते थे.

फिर अचानक एक रोज़ टिम ने हमें बहुत बुरी तरह फँसा दिया. हमें एक खाली, सुनसान जंगल के बीचो बीच ला कर खड़ा कर

'नारी, मर्द बनना नहीं ज़रूरी!' 111

दिया. हम दरअसल टस्कनी के कोस्ट के पास के एक टाउन में स्थित एक मशहूर रेस्टोरेंट खोज रहे थे. पर टिम ने हमें पागलों की तरह गोल-गोल कई चक्कर लगवाए. एक पहाड़ी ढलान पर तीन बार घुमाया और जिस रास्ते से हम आए थे वहां दो बार गोल घुमाया और आखिर में एक जंगल के बीचों बीच ला पटका, जहाँ दूर-दूर तक कोई भी मौजूद नहीं था और फिर अपने संतुष्ट, नुमायशी स्वर में कहा 'आप अपने मुकाम पर पहुँच चुके हैं'. और जगह ऐसी वीरान कि वहाँ कोई था भी नहीं जिससे हम रास्ता पूछ लेते.

बस इस बात से एच.डी. को अपनी बात सिद्ध करने का सटीक मौका मिल गया कि टिम के बारे में उनकी राय एकदम सही थी और टिम वाकई सबसे बड़ा गधा और मूर्ख है. सिड और मैं उस वक़्त चाहे जो कहते-हो सकता है हमने पता गलत टाइप किया हो, छोटा-सा रेस्टोरेंट ढूँढना जी. पी. एस. की खासियत नहीं है वगैरा वगैरा... पर संजय अपनी राय थोड़ी न बदलने वाले थे.

आखिरकार हमें रेस्टोरेंट नहीं मिला, हमने आसपास जो सबसे करीब जगह मिली, वहाँ खाना खा लिया और घर लौटने के लिए रवाना हो गए. अब एच. डी. ने समझ लिया था कि 'टिम विरुद्ध संजय' की जंग के इस एपिसोड ने संजय को विजयी घोषित कर दिया था और अपना पलड़ा भारी देख कर अगले मोड़ पर आते ही संजय के दिमाग में पागलपन सवार हो गया और उन्होंने आँखों में चमक ला कर, जोश में, गाड़ी को टिम की बतायी दिशा से बिलकुल विपरीत दिशा में मोड़ दिया.

हम एक दम चुपचाप बैठे रहे और जैसे ही उलटी दिशा में हम अपनी सही रूट से दूर निकलते जा रहे थे टिम की आवाज और तेज़ होती जा रही थी. स्वर उत्तेजित हो कर चिल्लाता जा रहा था. जैसे जैसे टिम हमें उल्टा मुड़ने का निर्देश देता, संजय एक्सेलरेटर और ज़्यादा दबा देते. जब तक हम गलत दिशा में 50 किलोमीटर पहुँचे टिम की आवाज उत्तेजित हो-होकर लुप्त हो गयी. और हम सब समझ चुके थे कि हम पूरी तरह रास्ता भूल चुके हैं, भटक चुके हैं.

गनीमत है कि इटली में रास्तों के साइनबोर्ड साफ और सरल

हैं और हम सुरक्षित अपने घर पहुँच गए. सौ मील का एक्स्ट्रा पेट्रोल और कई घंटे बर्बाद करने के बाद.

तो अब आप समझ गए होंगे कि हमारा परिवार कितना अड़ियल है!

इसके बावजूद हमारी आपस में ठीक ही चल रही है. बीच–बीच में चीख–चिल्लाहट भरे झगड़े और थोड़ी–बहुत हाथापाई हो ही जाती है. (मजाक कर रही हूँ) पर जिंदगी चैन से कट रही है...और इसका कारण ये है कि मैं और एच. डी. सच में एक–दूसरे से एडजस्ट करने को तैयार रहते हैं. घर और ऑफिस में हम दोनों अलग–अलग रवैया अपनाते हैं.

ऑफिस में हमारा रवैया सख्त निर्देश और कड़े नियन्त्रण वाला होता है जहाँ हम बड़े स्वतंत्र निर्णय लेते हैं पर घर में हम दोनों ही, एक–दूसरे के प्रति सहनशीलता दिखाते हैं, एडजस्ट करते हैं, कहीं कहीं तो हम पूरा नियन्त्रण दूसरे को सौंप देते हैं. (अब तक आप समझ गयी होंगी कि किचन का नियन्त्रण मैं संजय पर छोड़ देती हूँ.) अब हम दोनों में से एक, सारे कामों की जिम्मेदारी नहीं ले सकता न?... छुट्टियों की प्लानिंग और आर्थिक निवेश तय करने की? तो हम में से एक आगे बढ़ कर सब तय करता है और दूसरा खुशी–खुशी अपनी रजामंदी देता है (वैसे बीच–बीच में दूसरा अपना हक जताने के लिए अनावश्यक मशविरे देता है, ताकि उसका भी कुछ नियन्त्रण बना रहे).

तो इन्ही बातों में छिपा है राज, दाम्पत्य जीवन और कॅरिअर को कामयाब और सुखी बनाने का! ऑफिस में हम जितने सीनियर होते जाते हैं, हमें नियंत्रण और नेतृत्व की आदत–सी पड़ने लगती है. पर शादी तो बराबर की साझेदारी है और अगर इसमें, दोनों ही साथी नेतृत्व करेंगे और हमेशा हर वक्त सारा नियन्त्रण अपने हाथ में रखना चाहेंगे तो ये रिश्ता नहीं टिकेगा. इसे कामयाब बनाने के लिए खुद को स्थितिनुसार बदलना पड़ता है और आपसी रोल, परस्पर बदलने पड़ते हैं, आपसी लेन–देन... कुछ दो कुछ पाओ की आदत डालनी पड़ती है. कभी–कभी नियन्त्रण तज कर दूसरे के हाथ में सौंपना पड़ता है. ये साझेदारी कंट्रोल से नहीं, एक–दूसरे को साथ ले कर

चलने से ही टिकी रहती है, सुखी बनती है.

आज का कॉर्पोरेट मंत्र

* कुछ मौको आपको नियन्त्रण हाथों में लेना पड़ता है और कहीं छोड़ना पड़ता है. ज़रूरत अनुसार एडजस्ट करने की क्षमता रखिए.

और...

* घर में भी बॉस बनने की ज़रूरत नहीं. हमेशा गाड़ी की स्टीयरिंग अपने हाथ में मत रखिए—दूसरों को मौका दीजिए और आप आराम से मौज कीजिए, कभी-कभी बिचारी बेबस नारी बन कर!

18

हिस्से जोड़ कर ही सम्पूर्ण बनता है

आपका परिवार एक पूरी टीम है

'विजय और मैं डाइवोर्स ले रहे हैं' लंच के लिए आए रेस्टोरेंट में स्मिता मेरी बगल की कुर्सी पर धम्म से बैठती हुई बोली.

'क्या? कब? कैसे? क्यों?' मैं और साथ में हमारी टेबल सेट करने वाला वेटर भी, जो हमारी बातें बड़े ध्यान से सुन रहा था, चौंक उठे. मैंने गहरी साँस ले कर सारे सवाल छोड़ दिए और स्मिता के जवाब का, सांस रोक कर, बेसब्री से इन्तज़ार करने लगी.

स्मिता और मैं पिछले बीस साल से दोस्त हैं और हमने ग्रेजुएशन साथ साथ किया और उसके बाद तक अपनी दोस्ती बनाए रखी. एच. डी. और मैं, स्मिता और विजय को जब से उनकी शादी हुई है, उस वक़्त से अब तक देखते आये हैं और हम उन्हें हमेशा एक सुखी दंपति मानते थे. उनके बच्चे नहीं हुए, पर दोनों ही कॉर्पोरेट दुनिया में परिपूर्ण जीवन बिता रहे थे.

'उफ! रिलैक्स यार! मुझे ऐसे तो मत घूरो!' स्मिता मुंह बनाती हुई बोली. 'आप ज़रा मेनु लायेंगे? मैं जानती हूँ आप बाकी कहानी सुनने में बड़ी दिलचस्पी रखते हैं पर हमें बड़ी ज़ोरों की भूख लगी है!' वो वेटर से व्यंग्य करती हुए बोली. फिर मेरी तरफ़ मुखातिब हो कर बोली 'इतना परेशान होने की कोई ज़रूरत नहीं है. सब कुछ

बड़े सभ्य ढंग से हो रहा है. तुम्हें तो पता होगा, हमारी आपस में ज़्यादा बनती नहीं थी...' 'नहीं मुझे कुछ भी पता नहीं!'

'पिछले कुछ सालों से हम दोनों एक–दुसरे से काफ़ी दूर निकल गए थे... तो हमने सोचा साथ रह कर नाखुश रहने से तो अच्छा है हम एक–दूसरे से आज़ाद हो कर, अलग–अलग खुश रहें! हम कल कागज़ात पर दस्तखत करने जा रहे हैं यानी आपसी सहमति से डाइवोर्स ले रहे हैं.

'इतनी जल्दी? स्मिता क्या तुमने ठीक से सोच लिया है? तुमने काउंसिलर से बात की? ये कुछ ज़्यादा सख्त निर्णय नहीं लग रहा तुम्हें? साथ बैठ कर अपने–अपने मुद्दों पर बात कर लो? क्या हम कुछ मदद कर सकते हैं? तुमने हमसे क्यों नहीं कहा?' मैं सचमुच परेशान थी और उसे समझाने में लगी थी.

'उफ! क्या रोना–धोना लेकर बैठ गयीं? हम दोनों ही पूरी तरह सहमत हैं कि ये कदम सही है. हम कोई बच्चे तो हैं नहीं! बल्कि हम तो अलग होने का जश्न मना रहे हैं. अगले सन्डे पार्टी है और ज़ाहिर है तुम लोगों को भी आना है. पार्टी की थीम है, आज़ादी!' उसने बड़ी शान से घोषणा की! 'अरे जब हम अपने डाइवोर्स का सेटलमेंट कर रहे थे तुम्हें हमारे वकील की शक्ल देखनी चाहिए थी ! उसे विश्वास ही नहीं हो रहा था कि हम, सब कुछ इतने आराम से, बिना लड़े कर रहे हैं. हमने अपनी प्रॉपर्टी का बंटवारा और बाकी मुद्दे सब एक घंटे में निपटा लिए.' स्मिता बेधड़क बोले ही जा रही थी.

अरे तुमने ये सब इतनी आसानी से कैसे समेट लिया? तुम दोनों ने इतने वर्षों से साथ मिल कर काफ़ी सामान खरीदा होगा न? एक तो डाइवोर्स का दुःख ऊपर से सामन का बंटवारा' मेरी आवाज़ धीमी हो गयी थी और मैं सोच रही थी स्मिता और विजय ने इतने सारे सालों में इतनी सारी पेंटिंग्स और ज्वेलरी खरीदी थी.

मैंने अपने आप को आश्वस्त कर लिया कि स्मिता कोई खास दुखी नहीं लग रही थी, तो मैंने उससे कुछ प्रैक्टिकल बातें छेड़ी. मुझे जानना था कि आखिर बीस साल साथ रहने के बाद अलग कैसे हुआ जाता है. क्या–क्या चीजों पर गौर करना होता है. (जानने में

क्या हर्ज़ है, जानकारी कभी भी काम आ सकती है. जब भी एच.डी. मुझे सताते हैं तो मेरे मन में अक्सर, घर से भाग जाने का ख्याल मचलने लगता है. अब कम से कम भागते वक्त क्या–क्या सामान साथ ले कर भाग सकती हूँ ये तो जान लूँ, ज़्यादा मज़ा आएगा!)

'अरे बड़ा आसान है' स्मिता ने पास्ता मुंह में डालते हुए कहा और वही वेटर (हमारी बातें सुनने वाला) टेबल पर बड़े धीरे–धीरे चीजें लगाता रहा ताकि वो सबसे आगे की सीट पर बैठ कर, ज़्यादा से ज़्यादा समय तक इस तमाशे का मज़ा ले सके. 'हमने तय किया कि जिसने जो सामान खरीदा है, वो चीज वो अपने साथ ले जा सकता है. तो गुड़गांव वाला घर मुझे मिला और विजय को नोयडा का प्लॉट, फ्रिज मैंने रख लिया और विजय ने दोनों टी.वी. सेट रख लिए. सिर्फ बस, मेरी वो एक बड़ी प्रिय पेंटिंग, जो तुम्हे भी बेहद पसंद थी, वो विजय ने रख ली क्योंकि उसने वो अपने पैसों से खरीदी थी. उस रोज़ मेरी चेक बुक साथ नहीं थी तो वो मेरे हाथ से निकल गयी! 'मोइतो' का एक बड़ा घूँट भर के उसने एक साँस छोड़ी.

'अरे? ये क्या मतलब हुआ? तुम्हारा पैसा, उसका पैसा? मैंने तो अपने सारे बैंक अकाउंट एच. डी. के साथ ज्वॉइंट रखे हैं और मैं समझती हूँ सभी शादी–शुदा लोग यही करते होंगे. तो ये तेरा–मेरा पैसा मेरी समझ के बिलकुल बाहर था. हमारा घर (और घर के अंदर सबकुछ) हम दोनों के नाम पर है और मुझे तो याद भी नहीं है कि फ्रिज किस अकाउंट से खरीदा गया था (वैसे भी अकाउंट ज्वॉइंट है तो क्या फ़र्क पड़ता है)

'पर हमने तो शुरू से ही एक बात साफ कर ली थी कि हम अपने पैसे और सबकुछ अलग–अलग, अपने–अपने नाम पर रखेंगे. क्या तुमने ऐसा नहीं किया? उफ! तुम और तुम्हारे ख़याल कितने मिडिल क्लास हैं!' स्मिता ने मुझे धिक्कारा. 'और तुम सालों से जो ये मोटी तनख्वाह कमा रही हो, फायदा क्या हुआ स्त्री मुक्ति के भाषण दे कर... हा हा हा !!! वो ठहाका मार कर हँस पड़ी और 'मोइतो' का पूरा ग्लास गड़प कर के, और जोर से हँसी.

मैं सुन्न रह गयी और मेरे पेट में कुछ अजीब–सा होने लगा. क्या

मैं सचमुच उतनी स्वतंत्र नहीं हूँ जितना मैं अपने आप को समझती हूँ? क्या वाकई इतने सालों से एच. डी. बड़ी चालाकी से मेरी ज़िंदगी चला रहे हैं, क्योंकि मेरा अकाउंट उनके साथ ज्वॉइंट है?

गनीमत है कि तुरंत मेरी मन:स्थिति बदल कर सामान्य हो गयी और मैं हमेशा की तरह प्रैक्टिकल ढंग से सोचने लगी. मेरी समझ में ये आया कि अपना सामान और अपनी प्रॉपर्टी शुरू से ही अपने खुद के नामों में रख कर स्मिता और विजय ने, शादी करते वक़्त ही अपने डाइवोर्स की नींव डाल दी थी... वो एक तो कभी हुए ही नहीं थे! पहले ही दिन से जब कोई अपने आप को अलग समझता है, अपने वजूद को इस कदर अलग रखता है, तो शुरुआत से अलगाव और समस्याएँ होने लगती हैं और स्वाभाविक है कि उसके लिए ये बात समझना मुश्किल हो जाता है कि अब दोनों एक परिवार का हिस्सा हैं, जो मिल कर एक खंड है.

दाम्पत्य जीवन जीते हुए भी अपनी अलग पहचान बनाए रखना बहुत ज़रूरी बात है पर परिवार के हित के लिए मिल–जुल कर सहयोग करते हुए काम करना भी उतना ही ज़रूरी है. और जैसा कि हर टीम में होता है, पूरी टीम का हित, किसी एक इकलौते टीम मेम्बर के हित से ज़्यादा बड़ा होता है, और होना ही चाहिए! तो बड़ा क्या हुआ? सब का सामूहिक हित या एक खिलाड़ी का निजी फायदा? ये मुद्दा बार–बार परिवार में अपना सर उठा कर शादियों में दरार डालने लगता है. मैंने ये तब होते देखा है जब पति–पत्नी दोनों नौकरी करते हैं और एक को अपने कॅरिअर के खातिर दूसरे शहर में शिफ्ट होना पड़ता है. दूसरे व्यक्ति को क्या करना चाहिए? खास कर जब उसकी अपनी नौकरी बढ़िया चल रही हो? अलग–अलग शहरों में रहें? या नौकरी छोड़ दें?

कई परिवारों ने इस एक समस्या के कई अलग–अलग हल निकाले हैं. कोई भी हल आसान नहीं है, सभी निभाने में कठिन हैं. एसे दोराहे पर आकर आपको अपने आप से यही सवाल पूछना चाहिए कि कौन–से निर्णय से पूरे परिवार का भला होगा? इसमें कभी पति या कभी पत्नी को समझौता करना पड़ता है. मोटी तनख्वाह वाली नौकरी

छोड़नी पड़ती है, और यहाँ सबके हित की बात ये है, याद रखिएगा कि समझौता करने वाली हमेशा पत्नी नहीं हो सकती, वही हर वक्त एडजस्ट नहीं कर सकती. कभी–कभी समझौता पति भी कर सकता है, परिवार के लिए अपने मन को समझा सकता है, और खुद कुछ त्याग सकता है ताकि पूरे परिवार का हित सर्वोपरि रहे.

खुशी की बात तो ये है कि कभी–कभी जब हम सोचते हैं कि हम खुद का जॉब त्याग कर के अपने पति को प्रगति मार्ग का चौड़ा हिस्सा दे कर खुद साइड ट्रैक पर उतर पड़े हैं, तो आसपास की पतली गलियाँ हमारे लिए कुछ नई रोचक सम्भावनाएँ खोल देती हैं. जिंदगी कभी–कभी हमारे रास्ते में कई सुखद आश्चर्य खड़े कर देती हैं.

सुजाता के पति को दो साल के प्रोजेक्ट के लिए नेदरलैंड्स शिफ्ट होना पड़ा और उसे अपनी नौकरी छोड़ कर उनके साथ वहां जाना पड़ा. पर उसने इन दो वर्षों का बड़ा अच्छा इस्तेमाल किया और अपने आप को एक इंटरनेशनल टैक्स प्रोग्राम के लिए प्रमाणित कर लिया. इंडिया वापस लौटने पर उसे एक ग्लोबल संगुटिका में एक बड़े ओहदे पर नौकरी मिल गयी.

जब एच.डी. को चेन्नई शिफ्ट करना पड़ा तो मुझे उन दिनों अपनी प्रिय विज्ञापन एजेंसी की नौकरी को बड़े भारी दिल से विदा देनी पड़ी. पर, चेन्नई में मैंने जो नयी विज्ञापन एजेंसी ज्वॉइन की, वहाँ मुझे कई बिज़नेस सिलसिलों में, प्रेसिडेंट के साथ, कई मौकों पर काम करने का अवसर मिला. पाँच साल बाद जब मुझे अपने कॅरिअर में बहुत बड़ा ब्रेक मिला तो उसके जिम्मेदार वही प्रेसिडेंट महाशय थे.

सच तो ये है कि कौन–सी गली आगे कहाँ मुड़ेगी, कौन–से अवसर राहों में खड़े मिलेंगे कहना बहुत मुशकिल है.

तो जब भी आप ऐसे किसी कठिन दोराहे पर खड़ी हों, तो वही रास्ता चुनियेगा जिससे पूरे परिवार का भला होता हो. इससे आपको कभी भी कोई अफसोस या पछतावा नहीं होगा.

आज का कॉर्पोरेट मंत्र

- ज़रूरी है आप परिवार को एक टीम के रूप में देखें. सम्पूर्ण

और परिपूर्ण रूप में देखें न कि अलग-अलग वजूदों वाले कई लोगों के रूप में.

- जब ज़िन्दगी में आप ऐसे दोराहे पर हों जहाँ सब आपसे समझौते की उम्मीद रखते हों तो वही राह चुनिए जिससे पूरे परिवार का कल्याण होता है.

और...

- अगर आपने अपने परिवार की परवरिश करने के लिए नौकरी त्याग दी हो तो निश्चिंत रहिए, किसी न किसी तरह से आपकी उन्नति ज़रूर होगी. कुछ अच्छे कर्मों का फल ज़रूर मिलता है.
- इस ब्रेक के दरमियाँ भी मेहनत करना मत भूलियेगा...किसी की नज़र आप पर ज़रूर होगी. इस बारे में और, आगे 29वें अध्याय में.

19

नेटवर्किंग की उस्ताद
समूह चिकित्सा

मेरे काम की वजह से मुझे मुंबई और बैंगलुरू के बीच काफी सफ़र करना पड़ता है. जैसा कि आप जानते होंगे, बैंगलुरू एयरपोर्ट का सफ़र बहुत ही दुःखदायी है (कई लोग तो ये भी मानते हैं कि किसी प्रकार की गलती की वजह से हैदराबाद का एयरपोर्ट बैंगलुरू में बना दिया गया और बैंगलुरू का एयरपोर्ट हैदराबाद में! तो सुबह एयरपोर्ट के लम्बे सफ़र में हम जैसे, बार-बार प्रवास करने वालों को, कुछ आत्मविश्लेषण और गहरी सोच के लिए अच्छा-खासा वक्त मिल जाता है.

ऐसे ही एक सफ़र में मैं, स्वामी, हमारे टैक्सी ड्राइवर से गपशप कर रही थी और मुझे ध्यान आया कि आखिर मैं, इसे हमेशा, और ड्राइवरों के मुकाबले दुगनी टिप क्यों देती हूँ. हमारी कम्पनी जिस टैक्सी ड्राइवर सर्विस के साथ संलग्न है उनके यहाँ कई सारे ड्राइवर नियुक्त हैं जो मुझे एयरपोर्ट से पिकअप करने आते हैं और सभी बड़े भले आदमी हैं. ऐसा नहीं है कि स्वामी उनसे बेहतर गाड़ी चलाता है या उसकी गाड़ी ज़्यादा अच्छी हालत में है, सभी ड्राइवर जिनसे मेरा वास्ता पड़ा है उत्तम सेवा देते हैं. जब मैंने बात पर गौर किया तो मुझे समझ में आया कि स्वामी और दूसरे ड्राइवर में बस एक ही फ़र्क है—स्वामी ने मेरे साथ एक रिश्ता कायम कर लिया है. बाकी ड्राइवर्स

सिर्फ अपने काम पर ध्यान देते हैं. मुझे एयरपोर्ट से लेने–छोड़ने का काम अच्छी तरह करते हैं पर स्वामी हमेशा मेरे बारे में जानना चाहता है...मैं क्या करती हूँ, इतना ज़्यादा सफर क्यों करती हूँ, कहाँ जाती हूँ, वो स्वभाव से बातूनी तो है पर एक और बात ये है कि वो मुझे जानने में दिलचस्पी रखता है.

जब हम तड़के सुबह निकलते हैं तो हमारी बातें कई विषयों पर होती हैं... बैंगलुरू के पुराने सुनहरे दिन जिन्हें वो 'ओल्डन गोल्डन डेज़' कह कर याद करता है (मैडम उन दिनों हवा इतनी शुद्ध थी कि आप साँस में सिर्फ शुद्ध ऑक्सीजन अंदर लेते थे, साल भर पंखे की ज़रूरत ही नहीं पड़ती थी) या राजनीति और नेताओं की बातें जिसके बारे में उसके विचार बड़े विचित्र और कट्टर हैं (वो सी.एम.! मैडम वो बहुत ही दुष्ट औरत है, मुझसे पूछिए, जैसे ही हाथ में सत्ता आती, कर्नाटक से जल की माँग करने लगती है! वो ब्राम्हण जो ठहरी! ये ब्राम्हण लोग के मन में पानी का बड़ा लालच रहता हैं. पीढ़ियों से ये लोग सारे पानी पर कब्जा कर के गरीबों को परेशान करते आ रहे हैं....) स्वामी मुझे अपने कुछ क्लाइंट्स के मज़ेदार और अजीबोगरीब किस्से सुनाकर मेरा मनोरंजन करता है... जिसमें से एक, उसकी एक लेडी क्लाइंट का बहुत ही विचित्र किस्सा है. मिडिल ईस्ट की एक क्लाइंट को करीब–करीब रोज़ अस्पताल के आई.सी.यू. में भर्ती करना पड़ता था क्योंकि नियमित रूप से, खाना खाते वक्त उसका खाना साँस की नली में चला जाता था. स्वामी का मानना है कि उस क्लाइंट की खाने और सांस की नलियाँ आपस में उलझ गयी हैं. इसीलिए उन्हें करीब १५० बार आई.सी.यू. पहुँचाना पड़ा. उतने ही चाव से वो धर्म और श्रद्धा पर आधारित कहानियाँ भी सुनाता है. हालाँकि वो इसाई है पर हर तरह के भगवानों पर भरोसा करता है. ये आप उसकी गाड़ी के डैशबोर्ड पर सजी हज़ारों तस्वीरों और हज़ारों चर्च यात्राओं से समझ जाएंगे.

'मैडम मेरी पत्नी को, दो बार, एक अजीब काँपने वाला रोग हो गया था. हाथ–पैर ऐसे सिकुड़ते जा रहे थे कि वो पूरा–पूरा दिन पलंग पर पड़ी रहती और जब मैं उसे वेलंकन्नी ले गया तो वो महीने भर से अपने पैरों पर खड़ी नहीं हुई थी और मैडम वहाँ आते

ही एक चमत्कार हो गया! मैं उसे उठा कर चर्च के अंदर ले गया और वो उठ कर खड़ी हो गई, तुरंत चलने लगी.'

स्वामी को मेरी चिंता भी सताती है. 'मैडम आप इतना ज़्यादा सफर करती हैं, खाना तो वक्त से खाती हैं ना? गाय का दूध पिया कीजिए. खूब सारा गाय का दूध. भैंस के दूध से ज़्यादा सेहतमंद होता है. पर गधी का दूध बहुत ही ज़्यादा सेहतमंद होता है. पुराने 'ओल्डन गोल्डन' समय में हम वही पिया करते थे... और इसी तरह बहुत-सी बातें करता.

हाँ तो अपनी पिछली बात पर आते हुए, मैं जो कह रही थी कि मुझे समझ में आया कि मैं स्वामी को टिप में ज़्यादा बड़ी रकम दे रही हूँ उसकी सेवा के लिए नहीं (जो कि सभी ड्राइवर्स में अव्वल थी) बल्कि इसलिए कि उसने मुझसे जो अपनेपन का रिश्ता बनाया है, उसकी खातिर! सच्चाई तो यही है कि हम सब, जाने-अनजाने, एक-दूसरे से जुड़ना चाहते हैं... पड़ोसियों से, सहकर्मियों से और अपने संग सफ़र करने वाले यात्रियों से भी.

मेरे ख्याल से औरतें इस काम में बहुत अच्छी हैं. युग-युगान्तरों से जब से हमारे आदमी हमें गुफाओं में अकेला छोड़ कर शिकार करने निकलते थे, हम औरतों को समूह में रहने और सामुदायिक माहौल में एक-दूसरे के साथ मिल-जुलकर काम करने की आदत पड़ गयी. हम में एक-दूसरे से जुड़ने और सहयोगी समूहों की रचना करने की कला पनपने लगी. हालाँकि कभी-कभी ये देख कर दुःख और आश्चर्य होता है कि यही व्यावहारिक औरतें अपने प्रोफेशनल जीवन में ऐसे सहयोगी नेटवर्क क्यों नहीं खड़े कर पातीं? प्रोफेशनल काम में ऐसे नेटवर्क कितनी ज्यादा अहमियत रखते हैं, ये जानने के बावजूद, औरतें शादी और बच्चों के बाद तो बिकुल ही समय नहीं निकाल पातीं...बस अपने परिवार और दफ्तर दोनों के बीच संतुलन बनाने में लगी रहती हैं.

औरतें खुद इस बात को महसूस करती हैं और कहती भी हैं कि व्यावसायिक रिश्ते और नेटवर्क न बना पाने के कारण ही वो अपने करियर में आगे नहीं बढ़ पातीं. इसे वो नाकामयाब होने के टॉप तीन

कारणों में से एक मानती हैं.

तो अगर औरतें इस काम में स्वाभाविक ढंग से दक्ष हैं और मानती हैं कि प्रोफेशनल नेटवर्क न बना पाना ही इन्हें अपने करिअर में बढ़ने नहीं दे रहा तो ये इस बारे में कुछ करती क्यों नहीं?

'प्रश्न तो सही है! पर वक्त कहाँ है?' बोलते–बोलते भी प्रिया हाँफ रही है. 'मैं ऑफिस खत्म करते ही घर भागती हूँ ताकि मैं अक्षय की पढ़ाई करवा सकूँ, खाने का प्रबंध कर सकूँ और अगले दिन के डिब्बों की तैयारी कर सकूँ...और शनिवार–इतवार? उफ! वीकेंड्स पर तो काम दुगना हो जाता है. सारे बचे हुए काम निबटाते रहो बस!'

'चूँकि हम शराब या सिगरेट नहीं पीते तो हम बॉस के ऑफिस के बाद वाले क्लब सेशंस में जा कर क्या करें? हमें वहाँ कोई मज़ा नहीं आता. सिर्फ टीम के मर्द ही वहाँ जाते हैं' शीला बताती है, 'पर ये तो सच है कि ऑफिस के कामों के अलावा भी अगर आपस में एक रिश्ता बन जाए तो उससे बड़ी मदद होती है, अच्छा होता है. मुझे ये बात तब समझ में आई जब मैं नए जॉब में गयी और पुराने बॉस से कुछ मदद माँगना चाहती थी... तब एहसास हुआ कि मैं तो उन्हें निजी स्तर पर जानती ही नहीं. फोन कैसे करूँ?'

अनुजा बड़े जोश से कहती है 'हाँ ये तो मानना पड़ेगा कि मेरे पति का जिम में, स्क्वाश खेलने वाले दोस्तों का एक ग्रुप है, स्कूल के दोस्त हैं, आई. आई. टी. के बैचमेट्स दोस्त हैं, तो एक बार जब उन्हें अपनी लीगल प्रैक्टिस के लिए कुछ ज़्यादा क्लाइंट्स बढ़ाने की ज़रूरत पड़ी तो उन्हें आधे से ज़्यादा बिजनेस इन्हीं दोस्तों से मिल गया.'

ऐसे सहयोगी नेटवर्क्स न बना पाने की कुछ वजह ये भी है कि ऑफिस का माहौल उन्हीं कर्मचारियों के लिए अनुकूल है जिन्हें घर जाने की जल्दी न हो, जिनके यहाँ घर से सहयोग प्राप्त हो (सहयोग का सीधा मतलब है एक पत्नी). यानी मर्द, ऑफिस के बाद अपना कुछ एक्स्ट्रा टाइम नेटवर्किंग, यानी गपशप या ड्रिंक्स में लगा सकते हैं क्यूँकि उन्हें पता है कि घर की साइड पत्नी संभाल रही है. मगर औरतों को ये सुविधा उपलब्ध नहीं है. वाकई! मैं मजाक में अक्सर

कहती हूँ कि सारी कामकाजी महिलाओं को भी घर संभालने वाली एक पत्नी की सख्त ज़रूरत है!

एक और कारण यह था, कि इससे पहले औरतें अगर वक़्त निकाल भी लेतीं, तो भी, ऑफिसों में इतनी ज्यादा औरतें कहाँ थीं जिससे कोई नेटवर्किंग कर पाता? हमेशा से आपके टॉप बॉस और सुपर बॉस मर्द ही हुआ करते थे और आपके 90% सहकर्मी भी मर्द ही होते थे. तो स्वाभाविक है जब भी ऑफिस के लोग आपस में बाहर मिलते बैठते थे तो वो बार या गोल्फ कोर्स पर ही मिलते थे, जिसमें औरतों को कोई दिलचस्पी नहीं होती थी. वो तो अब कहीं जा कर, जब कई सारी औरतें ऊँचे और वरिष्ठ पदों पर पहुँच रही हैं, तो कुछ औरतें आपस में अपने नेटवर्किंग अड्डे बना सकती हैं.

तो आपको मैं यही राय दूँगी कि दौड़ में आगे पहुँचाने के लिए नेटवर्किंग जैसी अतिआवश्यक बात को हमेशा फ़ोकस में रखें, आपको चाहिए कि आप थोड़ी कोशिश कर के एक बढ़िया प्रोफेशनल नेटवर्क खड़ा कीजिए, ज़्यादा से ज़्यादा कार्यक्रमों में भाग लीजिये. कुछ नहीं तो कम से कम, एक कॉर्पोरेट किटी पार्टी ही शुरू कर लीजिये. वक्त पड़ने पर ये भी बहुत काम आएगी, ये पक्की बात है.

आज का कॉर्पोरेट मंत्र

- औरतें खुद मानती हैं कि कॉर्पोरेट दौड़ में ज़्यादा आगे न बढ़ पाने का मुख्य कारण है कि वो अपना प्रोफेशनल नेटवर्क बनाने में सक्षम नहीं थीं.
- काम के अलावा भी क्लाइंट्स, सहकर्मी और कर्मचारियों में रिश्ता बनाना, कामयाबी के लिए बहुत ही ज़रूरी है.

और...

- अगर आप सचमुच कॉर्पोरेट दुनिया की अन्य औरतों की मदद करना चाहती हैं तो आप खुद इन औरतों के मार्गदर्शन के लिए एक खास नेटवर्क का मंच क्यों नहीं शुरू कर देतीं?

20

पीड़ित हैं या हीरोइन हैं? कौन हैं आप अपनी कहानी की?

कोई नीबू मारे, तो ज़रा न हारें, लेमोनेड बना लें

कामयाबी के रास्ते पर, अपने आपको बदलने और ढालने में, आपका आखिरी सबक होगा ये समझना कि अपनी ज़िंदगी के खेल में आप और सिर्फ़ आप ही तय करेंगी कि आपको कौन–सी भूमिका निभानी है. अपनी कहानी में आपको हीरोइन बनना है या एक पीड़ित शिकार, ये पूरी तरह आप पर निर्भर है. ये चुनाव न आपके पति का होगा न सास का न बॉस का, ये चुनना सिर्फ आपके हाथों में है!

विजी एक बहुत ही बढ़िया, जीता–जागता उदाहरण है जिसने अपनी ज़िंदगी का पूरा नियंत्रण अपने हाथों में ले कर हमें दिखा दिया कि हम सब जो चाहे वो हासिल कर सकते हैं अगर हमारे इरादे दृढ़ हों और सपने बुलंद हों!

विजी की शादी अठारह वर्ष में हो गई. जब तक वो बाईस वर्ष की हुई वो दो बेटियों की माँ बन चुकी थी. बीते चार वर्षों में वो समझ चुकी थी कि उसका पति निठल्ला है. बड़े–बड़े सपने देखता है पर उन्हें अंजाम देने या कामयाब बनाने की काबिलियत नहीं रखता... उसने जल्दी–जल्दी तीन नाकाम कोशिशें की, गैस एजेंसी चलाने की

कोशिश, कुछ महीने बी.पी.ओ. की नौकरी और फिर मिडिल ईस्ट में नौकरी ढूँढने की नाकाम कोशिश. इन तीनों कोशिशों का अंजाम ये हुआ कि विजी अपनी शादी में जो दहेज मायके से लायी थी और उनकी सारी बचत का स्वाहा हो गया. आखिरकार पति इस निष्कर्ष पर पहुँचा कि नाकामी का सारा कारण चेन्नई शहर है और उसने पूरे परिवार को बैंगलुरू शिफ्ट कर दिया, जहाँ उसे पूरा भरोसा था कि उसे जबरदस्त कामयाबी हासिल होगी.

'मैं समझ गयी कि बैगलुरू शिफ्ट करने का कारण कुछ और नहीं बल्कि रिश्तेदारों की नज़रों और कटाक्ष से बचना था क्योंकि रिश्तेदारों से चुपचाप उधार लेने के बावजूद वो अपने परिवार की देखभाल नहीं कर पा रहा था. विजी हम विमेन एन्त्रोप्रिन्योर्स के फोरम में बड़े सीधे और डायरेक्ट ढंग से अपनी कहानी सुना रही थी. 'चूँकि मुझे दो बच्चों का पेट पालना था और घर का किराया देना था तो मैंने आस–पड़ोस के बच्चों को भरतनाट्यम सिखाना शुरू कर दिया. इस बीच मेरे पति और उनके कुछ दोस्त, हमारे दक्षिण में शुरू होने वाली बिजली निर्माण करने वाली एक नई कंपनी में उनके वितरक बनने की अर्जी दे आए थे. पता नहीं कैसे इस कंपनी ने इन्हें बैंगलुरू के एक हिस्से का वितरक बनने की स्वीकृति दे दी. काफी जोर–शोर और धूमधाम से उन्होंने काम शुरू किया और फिर हमेशा की ही तरह, एक साल के अंदर, उनका इस काम से दिल हट गया और उन्होंने काम ठप कर दिया.

तब तक मैं समझ चुकी थी कि सिर्फ भरतनाट्यम से मिले पैसों से केवल दाल–रोटी ही चल सकती है और मुझे कुछ और भी करना पड़ेगा. तो मैंने उनसे कहा कि मैं बिजली पॉवर की वितरक बनना चाहती हूँ. तो ये मुझ पर हँसे और कहा 'तुम अंग्रेजी तो बोल नहीं पाती, ज़िन्दगी में कभी जनरेटर देखा भी है? तो काम क्या करोगी?'

'पर मेरा निश्चय दृढ़ था. मैं कंपनी के प्रादेशिक अफसर से मिली और उनसे गुजारिश की ताकि वो काम वापस न लें बल्कि मुझे कार्यभार संभालने की इजाज़त दे दें. वो भी मुझ पर हँसे और बोले 'बिज़नेस चलाने और घर का किचन चलाने में बहुत फ़र्क होता

है, मैडम! डेबिट और क्रेडिट क्या होता है जानती हैं?' मैंने उनसे वादा किया कि अगर मैं अगले तीन महीनों में कोई नए ग्राहक लाने में असमर्थ हुई तो वो वितरण का काम हमसे वापस ले सकते थे.

ईश्वर की कृपा देखिए कि उन दिनों वो अपनी कंपनी का काम बढ़ाने में इतने व्यस्त थे कि उनके पास हमें छोड़ कर दूसरा वितरक ढूँढने का भी वक्त नहीं था. तो उन्होंने मुझे तीन महीने का वक्त दे दिया.

फिर मैं अपने एक पड़ोसी, जो अपना बिज़नेस चलाते थे और बड़े भले आदमी थे, उनके पास गयी और उनसे मदद माँगी. उन्होंने मुझे बिठा कर काम के दांव–पेंच समझाए और कंप्यूटर पर बिल कैसे बनाए जाते हैं ये भी सिखाया. पहले महीने में मैंने अपने आस–पास वाले छोटे–छोटे बिज़नेस ऑफिसों का दौरा किया और खुशनसीबी से मुझे अगले महीने कुछ ऑर्डर मिल गए. और फिर तो पीछे मुड़कर देखना ही नहीं पड़ा. आज हम दक्षिण भारत में इस कंपनी के सबसे बड़े वितरक हैं और हमारे यहाँ चालीस लोग काम करते हैं. जिस घर में हमने दो कमरे किराये पर ले रखे थे आज हमने उनके पूरे तीन खंड खरीद लिए हैं. मेरी एक बेटी आज इंजीनियर बन गयी है और दूसरी भरतनाट्यम नर्तकी बन चुकी है. ईश्वर की हम पर बड़ी कृपा है. कहानी खत्म करने पर विजी की आँखें आँसुओं से नम थी.

फिर, बार–बार, लगातार, करीब से उन्हें देख कर मैंने यह समझा कि कामयाब औरतों को शुरुआत में, ज़्यादातर, सारी सुविधाएँ उपलब्ध नहीं होतीं. पर विजी की तरह, वो औरतें सामने आई हर अच्छी–बुरी परिस्थिति का सामना हिम्मत से करती हैं, और उस पर काबू पा कर स्थिति को अपने अनुरूप ढालने में कामयाब हो जाती हैं.

हम सभी विजी की हिम्मत और पक्के इरादों की कहानी सुन कर बड़े प्रभावित हुए. कई औरतें जिन्हें पढ़ाई–लिखाई या पारिवारिक सहयोग के बगैर भी अपने परिवार का पेट पालना पड़ता है उन सभी के लिए ये कहानी बड़ी प्रेरणादायक थी. और हम सब, जिन्हें विजी जैसी कठिन परिस्थितियों का सामना नहीं करना पड़ा है, हमारे लिए भी ये कहानी आँखें खोल देने वाली सिद्ध हुई. हम ऐसी बहादुर

औरतों को प्रणाम करते हैं. उन्हें मुबारकबाद देते हैं. ऐसी हज़ारों विजी हों, सभी कामयाब हों!

आज का कॉर्पोरेट मंत्र

- अपनी किस्मत पर सिर्फ आपका कंट्रोल है और आप अपनी कहानी में कौनसी भूमिका निभाएगी ये सिर्फ आप तय कर सकती हैं.
- खुश और कामयाब औरतों और अन्य औरतों के बीच फ़र्क उनकी खास परिस्थितियों का नहीं है बल्कि फ़र्क ये है कि कामयाब औरतें अपनी कठिन परिस्थितियों पर विजय पा कर उन्हें बदल डालती हैं. उन्हें कठिन से खास बना लेती हैं.

और...

- कभी-कभी हम औरतें जानबूझकर सताई हुई, बेचारी बनने का ढोंग करती हैं. ('सफरिंग सीता' याद है?) ऐसा मत कीजिए वरना अनजाने ही आपको ऐसे रवैये की आदत पड़ जायेगी और आपकी सोच ही ऐसी हो जाएगी.

स्वयं को ढालने के दस सबक

1. **मैं ज़िन्दगी का सामना सकारात्मक सोच से करूंगी।**
   जब मैं कामयाबी पाने की कोशिश में लगती हूँ तो मुझे पता है कि पहला कदम है सकारात्मक सोच रखना. मैं सबसे पहले अपने मन में ही युद्ध जीत लूँगी.

2. **मैं हमेशा मेहनत करूंगी।**
   मैं समझती हूँ कि मेहनत से मुँह मोड़ना कामयाबी से दूर भागना है. कामयाबी पाने का शर्तिया तरीका है मैदान में डटे रहना. वही औरतें कामयाबी पाती हैं जो अपना लक्ष्य कभी नहीं छोड़तीं.

३. **मैं जिंदगी में हमेशा महत्वपूर्ण चीज़ों पर ही गौर करूंगी।**
   बेमतलब चीज़ों को त्याग दूँगी. कामयाबी पाने की सबसे महत्वपूर्ण कला है अपने कामों की प्राथमिकता सूची बना कर सिर्फ महत्वपूर्ण कामों पर फ़ोकस रखना. हमें हर दौड़ में अव्वल नहीं आना है, केवल चुने हुए कामों पर पूरा ध्यान लगा कर उनमें सर्वोत्तम बनना है.

4. **अपने करिअर और पारिवारिक जीवन दोनों में कामयाब बनने के लिए मैं औरों से मदद माँगूंगी।**
   हमें अपने आसपास, घर दफ़्तर में एक सपोर्ट सिस्टम (सहयोगी समूह) खड़ा कर लेना चाहिए जो मुसीबत में हमारी सहायता कर सके. हमें अपने हाथों से नियन्त्रण खो देने की चिंता नहीं करनी चाहिए.

5. **औरत होने के नाते, मिले खास अधिकारों का मैं नाजायज़ फ़ायदा नहीं उठाऊंगी।**
   हमारे लिए ज़रूरी है कि हम अपने संगठन द्वारा दी हुई विशेष सुविधाओं का गलत फ़ायदा नहीं उठाएँ और अपने अव्वल दर्ज़े के काम से अपनी उपयोगिता सिद्ध कर दें.

6. **मुझे अपने पति को ट्रेन कर के अपने सपोर्ट सिस्टम का हिस्सा बनाना होगा।**
   अपने निजी और व्यावसायिक जीवन में कामयाबी पाने की पहली ज़रूरत है कि हमारा पति हमारा समर्थक और मददगार बन जाए. अफ़सोस कि ऐसे सहयोगी पति बने बनाए नहीं मिलते, हमें उन्हें ट्रेन करना पड़ता है.

7. **हर परिस्थिति पर मेरा बस होना ज़रूरी नहीं।**
   कुछ स्थितियों में हमारे लिए नियन्त्रण हाथ में लेना अति आवश्यक हो जाता है और कुछ हालात में नियन्त्रण छोड़ देना पड़ता है. हमें स्थिति अनुसार बदलना चाहिए और एडजस्ट करना चाहिए.

8. **मैं अपने परिवार की टीम की एक खिलाड़ी बनूंगी।**
   ज़रूरी है कि हम अपने परिवार को एक टीम के रूप में देखें जो मिल-जुलकर ही जीत पा सकती है. मौका पड़ने पर हमें निस्वार्थ ढंग से सोच कर, सबके हित में जो हो वही निर्णय लेना चाहिए, भले ही हमें तब समझौता करना पड़ जाए.

9. **मैं काम के परे भी रिश्ते बनाऊँगी और नेटवर्किंग की ताकत का इस्तेमाल करूंगी।**
   व्यावसायिक जीवन में नेटवर्किंग (एक-दूसरे से जुड़ने और सहयोग करने) की कमी, कामयाबी की राह का सबसे बड़ा रोड़ा है, ये औरतों ने खुद महसूस किया है. इस लिए ज़रूरी है कि हम इन औपचारिक और अनौपचारिक बंधनों के लिए वक़्त निकाल कर उन्हें मजबूत बनाएँ.

10. **मैं अपनी किस्मत का नियन्त्रण खुद करूंगी।**
    सुखी, कामयाब औरतों और नाखुश, नाकामयाब औरतों में, फ़र्क उनके जीवन की खास परिस्थितियों का नहीं है बल्कि उन विपरीत परिस्थितियों को बदल कर अपने अनुकूल बनाने की क्षमता का है.

भाग-3

सफ़ल बनें

इस सफ़र का अंतिम चरण है कामयाबी पाने का अनोखा एहसास—कठिनाई से हासिल मगर कितना मीठा!!

21

ओय, लक्की मैडम!

अपनी खुशनसीबी की कीमत समझना

आप और मैं अब अपने इस सफ़र के आखिरी पड़ाव पर पहुँच चुके हैं. आशा है आप हर कदम पर मेरे साथ रही हैं जब हमने साथ–साथ कई बातें सीखीं. पहली तो ये कि कैसे जिंदगी की आँखों में आँखें डाल कर हर कामकाजी नारी को अपनी अच्छी–बुरी, हर परिस्थिति को स्वीकारना पड़ता है. दूसरे पड़ाव पर हमने सीखा कि हम अपने को स्थिति अनुसार कैसे बदलें ताकि परिस्थिति हमारे अनुसार ढल जाए और हमारे पक्ष में काम करे, हमारे विरोध में नहीं. और अब हम अपनी कोशिश के आखिरी पड़ाव पर हैं. शिखर पर हैं.

आगे आने वाली कुछ आखिरी बातें हैं जो हमें जाननी होंगी कि कामयाबी के शिखर पर हम हों तो हमें किस तरह के व्यवहार की आदत डालनी चाहिए, ताकि हमें अपनी कामयाबी पे नाज़ हो और हम अपना झंडा खूब ऊँचा फहरा सकें–चाहे वो खुल कर, बुलंद आवाज़ में अपनी बात करने की हिम्मत हो, या अपना हक माँगने की बात हो, अपनी सफलता से हम कभी दूर न भागें, और अपने ऊपर गर्व करना शुरू करें. गलत, नकारात्मक लोगों की परवाह किए बगैर अपनी सोच को बुलंद रखें ताकि हमारी अपनी सोच हमें कभी नीचा न दिखाए, हमेशा हमारी कामयाबी का जश्न मना सके.

वैसे हम औरतों की ज़रूरतें हैं ही कितनी? बिलकुल मामूली! ज्यादा नहीं, बस कुछ हीरे, एक चालीस जोड़ी जूते, अपने पति के दो चार आलिंगन और एक अच्छा बावर्ची. हमें बस खुशी और कामयाबी चाहिए घर और ऑफिस दोनों जगहों पर. हम चाहते हैं कि हमारा काम, हमारे अंदर छुपे हुनर और प्रतिभा को बाहर आने का पूरा मौका दे और घर और पारिवारिक जीवन सुखी और परिपूर्ण हो. दोनों एक–दूसरे की राह न रोकें.

शुक्र है आज के युग में ये बिल्कुल संभव है. खास तौर से अगर एक लड़की का जन्म एक लोकतान्त्रिक राष्ट्र के किसी शहर में, मध्यमवर्गीय परिवार में हुआ हो जहाँ उसे अच्छी पढ़ाई–लिखाई की सुविधा उपलब्ध हो जिसके बल पे वो एक नौकरी पा कर आर्थिक स्वतन्त्रता हासिल कर सकती है. ये सारी चीजें वो चाहे तो निश्चित ही पा सकती है.

हम सब खुशकिस्मत हैं कि हमारा जन्म ऐसे वक्त और ऐसे परिवेश में हुआ है जहाँ कोई ये सवाल नहीं करता कि बेटियों को स्कूल जाना चाहिए या नहीं या कॉलेज से निकली जवां लड़की को आगे नौकरी करनी चाहिए या नहीं?

आज हम जहाँ भी देखें, भारत के हर महानगर में सभी माता–पिता अपनी बेटियों की पढ़ाई और नौकरी करने पर ज़ोर दे रहे हैं. बेटी चाहे जिसकी हो, प्रोफेसर, बैंक मेनेजर, ड्राइवर या ऑफिस प्यून की हो. सभी माता–पिता बेटियों को वही सुविधाएँ और प्रोत्साहन दे रहे हैं जो अपने बेटों को देते आए हैं.

स्वाभाविक है दुनियाँ के सभी देशों में ऐसी स्थिति नहीं है और ना ही हमारे सभी भारतीय गाँवों में ऐसा हो रहा है. हमारी माँ की पीढ़ी की सभी औरतों को भी आज जैसी आज़ादी नहीं उपलब्ध थी. आज भी हमारे देश में नौकरीपेशा औरतों की संख्या बहुत ही कम है. ऑर्गेनाइज़्ड सेक्टर में करीब 5-10% हैं. तो हम सभी औरतें, जिन्हें नौकरी करने की आज़ादी है और योग्यता है उन्हें अपने आप को बेहद खुशनसीब समझना चाहिए.

फिर भी कभी–कभी हम, बड़ी आसानी से ये मौका हाथ से छोड़ देते हैं.

'नारी, मर्द बनना नहीं ज़रूरी!' 135

'मॅम मेरी शादी तय हो गयी है. ये देखिए मेरी सगाई की अंगूठी.' शर्माते हुए नेहा मुझे अपनी उँगली में पहनी, हीरे की अंगूठी दिखाती हैं. मैं अपने अहमदाबाद ऑफिस में अपने 'एन्युएल रिव्यू' के लिए अपने एच.आर. हेड के साथ आयी हूँ और अपनी टीम से गपशप कर रही हूँ.

'अरे वाह! मुबारक हो! और तुम्हारा मंगेतर क्या करता है?'

'मॅम वो एक बिज़नेस चलाता है. दरअसल वो एक बहुत बड़ी बिज़नेस फॅमिली का पोता है.' और वो शहर की बहुत बड़ी बिज़नेस फॅमिली का नाम लेती है.

एच.आर. हेड और मैं दोनों एक-दूसरे की तरफ देखते हैं. पहला ख़याल जो हमारे दिमाग में घूम रहा है वो ये है, 'क्या अब नेहा नौकरी छोड़ देगी? 'उफ! अब हमें इसकी जगह पर तुरंत किसी और को ढूँढना पड़ेगा! अफसोस, पर जब भी हम सुनते हैं कि किसी की शादी या सगाई हो रही है या कोई प्रेग्नेंट है, तो हमारी पहली प्रतिक्रिया यही होती है 'क्या अब वो हमें छोड़ कर चली जाएगी? उफ! मुझे दुबारा इसकी जगह किसी और को ढूँढने की जद्दोजेहद करनी पड़ेगी! तब जब हमारे यहाँ नौकरी छोड़ने वालों की संख्या बढ़ रही है! उफ! मैंने आखिर एक लड़की को नियुक्त ही क्यों किया?'

हाँ ये विडम्बना ही है कि हमारा संगठन विविधता के प्रति जागरूक है, हम खुद औरतें हैं पर एक मैनेजर की हैसियत से, औरतों की नियुक्ति, हमारे लिए किसी चुनौती से कम नहीं! क्यूँकि लड़कियों को नौकरी देना यानी उनकी निराली ज़रूरतों का हर वक़्त ध्यान रखना, हर पड़ाव पर उनके अनुरूप हमें ढलना पड़ता है, जब कि आदमियों को रखने में ऐसी कोई बात नहीं होती.

'तो शादी के बाद का प्लान क्या है नेहा?' एच आर हेड उससे पूछता है.

वो शर्माते हुए जवाब देती है 'पता नहीं, पर लगता है उन्हें मेरा नौकरी करना पसंद नहीं.'

'और तुम क्या हमेशा वही करोगी जो वो कहेंगे?' एच.आर. हेड नेहा से सीधे पूछ बैठता है.

'मॅम आप मुझे चिढ़ा रही हैं न मॅम?' नेहा दुलारी आवाज़ में

पूछती है. 'मेरे सास–ससुर समझते हैं कि मैं ऐसी बड़ी फॅमिली में आ रही हूँ तो मुझे काम करने की कोई ज़रूरत नहीं है.' नेहा उनकी दौलत से प्रभावित स्वर में कहती है.

और बस यूँ ही एक दिन नेहा अपनी मैनेजमेंट डिग्री की पढ़ाई लिखाई में लगी मेहनत, अपने सेल्स टारगेट में लगाए श्रम के हज़ारों घंटे, अहमदाबाद की स्टार परफॉर्मर होने से मिली इज़्ज़त और पुरस्कार सब छोड़ कर चल देने को तैयार हो गयी है सिर्फ इसलिए कि उसकी शादी होने जा रही है.

हमारे संगठन में लड़कों से ज़्यादा लडकियाँ हैं इस लिए हमारे ऑफिस में आए दिन यही कहानी अक्सर दोहराती रहती है. हम जानते हैं कि एक न एक दिन, आज नहीं तो आज से पन्द्रह सालों बाद, जब बच्चे बड़े हो कर घर छोड़कर फुर्रर हो जाएँगे तो नेहा अपने किए पर पछताएगी, पर हम ये भी जानते हैं कि आज हम उसे चाहे जितना रोकें, चाहे जो कहें, वो नहीं मानेगी.

मन तो करता है नेहा को ज़ोर से झकझोर कर उससे कहूँ कि मैं ऐसी हज़ारों महिलओं को जानती हूँ जिन्हें तुम्हारे जैसा मौका ही नहीं मिला, जिसे तुम इतनी आसानी से उठा कर बाहर फेंक रही हो! एक वो लड़की है, दुनिया के बहुत पिछड़े देश में जिसे पढ़ना था इस लिए उसे गोली मार दी गयी. वो दूसरी औरत जो ढेरों गहने और जेवरों से लदी है, पर उसने अपने पूरे जीवन में एक चेक पर भी दस्तखत नहीं किए क्योंकि उसके अपने नाम पर कोई बैंक अकाउंट ही नहीं है. जब भी उसे कुछ चाहिए होता है, उसे अपने पति के सामने हाथ फैलाना पड़ता है और पति चाहे तो दे, न चाहे तो उसे उसकी ज़रूरत की चीज न दे. उसके मूड पर निर्भर है. मैं चाहती हूँ नेहा को पास के गाँव की औरतों के बारे में बताऊँ जिन्हें पहली बार आत्मसम्मान महसूस हुआ जब एक एन.जी.ओ. ने उन्हें बालवाड़ी शिक्षिका बनने की ट्रेनिंग दी और उन्हें पैसे कमाने का मौका मिल सका, और आज उनके अपने परिवार वाले उन्हें नयी नज़रों से देख रहे हैं, ज़्यादा इज़्ज़त, ज़्यादा अहमियत दे रहे हैं क्योंकि अब वो कुछ कमा कर घर ला पा रही हैं, पहली बार!

पर मैं जानती हूँ इन सब बातों का नेहा पर कोई असर नहीं होने वाला है क्योंकि वो जीवन के ऐसे रूमानी मोड़ पर है जहाँ वो खुद नहीं चाहती कि कोई उसकी आँखों पर चढ़े गुलाबी चश्मे को उतारे और उसे यथार्थ में लाए.

आज जब हम अपनी कामयाबी और मंज़िल पर पहुँचने का जश्न मना रहे हैं तो हमें अपनी खुशनसीबी के लिए शुक्रगुजार होना चाहिए. आज हम ऐसे मुकाम पर पहुँच पाए क्योंकि जिंदगी ने हमें वो मौके दिए जो हमारे देश की करोड़ों लड़कियों और औरतों को न कभी मिले और न कभी इस जीवन काल में मिल पाएँगे.

इसीलिए किसी भी सुनहरे अवसर को अपने हाथों से इतनी लापरवाही से मत उछालिए. उसे ऐसे मत गँवाइए! शादी की खातिर, किसी कलीग से मनमुटाव की खातिर, मुश्किल प्रोजेक्ट सम्भालने के डर से, ऑफिस का एक दिन बुरा बीतने पर, हमें ऐसे किसी भी कारण से अपनी बरसों की मेहनत पर पानी नहीं फेरना चाहिए. पर फिर भी हम ये गलतियाँ बार–बार करते हैं.

आज का कॉर्पोरेट मंत्र

- दुनिया की ज़्यादातर औरतों को पढ़ाई–लिखाई और कमाई करने का मौका नहीं मिलता पर जिसे अक्सर, हममें से ज़्यादातर लड़कियां, ज़्यादा एहमियत नहीं देतीं.
- आपको शुक्रगुज़ार होना चाहिए कि हमारा जन्म ऐसे युग में हुआ है जहाँ हमें पूरी आज़ादी मिली हुई है. आइए इस एहसास को पुख्ता करें और मिले मौकों की कद्र करना सीखें.

और...

- हम अक्सर अपने आप को धोखा देते हैं कि हम बस करिअर में छोटा ब्रेक ले रहे हैं. विश्वास मानिए, दौड़ छोड़ देने पर हो सकता है आप लौट कर काम पर कभी न आ पाएँ.
- माना कि परिवार का प्यार पाना ज़रूरी है पर वो सब आपकी इज़्ज़त करें ये उतना ही ज़रूरी है. अगर आप परिवार की कमाऊ सदस्य हैं तो आपको अपने आप परिवार ज़्यादा इज़्ज़त देता है.

22

श्रीमान–श्रीमती के जाल से बचिए

अपनी अलग पहचान बनाए रखिए

एक शिकायत औरतों को हमेशा रहती है (पर होंठों तक नहीं आती) कि शादी के बाद उनकी पहचान पति के साथ एसी घुल–मिल जाती है कि उनका कोई अलग वजूद ही नहीं रह पाता. दंपत्ति जोड़े में उनकी हालत एक 'एड–ऑन' क्रेडिट कार्ड जैसी हो जाती है जो मेन कार्ड से जुड़ा है पर अकेले उसकी कोई अलग पहचान नहीं है.

अपने करिअर की वजह से मेरी, शुरू से, अपनी अलग पहचान बनी हुई है इस लिए मुझे इस शिकायत का पता नहीं था. जब मैं मुंबई से बैंगलुरू शिफ्ट हुई तभी मेरा इस बात से वास्ता पड़ा. इसके पहले मेरी जान–पहचान के सभी लोग और मेरे व्यवसाय से जुड़े सभी लोग, ये जानते थे कि मैं क्या काम करती हूँ. पर बैंगलुरू में मामला कुछ अलग हो गया.

एच.डी. की नई नौकरी के कारण उन्हें बैंगलुरू शिफ्ट होना पड़ा और उनके साथ रहने के लिए मैं भी वहाँ शिफ्ट हो गयी. तो स्वाभाविक है कि हम जब भी कुछ लोगों से मिलते वो मेरे पति के काम से ही सम्बंधित होते थे. जब भी हम नए लोगों से मिलते तो हमारा परिचय कुछ इस तरह कराया जाता. 'संजय से मिलिए, ये फलां–फलां कंपनी के एम.डी हैं और हाल ही में बैंगलुरू शिफ्ट हुए

हैं. इससे पहले फलां—फलां कंपनी में काम करते थे और ये हैं... अ.. अ. इनकी पत्नी...' लोग मुस्कुरा कर मुझसे हाथ मिलाते और एच.डी. की नौकरी के बारे में बुद्धिमानीपूर्ण प्रश्न पूछते और बातें उन्हीं की नौकरी के बारे में होने लगती. पुरानी नौकरी, नई कंपनी वगैरह... और मैं, जैसे किसी के साथ चिपके पुर्ज़े की तरह साथ खड़ी रहती और अगर बाय चांस, बात मेरी तरफ मुड़ती, तो वो... बच्चों, उनके स्कूल के बारे में या मुझे बैंगलुरू में कैसा लग रहा है, इस बारे में होती.

मैं कुछ भौंचक्का—सी रह गयी थी क्योंकि हम कामकाजी महिलाओं की पहचान, हमारी कॉर्पोरेट छवि से ही बनती है और गृहिणी के रूप में कम होती है. वैसे भी मेरी गृहिणी वाली छवि तो अर्ध—विकसित—सी ही है. तो जब अचानक मेरे व्यक्तित्व से मेरा व्यावसायिक पहलू खींच लिया गया तो मैं समझ ही नहीं पाई कि अपने आप को कैसे पेश करूं. सब कुछ कैसे हैन्डिल करूं? ऐसी मुलाकातों में, सारे मर्द, बार के आस पास इकट्ठे हो कर देश की इकॉनॉमी और व्यवसाय की बातचीत करते या प्रधानमन्त्री सरकार की नई पॉलिसीस की घोषणा कब तक करेंगे... और मैं कुछ औरतों के ग्रुप में अपने आप को फँसा हुआ पाती जहाँ सब शॉपिंग या स्कूल की बातें कर रहे होते.

मेरा मन, बार वाले ग्रुप में जाने के लिए तरसता रहता ताकि मैं वहाँ जाकर अपने लिए एक ड्रिंक ले सकूँ और अपनी बिजनेस पर बातचीत कर सकूँ और मैं वहाँ खिसकने के तरीके खोजने लगती. जैसे ही मैं चुपचाप औरतों का ग्रुप छोड़ कर मर्दों वाले ग्रुप की तरफ आती, वो मर्द बिजनेस की बातें बंद कर देते और मुझसे ज़बरदस्ती, नकली से सवाल करते कि मुझे बैंगलुरू कैसा लग रहा है वगैरा. उनके मन में ये ख्याल भी न आता कि हो सकता है, शायद मैं भी, एक कामकाजी महिला हूँ जिससे वो व्यवसाय की बातचीत कर सकते हैं.

एक रोज़ हमारे नए पड़ोसी के साथ एक अजीब वाकिया हुआ जिससे मैं वाकई तमतमा उठी. बैंगलुरू में हम जिस बिल्डिंग में रहते हैं, विलायती लोगों से भरी हुई है. और उसमें कई ऐसे एन.आर.आई. भी हैं जो कुछ समय के लिए इंडिया में काम पर आए हुए हैं. जैसे कि आप ने देखा हो कि एन.आर.आई., विलायती लोगों के मुकाबले

ज़्यादा विलायती होने का दिखावा करते हैं और ऐसा जताते हैं जैसे वो न जाने किस अजनबी शहर में आ गए हैं. जबकि वो, अभी कुछ ही दिनों पहले यहीं, भारतीय लोगों के बीच, इसी देश में सुड़क सुड़क कर, हाथों से दही–चावल खाया करते थे.

"हे, क्या हालचाल है?" मेरे लिफ्ट में प्रवेश करते ही मेरी नई एन.आर.आई. पड़ोसन, नकली उत्साह जताते हुए चिल्लायी. 'मैं ठीक हूँ. और तुम कैसी हो?' मैंने नम्र मुस्कान के साथ कहा.

"कट रही है! वी आर गुड! गुड! पर कहना पड़ेगा कि तुम्हारे यहाँ के सिस्टम बड़े अजीब हैं!" उसके एक्सेंट में अजीब शब्दों पर जोर था.

"माफ करना! 'तुम्हारे' का क्या मतलब है? जहाँ तक मैं जानती हूँ तुम यहीं पैदा हुई, यहीं पली–बढ़ी और अभी कुल दो ही सालों पहले यू.एस.ए. गयी हो?' मन तो किया उसे झाड़ दूँ पर उसी वक्त उत्साह से भरा, चटक पीले ट्रैकसूट में उसका पति लिफ्ट में आ गया.

'हाय लेडीज़, गपशप शुरू कर दी? हा हा हा', मेरी तरफ तिरछी मुस्कान छोड़ते हुए बोला. 'प्रभा यहाँ काफी अकेलापन महसूस कर रही हैं. पर अब तुम लोग बिल्डिंग में आ गए हो तो तुम लड़कियों को कॉफी के लिए मिलना चाहिए. जानता हूँ कि तुम जल्द ही बेस्ट फ्रेंड्स बन जाओगी. साथ–साथ शॉपिंग और किटी पार्टीज़ में जाया करोगी! हा हा हा...'

मैंने उसकी तरफ घूर कर देखा, गुस्से से दाँत पीसे... पहली बात ये कि उसे मुझे 'तुम लड़कियों' की श्रेणी में डालने का कोई हक नहीं है! (पिछले बीस सालों से किसी ने मुझे लड़की कह कर नहीं पुकारा है और मुझे कोई शिकायत नहीं! थैंक यू वेरी मच!) दूसरी बात, मुझे इस बात से सख्त ऐतराज़ है कि बिना जाने तुमने ये कैसे मान लिया कि मैं नौकरी नहीं करती? तीसरी बात, अगर मैं नौकरी नहीं भी करती तो उसने ये कैसे मान लिया कि गृहिणियाँ सिर्फ दो ही काम करती हैं: किटी पार्टीज़ में जाना और शॉपिंग करना?

मैं कई ऐसी औरतों को जानती हूँ जो पारंपरिक टाइप की नौकरियाँ नहीं करतीं पर अन्य बड़े दिलचस्प काम करती हैं. (ऐसी भी

एक को जानती हूँ जिसने जिम जाने को अपना करिअर बना लिया है! एक बार सामूहिक थैरेपी के एक सेशन में मेरी एक दोस्त अपना परिचय देते हुए बता रही थी कि वो सेल्स का जॉब करती है तो दूसरी लेडी ने कहा 'ओ हाऊ इंटरेस्टिंग! मैं जिमिंग करती हूँ!' (मैं बात से कुछ भटक रही हूँ!)

जब मैंने अपने पड़ोसी को कड़े स्वर में कहा कि मैं अपनी नौकरी में व्यस्त हूँ और उसकी 'गर्ल' के साथ मिलने-बैठने का मेरे पास वक्त नहीं है तो दोनों मेरे जवाब से स्तब्ध रह गए.

'ओह अच्छा? तुम क्या काम करती हो?' दोनों ऐसे चकरा गए जैसे कामकाजी महिलाओं के बारे में पहली बार सुन रहे हों.

'मैं रेडियो सिटी में काम करती हूँ'

'तुम आर.जे. हो?'

पता नहीं क्यों लोग ये मान लेते हैं कि अगर आप रेडियो स्टेशन में काम करती हैं तो आप आर.जे. के अलावा कुछ और नहीं हो सकतीं? 'नहीं मैं रेडियो सिटी चलाती हूँ' मैंने कहा.

बात दोनों की समझ के परे थी.

'चलाती यानी? ओह तो तुम वहाँ प्रशासन, यात्रा- व्यवस्था वगैरह का इंतज़ाम करती हो? बढ़िया है, बढ़िया है' दोनों ने सिर हिलाया और मेरी तरफ मुस्कुराए, संतुष्ट थे कि किसी तरह उन्होंने मुझे एक खाके में डाल दिया है.

अक्सर जब मैं लोगों को बताती हूँ कि मैं एक नेटवर्क चलाती हूँ तो मैं बस इतना कहकर छोड़ देती हूँ. वो जो चाहें समझें. मुझे बड़ा अजीब लगता है, घमंडी लगता है ये कहना कि मैं वहां की सी.ई.ओ. हूँ. पर इस बार मैं इतना चिढ़ गयी कि मैंने उनकी आँखों में आँखें डाल कर सख्ती से कहा 'दरअसल मैं रेडियो सिटी की सी.ई.ओ. हूँ.'

दोनों को ऐसा जबर्दस्त शॉक लगा कि पूछिए मत. 'ओ... ओके ओके...! बहुत बढ़िया. गुड! गुड!' वो बुदबुदाते हुए लिफ्ट से खिसक लिए.

सच्चाई तो यही है कि औरतों के साथ ऐसा अक्सर होता है कि लोग बिना उन्हें जाने, उन्हें अपने मनमाने खाकों में फिट कर देते

हैं. खास तौर से अगर औरत शादीशुदा हो तुरंत उसको किसी के साये की भूमिका में डाल दिया जाता है. जैसे वो कोई स्वतंत्र इंसान नहीं बल्कि पीछे से जुड़ने वाली पूंछ की तरह लटका एक अलग टुकड़ा हो. वो एक दंपत्ति जोड़े का मुख्य भाग तो हो ही नहीं सकती, बस पीछे खड़ा साया हो सकती है. अगर वो गैर शादी-शुदा हो तो कम से कम लोग मान लेते हैं कि वो अपने आप को चक्करों से दूर रखने के लिए कुछ न कुछ काम तो करती होगी. नौकरी कर के अपना टाइम पास करती होगी. वो भी एक टिपिकल बनी बनायी छवि है (इसके बारे में आगे बात करेंगे).

मेरे ख्याल से अब वक्त आ गया है कि हम लोगों का मुँह बंद कर दें! उनसे कहें बस बहुत हो चुका! हमें इन कबूतरों के दरबों में फिट करना बंद कीजिए! सच्चाई तो ये है कि आज औरतें बहुत कुछ हासिल कर चुकी हैं. हर तरह से कामयाब हो चुकी हैं और ये हमारी ज़िम्मेदारी है कि हम अपने हक के लिए खड़े हों और ज़रूरत पड़े तो हम बुलंद आवाज़ में कहें कि हमारा अलग स्वतंत्र वजूद है, हमारी अलग विशिष्ट पहचान है! अगर लोग हमारे बारे में गलत धारणाएँ पालेंगे तो हम नम्रता को आड़े नहीं आने देंगे और उनकी धारणाओं को तुरंत बदलेंगे.

और अब तो हमारी लाइफ में ये हाल है कि अगर हम दोनों के परिचित, संजय को भेजे हुए निमंत्रणों या किन्हीं गुज़ारिशों के बारे में मुझसे पूछते हैं तो मैं उन्हें बेहिचक कह देती हूँ कि मैं संजय की सेक्रेटरी नहीं हूँ और अच्छा होगा जो वो सीधे संजय के ऑफिस से सम्पर्क कर लें. और अब तो मैंने आदतन, हर नई औरत से मिलने पर उससे ये पूछना शुरू कर दिया है कि वो काम क्या करती हैं? कहाँ नौकरी करती हैं? मैं सीधे ये नहीं मान लेती कि वो मात्र किसी की 'श्रीमती' है और उनकी अपनी कोई अलग पहचान नहीं है.

तो अगली बार जब आप किसी पार्टी में हों तो ध्यान रखियेगा... सीधे, बार की तरफ जाकर जम जाइएगा जहाँ लोग आपकी दिलचस्पी की बातें कर रहे हों. देश और व्यवसाय की बातें कर रहे हों. खां-म-खां, जहाँ मन न लगे ऐसे लोगों के बीच बैठ कर शॉपिंग की बातें करने

का स्वांग मत कीजिएगा. और मैं वादा करती हूँ मैं भी आपको बार की तरफ ही मिलूंगी! पक्का!

आज का कॉर्पोरेट मंत्र

* शादी शुदा होने में एक बात कुछ कम अच्छी है कि लोग एक जोड़े को देखते ही हमेशा आपके पति को ज़्यादा बड़ा स्थान देते हैं, ज़्यादा अहमियत देते हैं. आप चाहे जितनी कामयाब क्यों न हों.
* ज़रूरी है कि लोगों के मन में औरतों की जो घिसी-पिटी छवि है, कि वो पति के साथ जुडी हुई लटकन मात्र हैं, उसका सख्ती से विरोध करें और उन्हें बता दें कि आपकी अपनी अलग पहचान हैं और आप की जगह समाज में उतनी ही महत्वपूर्ण है.

और...

* किसी न किसी को तो ये सोच बदलनी होगी कि मर्द, बार में खड़े बातें करेंगे और औरतें सोफे पर शॉपिंग की चर्चा करेंगी. अपनी जैसी सोच वाली कुछ लड़कियों के साथ जा कर उन बार स्टूल्स पर विराजमान हो जाइए!

23

हाथ उठाइए और कहिए हाँ!

भागने की जल्दी क्यों... जब जाना ही
पड़ जाए तब जाना!

मैं अपनी मार्केट हेड के सामने बैठकर उसके करिअर प्लान पर बातचीत कर रही हूँ. हमारे संगठन में एक ज़ोनल हेड (क्षेत्रीय प्रबन्धक) की जगह खाली हुई है और हम उसे वो पोस्ट पेश कर रहे हैं, अगर वो लेना चाहे तो. पर पोस्ट सँभालने के लिए उसे शहर छोड़ कर नए शहर में बसना होगा, परिवार, माता–पिता से दूर.

'श्वेता मेरे हिसाब से ये ऑफर तुम्हारे लिए एक बहुत ही बढ़िया करिअर मूव होगा. नए मार्केट के अनुभव के अलावा तुम्हें कई छोटे प्रान्तों को एक साथ सम्भालने का मौका मिलेगा. तुम्हें इसे ज़रूर ले लेना चाहिए.' मेरी समझ में नहीं आ रहा है कि एच. आर. हेड ने उसे ये ऑफर हफ्ते भर पहले दिया था, वो इस मौके पर टूट क्यों नहीं पड़ी? यही समझने के लिए मैंने उसे अपने कमरे में डिस्कशन के लिए बुलाया है.

'पर मॅम मैं समझ नहीं पा रही हूँ क्या करूँ... माँ–पापा से दूर ... नए शहर में?' श्वेता कुछ बुदबुदा रही है. 'अरे कमाल करती हो! तुम चौंतीस साल की हो? माँ–पापा के घर उनके आँचल से बंध कर और कितने दिन रहने का इरादा है? तुम्हारे माता–पिता तुम्हारे बगैर

'नारी, मर्द बनना नहीं ज़रूरी!' 145

आराम से रह सकते हैं ना? हाँ? तो असली प्रॉब्लम क्या है? चलो अब सब सच-सच बता दो!' मुझे ये सारी बातें गोलमोल लगती हैं, मैं असली कारण जानना चाहती हूँ.'

श्वेता ने काफी देर तक ना-नुकुर किया और फिर मेरे जोर देने पर मुँह खोला. 'नहीं मॅम मैं सचमुच अपने माँ-पापा को छोड़ कर नहीं जाना चाहती. वो क्या है कि वो लोग मेरे लिए लड़का देख रहे हैं. आप तो जानती हैं पंजाबी लड़के कैसे होते हैं. ज़रूर वो किसी बिज़नेस परिवार से होगा, तो शादी के बाद दूसरे शहर में बसने का सवाल ही नहीं उठता. और फिर जब हमारे बच्चे होंगे उनकी देखभाल कौन करेगा? उसके लिए तो मुझे मम्मी-पापा के आसपास ही रहना पड़ेगा ना? तो..' वो मेरी तरफ बड़ी आशा से देखती है कि मैं उसकी बात ज़रूर समझ जाऊंगी.

मैं उसकी बातें सुनकर दंग हूँ! हम सभी जानते हैं कि उसका परिवार उसके लिए काफी दिनों से लड़का ढूँढ़ रहा है... पंचवर्षीय योजना है! पर अभी तक कोई मिला नहीं है. अब अगर मेरी जानकारी के आगे कुछ बदल चुका हो और उन्हें कोई योग्य लड़का मिल गया हो तो पता नहीं. 'क्या तुम्हारे लिए लड़का मिल गया है?' मैं खोदना शुरू करती हूँ कि शायद कोई मिस्टर श्वेता का पता चल गया हो. 'क्या इसी शहर में बसा कोई बिजनेसमैन है?'

'अरे नहीं नहीं मॅम!' श्वेता शर्म से लाल है. 'मैं सिर्फ कह रही हूँ कि मान लो अगर कोई....मिल जाये..तो...'

'मान लो !!!" श्वेता, ईश्वर के दिए इस सुनहरे मौके को गँवा रही है उस एक चीज़ के लिए, जो उसे पता भी नहीं है कि निकट भविष्य में होगी या नहीं. वो अपने करिअर की ज़ोरदार प्रगति को सिर्फ इस लिए रोक रही है कि शायद उसकी ज़िंदगी में ऐसा एक दिन आएगा जब उसे अपने बच्चे सम्भालने के लिए अपने माँ-बाप की मदद की ज़रूरत पड़ेगी. श्वेता निश्चित ही एक बहुत बुरी ब्रिज प्लेयर बनेगी. मैं अपने मन में सोचती हूँ... भविष्य की अड़चनों का हिसाब ऐसे लगा रही है!

ज़्यादातर औरतें वैसे तो बुद्धिमान और व्यवहारकुशल होती हैं फिर

भी बार–बार यही गलती दोहराती हैं. या उनके अचेतन मन में उन्हें ये डर है कि करिअर में ज़्यादा ऊँचा उठेंगी तो उन्हें अपने अनुकूल शादी के रिश्ते नहीं मिलेंगे? या सिर्फ अपने माता–पिता का सुरक्षित घोंसला छोड़ने का डर है? ये कैसी मानसिकता है? जो करीब का फ़ायदा है नज़र नहीं आता और दूर, अनजाना, अनिश्चित फ़ायदों पर अपने सपने टिका रही है.

श्वेता अपने करिअर को द्रुतगति मार्ग पर लाने वाले, हाथ में आए मौके को छोड़ रही है. आज जो पहुँच के अंदर है उसे रिजेक्ट कर रही है, भविष्य के किसी होने न होने वाली सम्भावना की खातिर. क्या पता आगे कहानी कुछ और ही बन जाए?

दस में से नौ लड़कियाँ यही गलती करती हैं... किसी के बिना कहे खुद ही मुख्य मार्ग छोड़ कर हाशिए पर खड़ी हो जाने को तैयार हो जाती हैं. वो ये नहीं समझतीं कि उनकी ज़िंदगी में आज नहीं तो कल वो वक्त आने ही वाला है जब उन्हें बच्चों को जन्म देने के लिए मुख्य मार्ग को छोड़ कर साइड लेन में आना ही पड़ेगा. उन्हें अपनी नौकरी के सारे फ़ायदे, पैसे, सुविधाएँ, मौके और ओहदे त्यागने ही पड़ेंगे! इस चुनौती का सामना तो उन्हें करना ही होगा, तो फिर उसके पहले मिले मौके का भरपूर फ़ायदा क्यों नहीं उठातीं? चूँकि श्वेता को अभी कोई लड़का मिला नहीं है तो काम छोड़ने या हाथ खींच लेने में अभी वक्त बाकी है... काफी साल बाकी हैं. पर उसने अभी से तय कर लिया है कि वो दौड़ से हट रही है. बच्चे होने के बाद उसके लाइफ़ और करिअर में जो बाधा आती, नुकसान होता वो तो कुछ ही साल चलता पर उसने अपने करिअर को, अभी से नुकसान पहुँचाना शुरू कर दिया है. अब हमें मजबूरन श्वेता के बजाय ये ऑफर उसके दूसरे मर्द कलीग को देना पड़ेगा जो हम जानते हैं इस मौके का बेसब्री से इंतज़ार कर रहा है और हमारे एक इशारे पर अपने परिवार समेत नए शहर में शिफ्ट हो जाएगा. अपने करिअर की प्रगति का ये मौका किसी हाल में नहीं छोड़ेगा. मुझे साफ दिख रहा है कि उस लड़के का करिअर एक लम्बी छलांग मारने जा रहा है. बेचारी श्वेता योग्यता के बावजूद जानबूझकर धीमी गति वाले मार्ग

को चुन रही है. इसलिए नहीं कि संगठन ने उसका रास्ता रोका बल्कि इसलिए कि वो खुद अपनी दुश्मन बन गयी.

जब कभी कोई ऐसा जबरदस्त प्रोजेक्ट सामने आता है जिसमें यात्रा करनी पड़े, या रातों को देर तक काम करना पड़े, या शनिवार—इतवार काम करने की ज़रूरत हो तो मैंने देखा है कि लड़कियों के कम और लड़कों के हाथ सबसे पहले उठ जाते हैं और वो तुरंत तैयार हो जाते हैं. लड़कियों को जैसे ही इस तरह के प्रोजेक्ट ऑफर किए जाते हैं मुझे उनके चेहरे पर नज़र आ जाता है कि उनके मन में क्या चल रहा है. 'इतना काम कैसे संभाल पाउँगी? दो हफ्तों तक रोज़ घर पर देर से पहुँचूंगी? बंटी का खाना कौन पकाएगा? अगले हफ़्ते भाभी दोनों बच्चों को लेकर हमारे यहाँ आ रही हैं... ज़्यादा अच्छा है मैं अभी मना कर दूँ.'

वो ये नहीं समझती कि हाथ में आए मौके को बार—बार छोड़ने, प्रोजेक्ट न लेने से, बार—बार मना करने से, वो अपने प्रमोशन पाने की दौड़ में भी पीछे छूटती जा रही हैं.

प्रमोशन न मिलने पर फिर लड़कियाँ कहेंगी कि संगठन ने लिंगभेद किया, उनसे अन्याय किया. कुछ शायद मान लेंगी कि ये उन्हीं के किए समझौते का नतीजा है, कई तो नाराज़ होकर नौकरी से इस्तीफा दे देंगी. बात तो वही हुई. सेब चाकू पर गिरे या चाकू सेब पर... अफ़सोस, नुकसान तो लड़कियों का ही होगा ना!

जैसे—जैसे हम कामयाबी की सीढ़ियां चढ़ते हैं तो हमारे सामने एक ही रास्ता बच जाता है कि जो मौका मिले उसे तुरंत स्वीकार कर लें. चाहे ट्रेनिंग हो, वर्कशॉप हों, या नए काम सीखने के नए मौके, स्पेशल प्रोजेक्ट्स हों, आगे बढ़ने के नए मार्ग हों. हमें सब ले लेने चाहिए. हमें अगर मौके हाथ से छोड़ने ही हैं तो हमें ये उन्हीं वर्षों में करना चाहिए जब हम बच्चे पैदा कर रहे हों या उनकी परवरिश में ज़्यादा समय चाहते हों या अशक्त, बीमार माता—पिता की देख भाल करने में व्यस्त हों. यानी जब हमें काम घटाना बिलकुल ही ज़रूरी लगे तभी करिअर में कटौती करें.

और किसी समय में 'ना' कहना यानी अपने पैर पर कुल्हाड़ी

मारना हुआ. ये आप बिलकुल नहीं कर सकतीं. जितने भी बार आप ना कहेंगी, समझ लीजिए, हर बार आप अपने करिअर को दो कदम पीछे ढकेल रही हैं. इतनी ज़्यादा बार ब्रेक लगाने से इंजन तो खराब होगा ही ना? खास तौर से जब आप जानती हैं कि औरत होने के नाते आपको लम्बा ब्रेक तो लेना ही पड़ेगा. जब बच्चे होंगे तब!

आज का कॉर्पोरेट मंत्र

* कामकाजी लड़कियाँ अक्सर कोई बड़ा काम इस वजह से नहीं लेतीं कि शायद उनकी शादी तय हो जाए...फिर बच्चे होंगे..तो उसकी तैयारी. इस चक्कर में, बच्चों के टाइम नौकरी छोड़ने वाला वक्त खिंच कर ज़्यादा साल का हो जाता है और उन्हें अपनी व्यावसायिक प्रगति में खां–म–खां लम्बा ब्रेक लेना पड़ता है.
* अच्छे संगठन औरतों से पक्षपात नहीं करते. इसलिए अगर आपने खुद अपने करिअर को धीमी गति मार्ग पर डालने का समझौता जानबूझ कर किया हो तो उसका दोषी संगठन नहीं, आप खुद होंगी.

और...

* स्पेशल प्रोजेक्ट आपको देने का मतलब है कि कंपनी आज़मा रही हैं कि आप अगले प्रमोशन के योग्य हैं या नहीं—कभी मना मत कीजिएगा.

24

आपके अधीनस्थ मर्दों की दिमागी वायरिंग अलग है, बेचारे!

अपने जूनियर मर्दों को कैसे हैन्डिल करें

अगर आप कामयाबी की सीढ़ियां चढ़कर यहाँ तक पहुँच चुकी हैं तो ये मानना गलत नहीं होगा कि आपने अलग-अलग समय पर एक टीम का नेतृत्व ज़रूर किया होगा, शायद डिपार्टमेंट्स और पूरे संगठन का संचालन और नियन्त्रण भी किया होगा. तो फिर ये भी माना जा सकता है कि आपकी टीम का ज़्यादा बड़ा हिस्सा मर्द प्राणियों का रहा होगा.

तो आप अपने नीचे काम करने वाले मर्दों को कैसे हैन्डिल करती हैं? अपनी अधीन औरतें की ही तरह? या उनसे बेहतर व्यवहार करती हैं? या बदतर? या फिर आप उन लोगों में से हैं जिन्हें अपने नीचे काम करने वाले व्यक्तियों के लिंग से कोई लेना-देना नहीं है. या आपको दोनों लिंगों में कोई फ़र्क नहीं नज़र आता? क्या आपके लिए अपने नीचे काम करने वाले लोग सिर्फ़ काम करने वाली मशीनों के बराबर हैं?

तो फिर आइए मैं आपको एक राज़ की बात बताऊँ. सहकर्मी औरत हो, तो उसके साथ कैसा व्यवहार करना चाहिए, इस पर ढेरों

पन्ने लिखे जा चुके हैं क्योंकि अभी तक ज़्यादातर बॉस, मर्द ही थे और उन्हें औरतों की सोच की कोई समझ नहीं थी. पर अब वक्त आ चुका है कि बताया जाए कि अपने नीचे काम करने वाले मर्दों से काम कैसे लेना चाहिए और उन्हें कैसे समझा जा सकता है.

अब मिसाल के लिए अगर मुझे टीम की किसी लड़की से काम करवाना हो तो मुझे बस उसके पास जा कर सीधे कहना होगा, 'मालिनी मैं ये सोच रही थी कि अगर तुम क्लाइंट के पास सीधे एफ.सी.टी ऑफर ले जाने के बजाय उन्हें कई चीजों वाला पैकेज ऑफर करो, जिसमें एफ.सी.टी. और कुछ ऑन ग्राउंड एक्टिविटीज़ हों, तो कैसा रहेगा?' एफ.सी.टी. यानी (फिक्स्ड कमर्शियल टाइम) वो टाइम है जो सभी रेडियो स्टेशन्स और टी.वी. चैनल अपने क्लाइंट्स को विज्ञापन प्रसारित करने के लिए बेचते हैं, जिससे वो अपनी कमाई करते हैं और अपने परिवारों का पालन करते हैं.

चूँकि सुझाव अक्लमंदी का है तो मालिनी तुरंत हाँ कर के उस क्लाइंट के लिए एक बढ़िया पैकेज तैयार करना शुरू कर देती है.

पर अगर मुझे यही बात अपने नीचे काम करने वाले लड़के से करनी हो तो इतना सीधा ढंग नहीं अपनाया जा सकता. वाकई अगर मैंने ऐसा सुझाव दिया तो वो सबसे पहले आपत्तियाँ बतायेगा, या कोई बड़ा बुद्धिमान लगने वाला कारण बतायेगा कि क्यों ऑन ग्राउंड कार्यक्रम को एफ.सी.टी. पैकेज में डालना संभव नहीं हो सकता, और हम घंटों इसी बहस में लगे रहेंगे जब तक कि हमारा दिमाग सुन्न न हो जाए. सिर्फ इसलिए क्योंकि मर्द, ये जताना बहुत आवश्यक समझते हैं कि वो सारा नियन्त्रण खुद करने की स्थिति में हैं और अगर वो लेडी बॉस का सुझाव स्वीकार कर लें तो ये लगेगा कि उसने अपने हाथ से नियन्त्रण खो दिया है.

तो आप समझ गयीं ना कि मुझे उसको कुछ अलग ढंग से हैन्डिल करना होगा.

'हे अमित! कामकाज कैसा चल रहा है?' मैं अमित को ऑफिस के गलियारों में घेर कर वहीं अपनी बात मनवाने की चालाक प्रक्रिया शुरू कर देती हूँ.

'नारी, मर्द बनना नहीं ज़रूरी!' 151

और फिर अमित शुरू हो जाता है, लम्बी कहानी सुनाने लगता है कि कैसे उसका क्लाइंट उसे बहुत ज़्यादा तंग कर रहा है. उसे बड़ी बहादुरी और टेकनीक से उन्हें संभाल रखा है.

मैं प्रशंसनीय अंदाज़ में सर हिलाती हूँ और बड़ी चालाकी से अपने मन की बात बीच में सरका देती हूँ. 'अरे हाँ, अच्छा याद आया, तुम्हारे दिमाग में कोई आइडिया है जिससे हम क्लाइंट से ज़्यादा बड़ी रकम खर्च करवा सकते हैं? मेरी कुछ समझ में नहीं आ रहा है हमें क्या करना चाहिए? पैकेज कैसा रहेगा? सुना है उन्हें ऑन ग्राउंड एक्टिविटीज़ में दिलचस्पी है?'

बस बात कान में डाल कर मैं वहां से खिसक लेती हूँ, वर्ना वो आपत्तियों का सिलसिला शुरू कर देगा (पहले बताया था ना?) मेरा काम है सिर्फ बीज बो देना और आगे निकल लेना. कभी–कभी बीज से पौधा निकलने में कुछ दिन लग जाते हैं और अगर बन्दा होशियार हो तो 2–4 घंटों में ही काम हो जाता है.

तो जैसा कहा था अगले दिन अमित उत्साह से उछलते हुए मेरे कमरे में आता है. 'बॉस मैंने हल खोज निकाला! मेरे पास क्लाइंट से ज़्यादा रकम खर्च करवाने का एक बढ़िया आइडिया है! हम क्लाइंट को एक पैकेज दें जिसमें एक स्पॉट के अलावा ऑन ग्राउन्ड कार्यक्रम भी शामिल हों? मुझे भरोसा है कि मैं उन्हें मना लूंगा.' वो बड़े जोश से बोलता जा रहा है, अपने आप से पूरा संतुष्ट हो कर जैसे कोई छोटा–सा पिल्ला अपने मालिक के सामने एक बड़ी मज़ेदार हड्डी चूसने को डाल रहा हो. वो मेरी तरफ बड़ी आशा से देखता है. मेरी तारीफ़ सुनने को बेकरार है.

'अरे वाह! क्या हट के सोचा है अमित तुमने! बहुत बढ़िया! टू गुड!! चलो हमें ये आइडिया तुरंत काम में लाना चाहिए!' मैंने झट से तारीफ़ कर डाली क्योंकि अब मैं मर्दों को हैन्डिल करने में माहिर हो चुकी हूँ.

अमित खुशी से दुम हिलाता मेरे कमरे से भाग जाता है और अब मुझे पता है कि मेरा काम पक्के तौर पर हो जाएगा!

तो आपका क्या ख़्याल है? काम चाहे जिस तरीके से हुआ हो

हो तो गया ना! तो ये तरीका भी जायज़ है ना. वरना मुझे घंटों झाँय–झाँय करनी पड़ती, उसे मनवाने के लिए. क्योंकि अमित ज़रूर बहस करता ये सिद्ध करने के लिए कि वो सही है और मैं गलत!

मैंने मर्दों के अहंकार के बारे में जो एक बात सालों पहले समझ ली थी वो ये है कि मर्दों को इससे मतलब नहीं है कि किस काम का नतीजा सही मिला है बल्कि उन्हें सिर्फ यही फिक्र है कि वो हमेशा सही सिद्ध होने चाहिए और बाकी लोग गलत! जब बात उनके हिस्से की जागीर की हो रही हो तो सबको यही नज़र आना चाहिए कि वो हर बात में सही हैं और उनके मामलों में उनसे बेहतर और कोई नहीं जान सकता.

तो आपके अधीन मर्दों की हैंडलिंग का सबसे अहम सबक ये है कि उन्हें हमेशा ये विश्वास दिलाती रहिए कि वो जो भी कर रहे हैं वो सारे उन्हीं के दिमाग के आइडियाज़ हैं. स्ट्रेटेजी उन्हीं की है, काम का तरीका भी उन्हीं का है, बस! हालाँकि अधीन अगर औरत हो तो आप उसे सामने से सीधे निर्देश दे सकती हैं पर मर्दों को आपको बड़े नाज़ुक ढंग से, सिर्फ सुझाव देने होंगे, निर्देश नहीं (सुझाव जितना घुमा कर दिया जाए, जितना सूक्ष्म हो, उतना बेहतर होगा). मुझे तो बड़ी खुशी होती अगर मैं अपने जूनियर मर्दों को अगले दिन के काम उनकी नींद में या सपनों में घुस कर समझा सकती. मुझे पूरा भरोसा है वो जागते ही, जैसा मैं चाहती हूँ, वो सारे काम करने में लग जाते और इसी भ्रम में रहते कि सारे काम उन्होंने खुद अपने दिमाग से सोचे हैं. तो मुझे उनसे सारे अपेक्षित काम करवाने में घूमा–फिरा कर बोलने की ज़रूरत ही न पड़ती.

'करन हमारे रेडियो स्टेशन की कामयाबी, दो ज़रूरी बातों पर निर्भर है. एक, हमारा म्यूज़िक और दूसरा हमारे आर.जे. जो बोलते हैं उसकी प्रासंगिकता.'

नए प्रोग्रामिंग हेड को मैं काफ़ी वक्त लगाकर यही समझा रही थी कि हमारे रेडियो स्टेशन की कामयाबी में कौन–सी बातें अहम हैं. चूंकि वो टेलीविजन व्यवसाय से आया है, ये काम उसके लिए नया था. उसने जोर–जोर से सर हिला दिया और मैं समझ रही थी

मेरी कोई बात उसके पल्ले नहीं पड़ रही है पर चूँकि वो उसका पहला दिन था, वो समझने का ढ़ोंग कर रहा है. अगले कई महीनों तक मैं उसे यही बात कई अलग–अलग तरीकों से बताती रही. मैंने उसमें हमारे यहाँ बजाए गए गानों पर शोध करने को कहा और ये भी कहा कि सभी आर. जे. से कहे कि वो रोज़ अखबार जरूर पढ़ें ताकि वो जो भी बातें करें वो लेटेस्ट खबरों से जुड़ी हों.

पर करन की सोच किसी अलग ही रास्ते पर चल रही थी और वो म्यूज़िक से ज़्यादा पूर्व–निर्मित शो बनाने में ध्यान लगाने लगा. आर.जे. की बातचीत का स्त्रोत्र अखबार न हो कर फ़ेसबुक हो गया था. (जिसे आर.जे., काफी नापसंद करते थे) और उनकी बातें काफी बेहूदा लगने लगी थीं.

मैं सचमुच मानती हूँ कि लोगों को अपनी गलतियों से सीखने का मौका देना चाहिए, इस लिए मैं करन के तरीकों में टांग अड़ाने के बिलकुल पक्ष में नहीं थी. करन वैसे बाकी सारे काम अच्छी तरह कर रहा था, टीम को बढ़िया ढंग से चला रहा था, प्रसारण का मटेरियल भी बढ़िया तैयार कर रहा था. पर उस दिन मेरा धैर्य टूटने की कगार पर आ गया जब उसने मेरे कमरे में आ कर घोषणा की 'बॉस कल रात मेरे दिमाग में एक चमत्कारी ख़याल आया है! आपके पास वक्त हो तो मैं आपको सुनाना चाहता हूँ.'

वो निर्धारित समय पर मेरे केबिन में एक अच्छे–खासे पॉवर पॉइंट प्रेजेंटेशन के साथ आया और उसने बड़े धाँसू अंदाज़ में अपना लैपटॉप ऑन किया. पहली ही स्लाइड बड़े चमकीले रंगों में सजी थी और सुर्खियों में लिखा था 'रेडियो स्टेशन उतना ही बढ़िया होगा जितना बढ़िया उसका म्यूज़िक हो!'

मैं दंग रह गयी. मैंने उसकी तरफ आश्चर्य से देखा और मेरे मुँह से शब्द गायब थे! उसे लगा कि उसकी बात का मुझ पर ये असर पड़ा है (मेरी चुप्पी को गलत समझ बैठा) और वो ज़्यादा उत्तेजित हो कर आगे बढ़ता ही गया.

'बॉस, क्या आप जानती हैं कि हमारे प्रसारित कार्यक्रमों की 90% सामग्री हमारा म्यूज़िक है? और संसार के सबसे कामयाब रेडियो स्टेशन

वही हैं जो प्रसार किए जाने वाले हर म्यूज़िक पीस पर पहले अच्छी तरह शोध कर चुके होते हैं?'

मैं दाँतों से अपनी जीभ काट रही हूँ ताकि अपने आपको उससे ये प्रश्न पूछने से रोक सकूँ कि आखिर वो मेरी ही बातें मुझसे क्यों दोहरा रहा है?

चूंकि उसे ज़रा भी भनक नहीं है कि मेरा दिमाग अंदर से उसे किस बेदर्दी से झाड़ रहा है, वो आगे बोला, 'इन सारी बातों की रौशनी में सारा मामला पूरी तरह बदल जाता है. मुझे पता नहीं हम अभी तक इतने पूर्वनिर्मित कार्यक्रमों पर अपना इतना ज़्यादा वक्त क्यों ज़ाया कर रहे हैं? आप मेरी मानें तो हमें तुरंत अपने गानों की सूची को दोबारा देखना चाहिए, बदलना चाहिए और प्लीज़ मुझे रोज़ अखबार मंगवाने की इज़ाज़त दीजिए ताकि मैं सारे आर.जे. को रोज़ अख़बार पढ़ने का सख़्त निर्देश दे दूँ. उसने अपने लैपटॉप को बड़े फुर्तीले अंदाज़ में बंद किया.

मैंने इस विडम्बना पर गौर कर के सर हिला दिया और वो एक विजेता की तरह कमरे से निकल गया, ये मान कर कि आखिर मैं उसके सशक्त सुझावों को समझ गयी हूँ. मैं मन में कल्पना कर रही थी कि कमरे से बाहर निकलते ही वो अपने जूनियर्स से अपने धाँसू प्रेज़ेंटेशन की बड़ी बड़ी डींगें हांक रहा होगा और उन्हें बता रहा होगा कि इसका मुझ पर कितना दमदार असर हुआ है.

मन तो कर रहा कि उसे वापस कमरे में बुला कर उससे चिल्ला कर कहूँ, 'पिछले तीन महीनों से मैं तुम्हें यही तो बताती आ रही हूँ! और तुम्हारी ये मजाल कि तुम मुझी को ये बता रहे हो कि ये सारी बातें तुम्हारे दिमाग की उपज हैं, कि रेडियो स्टेशन में म्यूजिक अहम होता है? और तो और ये जता रहे हो कि ये सारी बातें तुम्हारे कुशाग्र दिमाग ने सोची हैं... किसी ज्ञानोदय का नतीजा हैं?'

पर मैं एक चतुर बॉस हूँ (वाकई!) और मैं ये मानती हूँ कि लोग अगर किसी आईडिया को अपना समझते हैं तो वो उस पर ज़्यादा मन से काम करते हैं. तो मैंने सोचा करन को अभी इस खुशफ़हमी में रहने दिया जाए. काम अच्छा होने से संगठन का भला होगा... क्या

फ़र्क पड़ता है कि आइडिया किसके दिमाग से निकला?

हम महिला बॉसेस को चाहिए कि जो गलतियाँ मर्द करते आए हैं उन्हें न दोहराएँ–वो कभी भी अपने अधीन महिला कर्मचारियों की सोच, या उनका दिमाग कैसे चलता है, ये नहीं समझ पाए. तो अगर बॉस बनने में भी हम मर्दों को पीछे छोड़ कर उनसे बढ़िया बॉस बनना चाहते हैं तो हमें चाहिए कि हम औरतें और मर्द दोनों कर्मचारियों को हैन्डिल करने में निपुण बन जाएँ.

आज का कॉर्पोरेट मंत्र

- आपके अधीनस्थ मर्द और औरतों से काम करवाने के तरीके अलग–अलग हैं क्योंकि उन्हें चलाने के बटन अलग–अलग हैं.
- लड़कियों को सीधे निर्देश देना संभव है क्योंकि वो उसे अहंकार का मुद्दा नहीं बनातीं पर मर्दों को हैन्डिल करना ज़रा टेढ़ी खीर है. उन्हें नाज़ुक ढंग से हैन्डिल कीजिए और उन्हें इसी भ्रम में रहने दीजिए कि वो अपने कामकाज और भाग्य का सम्पूर्ण नियन्त्रण करने योग्य हैं.

और...

- अगर काम सही हो रहा है तो इससे कोई फ़र्क नहीं पड़ता कि आइडिया का श्रेय किसे मिलता है. आप किसी से भी स्पर्धा नहीं कर रही हैं–खास तौर से अपने जूनियर्स से तो बिलकुल ही नहीं–तो उन्हें सोच लेने दीजिए कि सारी प्लानिंग और सोच उन्हीं के दिमागों की उपज है–इससे वो काम और अच्छी तरह करेंगे, अपना समझ कर करेंगे.

25
यथास्थिति को बदलिए, अकेलेदम
सेक्सी, स्मार्ट और कुंवारी

जब हम कामयाबी के विषय पर चर्चा कर रहे हैं तो ये कहना कि आज औरतों ने वाकई जग जीत लिया है गलत नहीं होगा और इसका सबसे बड़ा सबूत हमारे चारों तरफ फैला हुआ है–व्यवसाय में हज़ारों, कामयाब कुंवारी लड़कियों के रूप में.

हालांकि कुंवारी लड़कियों को लोग अजीबोगरीब नाम देते हैं, उनके बारे में जाने क्या–क्या कहते हैं (उनका सबसे नया नाम है 'शेंग–नूं' जिसका चाइनीज़ भाषा में मतलब है 'बची–खुची' औरत, यानी ये मानते हैं कि कोई भी औरत सत्ताईस साल से ऊपर उम्र की हो तो समझिए उसका टाइम बीत चुका है, उसे कोई नहीं चुनेगा), पर इन सब बातों से कुंवारी लड़कियों को कोई फ़र्क नहीं पड़ता, वो अपनी ज़िंदगी की बागडोर अपने हाथों में ले कर, अपनी शर्तों पर, मनमाने ढंग से जी रही हैं. जब चाहें तो अपने बैग्स उठा कर नए शहरों में, बेहतर नौकरियाँ खोजने के लिए शिफ्ट हो रही हैं. बिना चिंता किये कि घर और गैस कनेक्शन और बावर्ची कहाँ से मिलेगा. छुट्टी मनाने का मन करे तो लेटेस्ट पर्यटन स्थल में फटाक से, सिर्फ अपना कैमरा लेकर पहुंच जाती हैं, बिना किसी असली या काल्पनिक परेशानियों की चिंता किए जो शायद उन्हें लड़की होने के नाते झेलनी पड़ जायें.

'नारी, मर्द बनना नहीं ज़रूरी!' 157

वो अपने सारे निर्णय, खुद ही लेती हैं चाहे वो करिअर का हो या गाड़ी खरीदने का हो, या अपनी कमाई का इन्वेस्टमेंट (आर्थिक निवेश) करना का हो. न उसे बल्ब बदलने में किसी की ज़रूरत पड़ती है न ढाई बजे रात में एयरपोर्ट पहुँचने में!

हमारे जैसे देश में, कुंवारेपन की राहें बड़ी कठिन और तंग हो सकती हैं जिस पर चलना आसान नहीं है. मसलन, लड़की कुंवारी देखी तो मकान मालिक की नीयत ऐसी हो जाती है कि उससे किराये के बारे में चर्चा करने के लिए मकान मालिक को सिर्फ रात ही में समय मिल पाता है. उतनी ही खीझ होती है जब पुलिस वाला आपकी गाड़ी रोक कर पूछता है कि आप इतनी देर रात अकेले कहाँ ड्राइव कर के जा रही हैं? शादी में जाएँ चाहें ट्रेन की सीट पर बैठें, कोई न कोई उत्सुक आंटी आपसे ज़रूर पूछती है कि आपने अब तक शादी क्यों नहीं की और क्या आप को चिंता नहीं है कि आपकी 'बायोलॉजिकल क्लॉक' लगातार 'टिक' कर रही है. (बच्चे होने का वक्त बीतता जा रहा है). पर आज मैं अपने देश में जहाँ भी देखती हूँ, कुंवारी लड़कियाँ अपने दम पर, निडरता से अपने सपने पूरे करने में लगी हुई हैं.

'अरे निम्मी, बेटे, कल मैंने तुझे सगाई पर नहीं देखा? कैसी है तू?' पम्मी आंटी डगमगाती हुई आती है मेरी कज़िन, निर्मला से, बड़े मीठे-मीठे स्वर में पूछती हैं.

निर्मला मेरे बगल में मुँह फुलाए ज़बरदस्ती खड़ी है क्योंकि वो बिलकुल नहीं चाहती थी पर मैं उसे ज़बरदस्ती घसीट कर हम दोनों की एक तीसरी कज़िन की शादी में लायी हूँ. मैं जानती हूँ कि उसने काम का बहाना बना कर कल सगाई में आने से मना कर दिया था. पर मैं ये भी जानती हूँ कि उसने कई सालों से परिवार की हर शादी में आना बंद कर दिया है क्योंकि जिसे देखो वो हर बार यही जानना चाहता है कि उसकी शादी कब होगी! पर इस बार शादी में मैंने उसकी एक नहीं सुनी और उसे उसके घर से जबरन घसीट कर यहाँ ले आयी-इसीलिए उसका चेहरा गुस्से से लाल-पीला हो रहा है.

'मैं बिलकुल ठीक हूँ आंटी, आप कैसी हैं?' निम्मी चेहरे पर नकली

मुस्कान ला कर आंटी को जवाब देती है. 'मैं बिलकुल ठीक हूँ बेटे, दूसरी बार नानी बन गयी हूँ! तुम लड़कियों को तो खबर मिली होगी ना! पिछले महीने शिल्पा की दूसरी बेटी पैदा हुई है!' पम्मी आंटी बड़े गर्व से मुस्कुराती हैं. 'हाँ हाँ हमें पता है. मुबारक हो आंटी' हम दोनों साथ–साथ बोल उठते हैं.

'और निम्मी तेरा क्या इरादा है भई? अभी तक कुंवारी है? कोई अच्छा–सा लड़का चुन कर अब तो घर बसा ले! अच्छा नहीं है, इस तरह अकेले पड़ा रहना. शिल्पा और तू तो साथ के हो न. देख वो कहाँ पहुँच गयी... दो प्यारे बच्चे और अपना प्यारा–सा परिवार.' आव देखा ना ताव पम्मी आंटी तो सीधे राशन–पानी लेकर बेचारी निम्मी पर चढ़ बैठी.

'और प्यारे–से खूबसूरत परिवार के साथ–साथ ३६ इंच की कमर भी तो हो गयी है शिल्पा की,' मैं धीरे–से बुदबुदाती हूँ पर ज़ोर से मैं आंटी से कहती हूँ 'अरे आंटी इसे वक्त कहाँ है शादी करने का? आपको खुशखबरी नहीं मिली? निम्मी को इसी साल अपनी कंपनी का वाइस प्रेसिडेंट बना दिया गया है... हर वक्त इतनी बिज़ी रहती है. जब देखो लन्दन, पेरिस, न्यूयॉर्क...' मैं पूरी वफ़ादारी से अपनी सबसे प्रिय कज़िन का बचाव करती हूँ और वो बगल में खड़ी गुस्से से तप रही है.

'हम्म... अच्छा तो क्या उससे इसका बुढ़ापा कट जाएगा? ये नौकरी बुढ़ापे में उसकी देखभाल करेगी क्या? न बच्चे, न पति, सहारा कौन देगा? पम्मी आंटी मुँह बनाकर नाराज़गी जताती हैं. 'मैं तो कह रही थी...'

शुक्र है उसी वक्त उनकी प्यारी नातिन चिल्ला कर दौड़ती हुई उनकी तरफ आती है 'नानी' और वो उसकी तरफ चली जाती हैं.

निम्मी तुरंत मुझे गुस्से से एक कोने में ढकेलती है. 'मैंने कहा था मुझसे यहाँ आने कि जिद्द मत करो! देखा? अब ये दूसरी बूढ़ी आंटियां मेरे पीछे पड़ जाएंगी!'

'अरे रिलैक्स कर निम्मी, उनकी तरफ ध्यान ही मत देना! चल वहाँ चल के गोलगप्पे खाते हैं. चाट काउंटर पर चलते हैं. मुझे पता

है तुझे गोलगप्पे बड़े पसंद है' मैं उसे खींच कर चाट काउंटर पर लाती हूँ और हम आधे घंटे तक अलग–अलग तरह की चाट का मज़ा लेते हैं. पंजू शादी में चाट तो हर हाल में होती है. और कितने टाइप की होती है?

'ओय निम्मी, निम्मी' पीछे से किसी के चीखने की आवाज़ सुनाई पड़ती है.

'ओफ्फो... ये कहाँ से आ गयीं!' हम दोनों एक साथ कराहते हैं.

पीछे से चली आ रही हैं डॉली आंटी. हमारे पूरे खानदान की 'शादी डॉट कॉम' और अव्वल दर्ज़े की 'एगनी आंट' जो सबके दुखड़े सुनकर सबके प्रॉब्लम सुलझाती हैं. कई सालों से बिचारी निम्मी की शादी लगाने की कोशिश कर रही हैं और अब, अविवाहित निम्मी में, उनको अपनी नाकामयाबी नज़र आने लगी है. सभी से कहती हैं कि निम्मी की शादी लगाए बगैर वो चैन से मर नहीं सकेंगी. उन्होंने निम्मी के मम्मी–पापा से वादा जो किया है... दरअसल सबसे पहली शादी जो डॉली आंटी ने लगवाई थी वो निम्मी के मम्मी–पापा की ही थी.

'अरे मुझे तो पता ही नहीं था बेटे कि तू यहाँ आई है वर्ना मैं पहले ही तुझसे मिल लेती' निम्मी को देख डॉली आंटी खुश होती है. 'मैं कल से तुझे फोन लगाने की सोच रही हूँ! मैंने तेरे लिए एक बड़ा अच्छा लड़का ढूंढ लिया है, निम्मी रानी! बैंक में मैनेजर है पर किसी विलायती बैंक में नहीं, बल्कि हमारे अपने, पंजाब बैंक में है और पता है बड़ी ऊंची पोस्ट पर है बैंक में! सुना है अँधेरी की पूरी ब्रांच का बॉस है. सभी उसके हाथ के नीचे हैं. अभी हाल ही में लुधियाना से मुंबई शिफ्ट हुआ है. बिचारा बिलकुल अकेला रहता है. उसकी माँ का फोन आया था, चाहती हैं कि मैं तुरंत कोई लड़की बताऊं. बिचारी आँखों में आंसू भर के कह रही थीं, "डॉली, मैं अपना बच्चा तेरे हाथों विच दे रही हूँ, जल्दी से लड़की बता दे, बिचारा कब तक अकेले रहेगा? उसका खाना कौन पकाएगा?"

निम्मी और मैं ज़ोर से हँस पड़े. निम्मी, और किसी के लिए खाना पकाएगी? निम्मी तो 'मास्टर–शेफ' है जो एक ही डिश बनाना जानती

है... अंडा भुर्जी! (कई अलग अलग तरीकों से बनाती है... प्याज़ के बगैर और प्याज़ के साथ, टबॅस्को सॉस के साथ, जले हुए टोस्ट के बगैर, वगैरह वगैरह) हाँ हाँ हाँ! ज़रूर, ज़रूर पकाएगी खाना!!!

डॉली आंटी को कुछ झेंप हो रही है, 'मेरी समझ में नहीं आ रहा है कि इसमें इतना हँसने की कौन–सी बात है? अच्छा जल्दी बताओ, तुम दोनों की मुलाकात कब करवाऊं?'

'पर क्या आपने लड़के की माँ से पूछ लिया है कि उन्हें एसी बहू मंज़ूर होगी, जिसे खाना पकाना बिलकुल नहीं आता और जो कभी कभी सिगरेट और शराब भी पीती है?' मैं आंटी की खिंचाई करती हूँ. 'और इन दोनों की तनख्वाह में जो फ़र्क होगा उसका क्या? दोनों में काफी सारे शून्यों का फ़र्क होगा आंटी! क्या एक पंजाबी मर्द बर्दाश्त कर पाएगा कि उसकी बीवी उससे कहीं ज़्यादा कमाती है?

'हाँ फिर तो हो चुका निम्मी का ब्याह! अब निम्मी से ज़्यादा कमाने वाला लड़का तो मिलने से रहा. उन सबों की शादियाँ तो सालों पहले हो चुकी हैं' आंटी हमारी तरफ बड़ी सख्त निगाहों से घूरती हैं. 'और इसने अपनी 'बॉडी' में चलने वाली 'क्लॉक' का सोचा है? क्या कहते हैं उसे 'बायोलोजिकल–शायोलोजिकल क्लॉक, पता नहीं क्या? अब कुछ सालों में ये बच्चे भी नहीं पैदा कर पाएगी. तब क्या? बता? बता न क्या करेगी?'

अब निम्मी की बर्दाश्त की हद पार हो चुकी है. 'आंटी आप प्लीज़ फिक्र न करें! मैंने न अपने एग्स (अंडे) फ्रीज़ करा दिए हैं. आमिर खान से बात भी कर ली है. जैसे ही उसकी अगली फिल्म पूरी हो जाएगी वो अपने स्पर्म्स (बीज) डोनेट कर देगा. ज़रा सोचिये... आप आमिर के बच्चे की नानी बनेंगी!!!

निम्मी उन्हें एक प्यारी–सी मुस्कान दे कर अपनी नाक हवा में ऊंची रखे हुए वहाँ से दफ़ा हो जाती है.

डॉली आंटी की शक्ल लाल, पीली, नीली और बैंजनी हो गयी हैं. 'तुम लड़कियाँ न जाने क्या बकती रहती हो!' गुस्से से उबलती वो हमारी उलटी दिशा में चली जाती हैं.

बदकिस्मती से आज भी कई एशियन देशों में और खास कर

हमारे देश में भी कुंवारा रहना एक सामाजिक कलंक माना जाता है. शादी न करने से कुंवारी लड़की को न सिर्फ़ समाज नीची नज़रों से देखता है पर उसके अपने दोस्त और परिवार-जन भी, उस पर बहुत ज़्यादा दबाव डालते हैं. उसे ना जाने क्या-क्या झेलना पड़ता है. माँ-बाप के परेशान चेहरों को देख कर अपराध बोध, दोस्तों की फिक्र और रिश्तेदारों के कटाक्ष का दुःख और साथ-साथ अक्सर शनिवार की रात उसे भयंकर अकेलापन सहना पड़ता है, जब उसके बाकी दोस्त अपने परिवार और बच्चों के संग वक्त बिता रहे होते हैं... वाकई कुंवारापन झेलना आसन नहीं है.

ये सब कुछ सहन करने के बावजूद, जब वो बड़ी हिम्मत से ज़िंदगी से आँखें मिलाकर अपना जीवन अपने ढंग से जीने का हक माँगती है तो वाकई उसकी हिम्मत की दाद देने को जी करता है और बड़ी बहादुरी से जब वो समाज की ओर मुँह बिचका कर, उससे साफ कहती है कि वो कोई समझौता नहीं करेगी और जो अपने लिए सही है वही करेगी, तब भी उसके पक्के इरादे सराहनीय लगते हैं. उसे सलाम ठोंकने का मन करता है.

आज की कुंवारी लड़कियाँ सबसे बड़ा प्रतीक हैं इस बात का कि आज औरतें वाकई अपने जीवन और भविष्य पर नियन्त्रण पा लेने में कामयाब हो गयी हैं! वो अपनी किस्मत की मलिका बन चुकी हैं. ईश्वर करे उनका झंडा आसमां में और ऊँचा हो और सदा फहराता रहे.

आज का कॉर्पोरेट मंत्र।

* अगर आप कहीं बहादुरी से अपनी चुनी हुई ज़िंदगी अपने ढंग से जी रही हैं और अगर कभी भी आपको अकेलापन, अफसोस, खीझ या कुंठा महसूस हो तो याद रखियेगा हम सब यहाँ आपके साथ मौजूद हैं, आपके साथ कंधे से कंधा मिला कर खड़े रहने को तैयार हैं. हम आपको बढ़ावा देने, प्रोत्साहन देने के लिए खड़े हैं. आप काबिल-ए-तारीफ़ हैं!

और...

- शादी-शुदा लोग अक्सर आपको विश्वास दिलाने की कोशिश करेंगे कि उनकी पत्तल का भात बेहतर है, उस पार ज़्यादा सुख है. पर सच मानिए, उन्हें आपकी आज़ादी से ईर्ष्या है. कभी अपने आप को अकेला मत समझिए. आप जैसी, कई और औरतें हैं जो अपने दिल के अंदर एक अलग संगीत सुन रही हैं, जो कोई और नहीं सुन पाता, उस ताल से ताल मिला रही हैं. आप मौज कीजिए!

26

ईंट और पत्थर मेरी हड्डियाँ नहीं तोड़ सकते
पाषाण युग के मर्द

एक रोज़ मैं दिल्ली के खचाखच भरे एयरपोर्ट लाउन्ज में, बीस साल बाद अपने एक 'बैच-मेट' से टकरा गयी. मेरे साथ इंडियन इंस्टिट्यूट ऑफ मैनेजमेंट में पढ़ने वाले, स्वयं को ज़रूरत से ज़्यादा महत्व देने वाले लड़कों के झुण्ड में ये सबसे बड़ा जंगली जानवर था.

'हैलो हाय' के बाद उसने खुद ही अपनी बात छेड़ दी और बताया कि वो हिस्सर में एक ट्रेक्टर कंपनी का सेल्स हेड है. (कॉलेज के दिनों से ही इसे अपने गुण गाने की आदत थी) और हमारी बातचीत कुछ इस प्रकार हुई.

वो: पता है मैं कई सालों से तुम्हारे करिअर को फॉलो कर रहा हूँ.

मैं: नम्र मुस्कान चेहरे पर जमाये हुए.

वो: मुझे पता चला कि तुमने 'ज़ूम टीवी' शुरू किया और अब तुम रेडियो सिटी की सी.ई.ओ. हो! देखा, मुझे तम्हारी पूरी ख़बर है. (बच्चों को बढ़ावा देने वाली मुस्कान के साथ).

मैं: नम्र मुस्कान चेहरे पर बर्फ़ जमा रही है (मैं समझ नहीं पा रही हूँ कि क्या प्रतिक्रिया दूँ. ये बातचीत जा कहाँ रही है?)

वो: तो अपूर्व ये बताओ कि तुम 'फुल-टाइम' काम करती हो या पार्ट टाइम?

मेरी आँखें फटी रह गयीं और साँस में हिचकी आ गयी! (आप देख ही रहे होंगे कि मैं बात–बात में ये प्रतिक्रिया देती हूँ, खासकर ऐसे अजीबो–गरीब मर्दों से मिलकर) पता नहीं था कि मैं सुन कर हँसूं? रो दूँ या इसे एक ज़ोरदार तमाचा जड़ दूँ! क्या आप ने कभी किसी सी.ई.ओ. को पार्ट टाइम काम करते देखा या सुना है? या किसी सेल्स या मार्केटिंग हेड को पार्ट टाइम काम करते देखा है? क्या ये कभी संभव हो सकता है? वो बेवकूफ क्या सोचता है कि मैं इतना बड़ा संगठन कैसे चला रही हूँ? अपनी किटी पार्टी से? रिमोट पर? या सिर्फ सोम, बुध, बृहस्पति को, जिन दिनों मेरे योगा क्लास की छुट्टी होती है?

मैं अनायास ही बीस साल पहले के अपने कॉलेज कैंपस में पहुंच जाती हूँ, जो शायद दुनिया की इकलौती जगह थी जहाँ मुझे किसी प्रकार का लिंग–भेद झेलना पड़ा था. एक सौ बीस विद्यार्थियों के बैच में हम कुल दस लड़कियाँ थी और मुझे याद है हम लड़कियों को हमेशा लगता था जैसे हम माइक्रोस्कोप के नीचे पड़े कीड़े हों, जिन पर सबकी आरोपी नज़र गड़ी हुई है. उस भयंकर प्रतिस्पर्धा के माहौल में हम लड़कियों को हमेशा से ये जताया जाता था कि हम बाकी विद्यार्थियों के मुकाबले काफ़ी कमतर हैं.

खुशकिस्मती से मुझे पिछले बीस साल नौकरी करते हुए कभी भी ऐसे भेद–भाव का सामना नही करना पड़ा. हो सकता है कि ये इस वजह से हो कि मैंने जिस इंडस्ट्री में काम किया है वहां ज़्यादा से ज़्यादा औरतें कार्यरत हैं या ये भी हो सकता है कि मेरी किस्मत अच्छी रही हो कि मुझे बहुत ही बढ़िया लोगों के संग काम करने का सौभाग्य प्राप्त हुआ. ये भी हो सकता है कि मेरे व्यक्तित्व की वजह से मैंने लोगों को कभी कोई गलत इशारे नहीं किए हों, उन्हें मन में कोई गलत ख्याल लाने का प्रोत्साहन नहीं दिया हो जो कहता हो, 'आइये आइये हम एक–दूसरे से कुछ सेक्सी खेल खेलते हैं.'

जैसे हम कामयाबी की सीढ़ी पर और ऊँचा चढ़ते जायेंगे हमें कई मौकों पर, मेरे हिस्सर के कलीग, 'पाषाण युग पुरुष' जैसे लोगों को झेलना पड़ेगा. जो देश के सर्वोत्तम मैनेजमेंट इंस्टिट्यूट से ग्रेजुएशन

करने के बावज़ूद समझते हैं कि औरतें अपने हल्के–फुल्के मनोरंजन के लिए ऑफिस में नौकरी करती हैं और सिर्फ़ मर्द ही ऑफिसों में महत्वपूर्ण काम कर रहे हैं, जैसे कि ट्रेक्टर बेचना!

और वर्णपट के दूसरे छोर पर, हमें अक्सर, खूंखार किस्म की नारी अधिकारवादी औरतें भी मिल जाती हैं जो मानती है कि दुनिया में मर्दों का जन्म सिर्फ़ औरतों की बर्बादी मचाने के लिए ही हुआ है और सभी मर्द गलियारों में छिपे, आती–जाती औरतों पर वार करने के लिए खड़े हैं.

जिन लड़कियों ने अपने जीवन में सेक्शुअल हरसमेंट (यौन उत्पीड़न) या लिंग–भेद (जेंडर डिस्क्रिमिनेशन) झेला है, उन्हें नीचा दिखाना मेरा उद्देश्य बिलकुल नहीं है पर मैं ये मानती हूँ कि कुछ नारी अधिकारवादी औरतें इस लिंग–भेद वाली बात को ज़रूरत से ज़्यादा खींच लेती हैं और राई का पहाड़ बना देती हैं.

एक संगठन जहाँ मैं पहले काम करती थी, वहां मैं सबसे वरिष्ठ (सीनियर) कर्मचारी होने की वजह से, वो जहाँ भी अपनी नारी प्रतिनिधि भेजना योग्य समझते थे, मुझे ही भेजा करते थे और इस नाते मुझे हमेशा किसी न किसी (पैनल डिस्कशन) परिचर्चा में जाने का न्योता मिलता रहता था. वैसे भी मुझे दूसरे लोगों के संग अपने विचार बाँटना अच्छा लगता है अगर कोई सुनना चाहे तो (और अब आप समझ गयी होंगी कि सी.ई.ओ. सिर्फ यही काम करते रहते हैं). पर एक ऐसा न्योता आया जिसे मैंने तुरंत मना कर दिया, क्योंकि चर्चा का विषय था 'ऑफिस में नारी यौन उत्पीड़न और उसे कैसे हैन्डिल करें'...चूँकि मैंने इसे न तो कभी झेला था और ना ही मैं किसी ऐसी लड़की को जानती थी जिसने इसका सामना किया था, तो मैंने आयोजक से साफ कह दिया कि मैं इस विषय पर कुछ नहीं बोल पाउँगी.

वो महिला मेरी बात सुनकर दंग रह गयी. 'आप ये कैसे कह सकती हैं? कहते हुए उसकी नज़रें मुझ पर आरोप लगा रही थीं. उनके बहुत जोर देने पर मैंने कहा 'पर ये बिलकुल सच है कि मैंने यौन उत्पीड़न कभी सहा ही नहीं है.'

'वो शायद इसलिए कि आप हमेशा ऐसे ऊँचे पदों पर रही हैं.

आप कैसे समझेंगी? ये सब मुसीबतें तो जूनियर लेवल पर रहने वाली कमज़ोर औरतों को झेलनी पड़ती हैं!' रोष से उनके होंठ काँप रहे थे.

'हाँ पर मैं हमेशा से ही इस ऊँचे पद पर नहीं रही हूँ. मैंने भी औरों की तरह सीढ़ी के बिलकुल निचले डंडे, से ट्रेनी स्तर से शुरुआत की थी, तब भी मुझे ऐसी समस्या का सामना नहीं करना पड़ा था.' मैं तीव्र स्वर में, आहत हो कर बोल उठी.

'हो सकता है कि आपको पता ही न हो कि यौन उत्पीड़न में क्या-क्या शामिल है. हर बार जब कोई मर्द कहे 'हे, बड़ी अच्छी लग रही हो', या तुम्हें 'स्वीटहार्ट' बुलाए उसे भी सेक्शुअल हेरेसमेंट कहा जाता है.

मैं ज़ोर से हँस पड़ी, अपने आप को रोक न सकी. उस औरत ने बड़ी गम्भीरता से बड़ी बेवकूफ़ी भरी बात की थी. 'अरे फिर तो कुछ यौन उत्पीड़न केस मेरे खिलाफ भी होने चाहिए क्योंकि मैं अक्सर अपने साथ काम करने वाले लड़कों को कभी न कभी 'स्वीटहार्ट' या 'राजा' कह कर बुलाती हूँ. या वो अच्छे लग रहे हों तो उनकी तारीफ भी करती हूँ.' ये कह कर मैं उस अति भावुक महिला को छोड़ कर वहाँ से निकल गयी.

मेरे हिसाब से दोनों व्यक्ति, 'पाषाण युग पुरुष' और 'खूँखार नारी अधिकारवादी महिला' ज़रूरत से ज़्यादा उग्रवादी हैं और पिछड़े हैं जब कि आज सच्चाई उनकी समझ से कहीं ज़्यादा आधुनिक है, नर्म भी है.

आज की आधुनिक नारी, धीरे-धीरे ये समझ रही है कि सच्चाई कुछ और है. जब उसे अपने काम करने के शुरुआती समय में अदृश्य काँच की कैद (ग्लास सीलिंग) को तोड़ना पड़ा तब उसे बड़ी सतर्कता से अपने हकों की रक्षा करनी पड़ती थी. पर आज हर मर्द को शक की नज़रों से देखने और हर छोटी-सी बात में बुरा मानने की ज़रूरत नहीं है.

मैं ये बिलकुल समझती हूँ कि मर्दों द्वारा नीचा दिखाए जाने पर कभी औरतों को बड़ी सख्त कोफ्त होती है. मैं उन्हें यही कहना चाहूँगी कि कामयाबी की सीढ़ियाँ चढ़ते वक्त जब भी आपका ऐसे बदतमीज़ मर्दों से सामना हो तो उन्हें पूरी तरह नज़रंदाज़ कीजिए, उनकी बात

पर कोई ध्यान मत दीजिए. उन पर गुस्सा जता कर उन्हें बेकार की अहमियत मत दीजिए. अब हम जिन ऊँचाइयों पर पहुँच चुके हैं, ये मर्द हमारे इतने नीचे हैं कि चाहें तो हम इन्हें अपनी नुकीली एड़ियों से कुचल सकते हैं (सच्चाई में नहीं, रूपक अर्थ में लीजिए).

मिसाल के लिए आजकल जब तरह-तरह के नेता, कॉलेज प्रधानाचार्य, पुलिस चीफ वगैरह कुछ चट्टानों के नीचे से रेंगते हुए बाहर निकलते हैं और रह-रह कर औरतों के आचरण पर न्यायाधीश बन बैठते हैं और उन्हें निर्देश देते हैं कि उन्हें क्या खाना चाहिए (मास और शराब कतई नहीं), उन्हें कहाँ नज़र आना चाहिए (क्लब और बार में बिलकुल नहीं), उन्हें क्या कपड़े पहनने चाहिए (योग्य ड्रेस बुरका होगा) तो कई सारे महिला संगठन सड़कों पर विरोध व्यक्त करने उतर पड़ते हैं—मेरे हिसाब से ये प्रतिक्रिया गलत है.

मेरा निजी विचार है कि हमें ऐसे जोकरों की टिप्पणियों पर ज़रा भी ध्यान नही देना चाहिए. उल्टा मर्दों के संगठनों को चाहिए कि ऐसे बेवकूफी भरे सुझावों का कड़ा विरोध करें क्योंकि ऐसी वाहियात बातों से औरतों की कम, मर्दों की ज़्यादा बेइज़्ज़ती होती है. उन्हें ज़्यादा बुरा लगना चाहिए कि कुछ बेवकूफ मर्दों के विचारों के कारण सभी मर्दों की छवि, एक जानवरों के झुण्ड-सी बन जाती है जो आदि मानव की तरह अपनी आदिम प्रवृत्तियों पर काबू नहीं रख पाते और ज़रा भी अंग प्रदर्शन देखते ही औरतों पर वार कर बैठते हैं.

अब मैं जिन मर्दों को जानती हूँ वो सभी, ज़्यादातर बड़े नेक हैं. भगवान से डरने वाले, बिचारे चुपचाप अपनी रोटी कमाते और अपने परिवार को पालते हैं और प्रार्थना में लगे रहते हैं कि सचिन जल्दी ही अपना अगला शतक मारे और कभी रिटायर न हो. और मुझे पूरा भरोसा है कि आपके भी सभी परिचित मर्द इसी टाइप की श्रेणी में होंगे. तो स्वाभाविक है ऐसे बिचारे मर्दों के लिए ये बड़ी शर्मनाक बात होगी कि लोग उन्हें 'हवस का प्यासा' और छोटी-सी स्कर्ट से उत्तेजित होने वाला 'वहशी दरिंदा' समझें.

और अगर वाकई हमारी नैतिकता के ठेकेदार ये मानते हैं कि ये बिचारे मर्द हवस के भूखे दरिंदे हैं, बेकाबू शिकारी जानवर हैं तो

उन्हें चाहिए कि औरतों की आचार संहिता लिखने और औरतों पर ऊँगली उठाने के बजाय अपनी सारी ऊर्जा और सारा वक्त, मर्दों की हवस शांत करने में लगाएँ. मै तो ये भी कहूँगी कि उन्हें मर्दों के लिए एक 'चैस्टिटी बेल्ट' या 'एब्डोमेन गार्ड' (जो उनके गुप्तांगों को ताले में बंद रखे), जैसे क्रिकेट के खिलाड़ी अपनी सुरक्षा के लिए पहनते हैं और बड़ी बेहूदगी से एडजस्ट करते रहते हैं, तुरंत लांच कर देनी चाहिए.

मेरा मानना है कि ऐसे ताला–चाभी (लॉक्ड गार्ड) से मर्द किसी भी प्रकार के लालच से सुरक्षित रहेंगे. ज़रा सोचिए, अगर ऐसा बढ़िया आइडिया किसी को सूझा होता और आदि मानव– आदम, के हाथ बाँध दिए होते तो वो कभी सेब तोड़ ही नहीं पाता और हम सब आज स्वर्ग में आराम से रह रहे होते.

तो चलिए आज कामयाबी की सुरक्षित चादर ओढ़ कर हम ये कसम खा लें, आपस में ये वादा कर लें कि हम इन पिछड़े हुए मर्दों और इन अति भावुक औरतों को बिलकुल नज़र अंदाज़ करते रहेंगे और पूरी एकाग्रता के साथ अपने चुने हुए लक्ष्य पर अपना ध्यान केन्द्रित रखेंगे और अपने चुने रास्ते पर दृढ़ता से बढ़ते जायेंगे.

आज का कॉर्पोरेट मंत्र

- हालाँकि आज औरतों ने सोच–विचार और अपने कर्मों द्वारा बहुत ज्यादा प्रगति कर ली है पर अफसोस कि कई मर्द आज भी पाषाण युग में ही जी रहे हैं. उनकी बातों को कोई महत्व मत दीजिए. खुद पर कोई असर न होने दीजिए.

और...

- ये कह कर कि औरतें उन्हें रिझाती और लुभाती हैं और वे बिचारे हमारे शिकार हो जाते हैं, मर्द खुद अपनी जाति को अपमानित कर रहे हैं.

27

हमें आरक्षणों की ज़रूरत नहीं

चाहिए पूर्ण–विकसित छातियाँ

मैंने एक राष्ट्रीय अखबार में बड़े–बड़े अक्षरों में लिखी ये सुर्खियाँ पढ़ीं 'चाहिए पूर्ण विकसित छातियाँ' तो मैंने मन में सोचा, हाय राम! सच्चाई आखिरकार सामने आ ही गयी! मानवशास्त्र के किसी संशोधन सर्वे ने आखिरकार इस सच का खुलासा कर ही दिया, जो मैं वर्षों से सोचती आ रही हूँ... भारतीय पुरुषों को लड़कियों के शरीर के ऊपरी अंगों में बहुत ज़्यादा दिलचस्पी है. क्या करें बिचारे उनके पालन–पोषण का एक ज़रूरी हिस्सा रही हैं, वो ढेरों हिंदी फिल्में जहाँ निरुपा रॉय अमिताभ बच्चन को 'बेटा' कह कर अपने सीने से लगा रही है. हम बरसों से ये सब देखते आ रहे हैं पर इस हकीकत को ऐसे खुले आम दर्शाना... तो वही बात हुई जैसे दिल्ली के डी.डी.ए. फ्लैट्स की बालकनीज़ पर लड़कियों के अंडरगार्मेंट्स बेशर्मी से फरफरा रहे होते हैं–देख कर मैं काफ़ी चौंक गयी थी.

जब मैंने इश्तेहार को ध्यान से पढ़ा तो मुझे असली बात समझ में आई जो और भी विचित्र और बेढब थी. पता ये चला कि हाल ही में गृह मंत्रालय ने सीमा सुरक्षा बल (बी.एस.एफ.) में औरतों को नियुक्त करने के लिए आवश्यक मानदंडों हेतु एक इश्तिहार दिया था. और उसमें लिखा था कि महिलाओं के लिए ज़रूरी है 'पूर्ण विकसित

छातियाँ.' अब सवाल ये उठता है मंत्रालय ऐसी अजीब मांग करते वक्त सोच क्या रहा था? और सीमा सुरक्षा बल में ऐसी पूर्ण विकसित औरतों का काम क्या है? मेरे उपजाऊ दिमाग में इस सवाल के कई मज़ेदार जवाब उत्पन्न हो कर घूमने लगे.

काफ़ी पूछताछ के बाद ये ज़ाहिर हुआ कि मंत्रालय ने सीमा सुरक्षा बल में मर्दों की नियुक्ति के लिए जो ज़रूरतें प्रसारित की थीं, उन्होंने बिना उनमें ज़्यादा परिवर्तन किए, महिला आवेदकों के लिए भी वही प्रसारित कर दी. तभी ये बेहूदा ज़रूरत पढ़ने में आयी! आखिर संसद समिति ने गृह मंत्रालय को झाड़ा और उन्हें साफ निर्देश दिए कि भविष्य में औरतों के विषय में ऐसी बेहूदा भाषा कतई नहीं छपनी चाहिए और आगे उन्हें सभी चीज़ें छापने के पहले उनकी अच्छी जाँच करनी होगी. पर फिर भी हमेशा की तरह बाबुओं ने बात के मुद्दे को पूरी तरह नहीं समझा.

बात सिर्फ भाषा की नहीं है—महिलाओं का मामला उससे ज़्यादा पेचीदा है और गहरी सोच माँगता है. हमने अपने आरामदेह कमरों में बैठे महिलाओं को, व्यवसायों में शामिल करने की योजनाएँ तो बना ली हैं, पर क्या हमने इन उत्साह से बढ़ती महिलाओं की सुविधा के लिए, ज़रूरी व्यवस्था का भी प्रयोजन किया है? उदाहरण के लिए सीमा सुरक्षा बल में महिलाओं की नियुक्ति के बाद क्या हमने इस पे गौर किया हैं कि उन्हें उनके रहने योग्य सही प्रकार के क्वार्टर्स दिए गए हैं या नहीं? जब वो ड्यूटी पर खुली जगहों पर होती हैं तो उनकी विशेष ज़रूरतों के लिए कोई प्रबंध किए गए हैं?

एक महिला अफ़सर ने बताया कि उसे मीटिंग्स के लिए 'पोर्ट अथॉरिटीज़' के ऑफिस जाना पड़ता है पर बंदरगाह में महिलाओं के लिए कोई शौचालय नहीं बने हैं. ज़रा सोचिए, उसे वहां पूरा–पूरा दिन बिताना पड़ता है! गाँव में लड़कियाँ जैसे ही कुछ बड़ी होने लगती हैं वो स्वयं स्कूल जाना छोड़ देती हैं क्योंकि स्कूल में लड़कियों के लिए शौचालय नहीं बने हैं. लड़कों को ज़रूरत पड़ी तो वो खेतों में चले जाते हैं पर लड़कियाँ कहाँ जाएँ?

महिलाओं को बाहर काम करने में किन चीज़ों से मदद मिल

'नारी, मर्द बनना नहीं ज़रूरी!' 171

सकती हैं इस बारे में बहुत ही कम सोच–विचार किया जाता है. ये बात, हाल में, गुड़गाँव जैसे बड़े शहर में की गई एक घोषणा से साफ़ ज़ाहिर हो जाती है (वैसे गुड़गाँव के वासियों की उजड्डुता को देखा जाए तो गुड़गाँव आज भी जंगल ही माना जायेगा). वहां तय किया गया कि महिलाओं को रात के आठ बजे के बाद मॉल या किसी व्यावसायिक जगहों पर काम करने की इज़ाज़त नहीं दी जाएगी क्योंकि व्यवस्थापक रात आठ बजे के बाद इन महिलाओं की सुरक्षा व्यवस्था करने में असमर्थ हैं. वो कोई गारंटी लेने को तैयार नहीं हैं कि ये औरतें अपने घर सुरक्षित पहुँच सकेंगी. क्योंकि शायद रात आठ बजे के बाद, आदमिओं के भेस में, भेड़िये शिकार की तलाश में सड़कों पर टूट पड़ेंगे और घर लौटती इन औरतों पर वार कर बैठेंगे. इसलिए ये तय किया गया कि चूहों के हाथ पनीर न लग पाए इसलिए पनीर को ताले में बंद कर दिया जाए! पर चूहों को सड़कों पर छुट्टा छोड़ दिया जाए! (माफ कीजिएगा सन्दर्भ समझाने में ज़ुओलोजी का प्रयोग करना पड़ा).

कितनी अजीब बात है कि किसी ने घोषणा करने के पहले एक पल के लिए भी ये नहीं सोचा कि ऐसा नियम लागू करने से स्वाभाविक है, औरतों को नौकरी में रखने से पहले, सभी दस बार सोचेंगे और औरतों को नौकरियाँ मिलनी और मुश्किल हो जाएँगी! और अगर इस सोच को आगे तक खींचा जाए तो महिलाओं का भविष्य बड़ा डरावना लगने लगता है. जहाँ मर्दों पर न कोई रोक–टोक न सजा का डर–दबाव रहेगा और वो अपनी ज़्यादतियाँ खुलेआम, बेधड़क करते जाएँगे पर औरतों पर ज़्यादा से ज़्यादा नियम और रोक–टोक कसी जाएँगी और भविष्य में वो दिन भी दूर नहीं होगा जब व्यवस्थापक औरतों से कहेंगे कि उन्हें घर में तालों में बंद रहना चाहिए, बिलकुल बाहर न निकलें और अगर निकलें भी तो बुरका पहनकर, बंदूकधारी सुरक्षा कर्मी के साथ.

खैर बाद में इस बेवकूफ़ी भरी घोषणा को रद्द कर दिया गया पर आज के समाज में ऐसी बात की गयी, यही अपने आप में एक शर्मनाक बात है. इससे यही साबित होता है कि औरतों को नौकरियाँ देने वाले

लोग, उनकी ज़रूरतों और मुद्दों के प्रति कितने ज़्यादा जाहिल हैं.

कहने को तो हमारा समाज चाहता है कि औरतें सभी व्यावसायिक क्षेत्रों में अपना योगदान दें, कामकाज से जुड़ें, पर घर के बाहर काम करने में औरतों को कैसी सहायता चाहिए, इस बारे में वो बिलकुल अंजान हैं. तभी तो ये महिलाओं के प्रति संवेदनशील होने वाली बात केवल एक झूठी तसल्ली और दिखावा लगती है.

एक और किस्सा, हाल में सुनने में आया कि एक 'कमर्शियल एयरलाइन्स' ने अपनी एक महिला कमांडर को बारी और योग्यता न होते हुए भी, बेसमय प्रमोशन दे दिया. सिर्फ़ अपनी कंपनी की नारी–सुलभ छवि बनाए रखने के लिए. अनुभव की कमी से एक प्लेन की गलत लैंडिंग हुई और प्लेन का बहुत नुकसान हो गया. महिला योग्य थी पर उसे महिला दिवस के उपलक्ष में जल्दी–जल्दी बिना सोचे प्रमोशन दे दिया गया.

अब पता नहीं इस किस्से में कितनी सच्चाई है पर मेरा ये मानना है कि इस तरह के दिखावटी प्रमोशंस और आरक्षण औरतों के लिए फ़ायदे के बजाय हानि पैदा करते हैं. ज़रा सोचिए! अगर ऐसे उदाहरण सामने आते रहे तो काबिल महिला कमांडरों के लिए, अपने मर्द सहकर्मियों के मुकाबले प्रमोशन पाना कितना कठिन हो जाएगा. कंपनियों के लिए महिलाओं के प्रति संवेदनशील रवैया रखना, बिज़नेस रिजल्ट सुधारने में बड़ा उपयोगी होता है. पर इस तरह सिर्फ़ कोई आरक्षण कोटा भरने के लिए, अगर अयोग्य व्यक्तियों को प्रमोशन दिए गए तो उससे सारी सोच ही झूठी साबित हो जाएगी. सब किये–कराए पर पानी फिर जाएगा.

तो सभी करता–धरता से मेरी एक छोटी–सी गुज़ारिश है–कृपया हमें हमारे हाल पर छोड़ दें, हमें आपकी मदद या आरक्षणों की ज़रूरत नहीं है. हम जो कुछ हासिल करेंगी (और कर भी रही हैं) वो हम अपने दम पर करना चाहती हैं. पर अगर आप अपनी ऊर्जा कुछ ऐसे नियोजनों में लगा सके जो हमें देर रात भी यात्रा करने में मदद कर सके, सुरक्षित रख सकें, तो हम आपके बड़े शुक्रगुज़ार होंगे.

और तब तक मैं सभी मर्दों से कहना चाहूँगी (अगर आप इसे

पढ़ रहे हों, इससे आप ही का भला होगा) कि प्यारे मर्दों, आपका एक राज़ मैंने बड़े अरसे से अपने दिल में दबा रखा है. खुशी की बात है कि किसी भी शोधकर्ता को उस सच्चाई की भनक नहीं हो पायी है कि 'दीवार', 'मदर इंडिया', 'सुहाग' और 'शक्ति' जैसी फिल्मों में, उन माँ–बेटों के गले लगने वाले सीन्स में दरअसल आप अपने मन में क्या सोच रहे थे!

आज का कॉरपोरेट मंत्र

- महिलाओं की प्रगति के लिए आरक्षण और उनकी आवश्यकता के बारे में काफ़ी चर्चा चल रही है. ज़्यादातर आरक्षण सिर्फ़ दिखावे के लिए किए जाते हैं और मेरा ख्याल है कि लम्बे काल में देखा जाए तो इससे महिलाओं के आंदोलनों को सिर्फ़ नुकसान होता है, फ़ायदा नहीं.
- महिलाओं को काम के लिए प्रोत्साहित करने में उनकी मूल ज़रूरतों को पूरा करना, जैसे आधारभूत संरचना (इंफ्रास्ट्रक्चर) उपलब्ध कराना और सुरक्षा व्यवस्था कराना, आरक्षणों से कहीं ज़्यादा उपयोगी साबित होंगे और इससे औरतों को अपने व्यवसाय में प्रगति का मौका मिलेगा.

और...

- अगर बाय चांस, आप एक ऐसी महिला हैं जिसे किसी भी प्रकार के आरक्षण या ऐसे किसी चीज़ से फ़ायदा मिला है तो अपना काम इतने बढ़िया ढंग से कीजिए, ऐसा नाम कमाइए कि जिसमें आगे आने वाली औरतों को भी ये साधन उपलब्ध हो सकें. प्लीज़ अपनी बहनों की खातिर, उस काम को ज़िम्मेदारी से निभाइयेगा.

28

भविष्य की पीढ़ियों की मेंटोरिंग

प्यारे–भले लड़के और सेक्सी–गबरू जवान

एक बार मुझे एक फैशन शो को जज करने का निमन्त्रण मिला, जहाँ, जरा दिल थाम लीजिए, मर्द मॉडल्स, कंपनियों के (CXOs) यानी हेड ऑफ डिपर्टमेंट थे! कार्यक्रम बहुत ही क्लासी, बहुत ही बढ़िया ढंग से संचालित था जहाँ सभी महिला जजेस, जिसमें मेरे अलावा एक पूर्व मिस इंडिया, कई मशहूर फैशन डिज़ाइनर्स वगैरह शामिल थीं. यानी प्रतियोगियों की योग्यता तय करने के लिए सभी अलग अलग क्षेत्र की लेडीज़ थीं. बहुत ही कम आयु से मध्यम आयु, आंटी टाइप, सेक्सी बालाओं से ले कर फैशनेबुल लड़कियाँ और कॉर्पोरेट एग्जीक्यूटिव लेडीज़ भी थीं!

प्रतियोगी भी बड़े दिलचस्प, स्पोर्टी और खुशमिजाज किस्म के मर्द थे, जिसमें कई तरह की वैरायटी थी... टॉल, डार्क एंड हैण्डसम, गोल मटोल और अंकल टाइप, चिकने गालों वाले पड़ोसी छोरे, सुलगते दहकते रहस्यमयी मिजाज वाले, और दिल–फेंक, हट्टे–कट्टे टाइप... जैसे आपने ज़रूर देखे हों... लम्बे बाल सर पर 'बंदाना', दर्शकों की दिशा में चुम्मे उछालते हुए जो–'मैं रफ और खतरनाक हूँ जताने की ज़ोरदार कोशिश में लगे!'

हमने सभी राउन्ड्स की जजिंग कर ली. फॉर्मल, कैज़ुअल

(अनौपचारिक) स्पोर्टी राउंड, सवाल–जवाब राउंड, (शुक्र है स्विमसूट राउंड नहीं था क्योंकि मर्दों की बॉडीज कोई बहुत ज़्यादा खूबसूरत तो होती नही कि हम उन्हें देखते ही जाएँ) फिर हम सब जजों ने साथ बैठ कर सारे पॉइंट्स का हिसाब जोड़ा और नतीजे घोषित किए. आप तो जानती ही है कि मेरी परवरिश एक पारंपरिक माहौल में हुई है तो मैंने इस सारी कार्यवाही को मातृत्व भरे नज़रिये से देखा और स्वाभाविक है साफ–सुथरे', भले लड़कों को ही सबसे ज़्यादा अंक दिए.

मुझे जान कर बहुत ही अचम्भा हुआ कि मेरे अलावा दो अन्य लेडीज़ ने भी ऐसे ही भले लड़कों को सबसे ज़्यादा अंक दिए थे! लग रहा था कि सभी के विचार आपस में काफ़ी मिल–जुल रहे हैं और कुछ ही मिनटों में हमने नतीजे तैयार कर लिए. आश्चर्य की बात ये है कि हम तीनों आपस में, एक–दूसरे से बिलकुल अलग थे...परवरिश में, पर्सनाल्टी में... फिर भी मर्द चुनने में हमारे विचार कितने एक जैसे थे.

शोधकर्ता (और रूमानी उपन्यासों के लेखक भी) चाहे जितना जोर दे कर कहें कि औरतों को तगड़े, गबरू जवान, और तीव्र गम्भीर, विचारमग्न, संजीदा मर्द जिनकी पिछली लाइफ रहस्यमयी हो, ही पसंद आते हैं पर उस रोज़ मुझे सबूत मिल गया कि लड़कियों का दिल प्यारे और सभ्य लड़कों पर आ जाता है. विजेता, एक योग्य, माता–पिता से मिलवाने लायक, भला आदमी ही हो सकता है न कि 'बैड बॉय' जो सिर्फ एक रोमांचक बॉयफ्रेंड के रोल में सही हो और बाकी सब कामों के लिए गलत हो!'

एक माँ और बहन होने के नाते मुझे ये लगता है कि ये हमारी ज़िम्मेदारी बन जाती है कि हम अपने भाइयों और बेटों को 'भले लड़के' बनने की ट्रेनिंग दें, ताकि उन्हें ज़्यादा से ज़्यादा लड़कियाँ पसंद कर सकें. हमारे देश में जहाँ लड़कियों की संख्या लड़कों के मुकाबले बड़ी तेज़ गति से घटती जा रही है तो ये हमारा कर्तव्य बन जाता है कि हम अपने बेटों को शादी लायक आकर्षण बनाने में उनकी पूरी मदद करें. कम से कम इससे वो शादी के मार्केट में उतरते ही तुरंत चुन लिए जाएँगे.

सभी बड़ी उम्र की औरतों को चाहिए कि अपने बेटों को ये सिखाएँ कि औरतों की इज़्ज़त करें, उन्हें अपनी बराबरी का दर्ज़ा दें, चाहे घर की औरतें हों या ऑफिस कलीग्स हों सभी से एक–सा, नेक व्यवहार करें. हम औरतों को चाहिए कि हम इस काम को अपने जीवन का सबसे ज़रूरी ध्येय समझ लें. जब भी कभी मुझसे मेंटोरिंग (सलाह देने) पर मेरे विचार पूछे जाते हैं तो मैं यही कहती हूँ कि हमें परामर्श, औरतों को नहीं बल्कि मर्दों को देना चाहिए. इस गुरुज्ञान की ज़रूरत औरतों से ज़्यादा मर्दों को है. क्योंकि अगर हमें दोनों के लिए बराबरी वाली दुनिया कायम करनी है तो हमें चाहिए कि मर्दों को औरतों के प्रति ज़्यादा संवेदनशील बनाना सिखाएँ. मैं हर रोज़ अपनी सास का धन्यवाद करती हूँ कि उन्होंने एच.डी. को बचपन में ही वो सारे संस्कार दे दिए जिसकी वजह से आज मुझे इतना अच्छा सहयोगी पति मिल पाया. क्या हम भी अपने बेटों को आज ऐसी संस्कारी परवरिश दे रहे हैं जिसके लिए कल हमारी बहुएँ हमारी आभारी होंगी? भविष्य ही बताएगा.

एक बिगड़ा हुआ लड़का बड़ा हो कर एक बिगड़ा हुआ आदमी बनेगा. एक छोटा लड़का जिसने सिर्फ अपनी माँ, बहनों और मौसियों को उसके इशारों पर नाचते देखा हो, वो बड़ा हो कर अपनी बीवी से भी यही उम्मीद रखेगा.

वो लड़का जिसने अपने बचपन से ही अपने पिता को अपनी माँ का तिरस्कार करते देखा है वो भी अपनी पत्नी की इज़्ज़त नहीं कर पाएगा. अब इस शर्मनाक प्रथा को तोड़ना हमारा कर्तव्य है ताकि ये चक्र यहीं टूट जाए.

मेरा बेटा आज बहुत ही बढ़िया खाना पका लेता है पूरी तरह स्वावलम्बी है, औरतों को बराबरी का दर्ज़ा देता है, उसे उनकी इज़्ज़त करने में कोई शर्म या आपत्ति नहीं है क्योंकि उसने बचपन से घर में यही देखा है. दोनों माता–पिता को एक–दूसरे की इज़्ज़त करते देखा है.

सिड जब आठ साल का था तो वो एक रात अपने दोस्त के यहाँ बिता कर लौटा और मुझसे बड़े भोलेपन से बोला 'तुम्हें पता है,

मिहिर की मम्मी उसके पापा को 'जी' और 'आप' कह कर बुलाती हैं और रोज़ सुबह उन्हें बेड में ही चाय पेश करती हैं. उसकी मम्मी उसके पापा को अपना बॉस क्यों समझती हैं?'

मिहिर की माँ के इस चाकरी वाले व्यवहार से सिड की परेशानी देख कर एच.डी. को बड़ा मज़ा आया और उन्होंने उसे चिढ़ाने और ज़्यादा चक्कर में डालने का प्लान बनाया. सिड से कहा 'सभी सामान्य परिवारों में आम तौर पर पिता ही बॉस होते हैं. पर बदकिस्मती से हमारा घर अलग है क्योंकि कई सालों से तुम्हारी माँ एक एब्नार्मल और दुष्ट पत्नी हैं और लम्बे समय से मेरे साथ दुर्व्यवहार किए जा रही हैं!'

पर सिड की परेशानी से मैं खुश थी क्योंकि आज तक वो जो सही मानता आया था वो ये था कि औरत और मर्द दोनों ही बराबरी के जोड़ीदार होते हैं और जब नहीं होते तो वहां कुछ बहुत गलत हो रहा होता है. मैंने तय कर लिया था कि सिड के मन में ये सच्चाई हमेशा कायम रहनी चाहिए और मैं इसे ज़रूर कायम रखूंगी.

हमारे संगठन में इतनी ज़्यादा औरतें कार्यरत हैं कि हमारे एच.ओ.डी. अनायास ही औरतों के प्रति बड़े संवेदनशील बन चुके हैं और अक्सर वो कहते हैं कि जो मुसीबत लड़कियाँ झेल रही होती हैं उसका दुःख उन्हें अपने आप ही होने लगता है (जैसे पी.एम.एस. में भागीदारी). मैंने खुद देखा है कि ये, महिला कर्मचारियों के दुःखदर्द मैं इस कदर शामिल हैं कि अक्सर उन्हें कई घरेलू मसलों पर भी बड़ी बखूबी से राय–मशविरा देते रहते हैं. जैसे नवजात शिशु को कैसे आहार दें, स्कूल एडमिशन्स कैसे सम्भालें या कठिन ससुरजी को कैसे हैन्डिल करें.

एक कामयाब नारी होने की बड़ी ज़िम्मेदारी है अगली पीढ़ी के मर्दों की ट्रेनिंग ताकि वो बड़े हो कर औरतों की इज़्ज़त करें और उन्हें अपनी बराबरी का दर्ज़ा दें. तो अपने बेटों की ट्रेनिंग अभी से शुरू कर दीजिए ताकि वो घर और ऑफिस की सभी औरतों की इज़्ज़त करें और अगली पीढ़ियों की औरतों को वो सब नहीं झेलना पड़ेगा जिससे हम गुज़रे हैं और हो सकता है आपकी बहू आपकी

तारीफ में भी संस्मरण लिखे, जैसे कि मैं लिख रही हूँ.

और वो सारे मर्द (जो मुझे आशा है) ये पढ़ रहे होंगे, आपके लिए मेरा यही 'मैसेज' है कि फेंक दीजिए वो 'लेदर जैकेट्स' और मुक्का–मार अंगूठियाँ और मिटा दीजिए सारे 'टैटूज'!

अपने बाल छोटे कटाइये, चेहरे के सारे बाल साफ कीजिए, रोज़ शेव कीजिए, नहाइए और आपकी माँ जो कहती है उस पर गौर कीजिए. क्योंकि सच यही है इस सारी स्पर्धा में नेक और भले लड़के ही पसंद किये जायेंगे!

भले, क्लीन–शेव वाले लड़के ही जीतेंगे!

आज का कॉर्पोरेट मंत्र

- कामयाब औरतों की एक काफ़ी बड़ी ज़िम्मेदारी है अगली पीढ़ी के मर्दों को सही ज्ञान, सही दिशा में ढालना ताकि वो बड़े हो कर औरतों की इज़्ज़त करें और उन्हें अपने बराबर का दर्ज़ा दें. माँ और बहिन के नाते आप घर के मर्दों से जैसा व्यवहार करेंगे उसका सीधा असर उनके मन पर पड़ेगा और सारा फ़ायदा उनकी ज़िन्दगी में मौजूद लड़कियों को मिलेगा.

और...

- अपनी होने वाली बहू का, पहले से ही दिल जीत लीजिए, अपने बेटों को सही तालीम दे कर... अपने बेटे को खाना पकाना, घर के कामों में मदद कराना और अपना गीला तौलिया उठा कर सम्भालना सिखाइए.

29

सिर्फ बायोडेटा बनाने और नाम कमाने में फ़र्क होता है

बीस साल बाद लोग आपके बारे में क्या कहेंगे

'इक बार वक्त से लम्हा गिरा कहीं, वहाँ दास्तां मिली, लम्हा कहीं नहीं.'

ये 'गोलमाल' फिल्म के गाने, 'आने वाला पल' के शब्द हैं, जिन्हें गीतकार गुलज़ार साहब ने लिखा है. सिर्फ़ गुलज़ार साहब में वो हुनर है जो शब्दों से आँखों के सामने एक जीता–जागता चित्र खींच सकते हैं. जहाँ वक्त से कट कर एक लम्हा गिरता है और उस पल में एक कहानी जन्म ले लेती है. लम्हा बीत जाता है और कहानी रह जाती है.

हमारी ज़िंदगी में कई बार ऐसे लम्हे आते हैं जो कोई ऐसा सिलसिला छेड़ देते हैं जिसकी हम पहले से कल्पना तक नहीं कर पाते. पल तो आते–जाते रहते हैं... मानो हाथ की उँगलियों से फिसलते रेत के दाने हों. पर कोई भी हमसे वो एक पल नहीं छीन सकता...वो एक पल जो हमारी पूरी ज़िंदगी को बदल देने की ताकत रखता हो! मुझे अपनी ज़िंदगी में एक ऐसी घटना याद है जिसका असर मैंने काफी सालों बाद महसूस किया. पर उस एक बात ने मेरा करिअर बड़े ही नाटकीय ढंग से बदल डाला.

कई साल पहले जब एच.डी. ने अपनी नौकरी बदली तो हम दोनों को चेन्नई शिफ्ट होना पड़ा. वहाँ मुझे अपनी एक पुरानी विज्ञापन एजेंसी में नौकरी मिल गयी पर वहाँ का काम मुंबई के काम जितना चुनौतीपूर्ण और दिलचस्प नहीं था. ये नया काम इतना कम था कि आधे दिन में निपट जाता था और बाकी दिन, चूँकि कोई सुपरवाइज़र नहीं था... मैं चाहती तो कुछ भी काम न करती! खाली बैठी मौज करती...आराम की लाइफ जीती. पर चूँकि मेरा जन्म, किसी रईस परिवार में नहीं हुआ था तो मुझे आरामतलब ज़िंदगी का कोई शौक नहीं था. तो मैंने अपने खाली समय में, इधर–उधर से ढूँढकर काम करना शुरू कर दिया. कोई 'मंथली न्यूज़ लेटर' लिखना, किसी डिपार्टमेंट के लिए विश्लेषण (एनालिसिस) करना और जो कोई काम हाथ लगता, करना शुरू कर दिया.

धीरे–धीरे हमारी एजेंसी की सभी शाखाओं में खबर फैल गयी कि चेन्नई ऑफिस में एक उत्साही कर्मचारी है जो हर किसी के बचे काम, प्रेजेंटेशन, विश्लेषण, सब करने को तैयार है–तो बस, हर किसी का एक्स्ट्रा काम मेरे पास आने लगा. जल्दी ही ये खबर कंपनी के प्रेसिडेंट तक पहुँच गयी और उन्होंने भी मुझे हर तरह का काम सौंपना शुरू कर दिया. जब भी हमारी कंपनी किसी नए बिज़नेस को पाने की कोशिश में 'पिच प्रेजेंटेशन' करती, सब काम मेरे टेबल पर आ जाता और इस तरह मुझे उन प्रेसिडेंट साहब के साथ, सीधे काम करने का मौका कई बार मिलता रहा. वे बड़े जीवंत व्यक्तित्व वाले कर्मठ व्यक्ति थे और उन्हें, कम से कम समय में ज़्यादा से ज़्यादा बिज़नेस हासिल करने की महत्वाकांक्षा थी. तो हम मिल कर हर हफ़्ते एक नए बिज़नेस 'पिच' करते थे और कई सारे काम कम समय में फुर्ती से निबटाते थे.

एक रोज़ मुझे उनके ऑफ़िस से एक कॉल आया 'परसों बैंगलुरू में एक प्रेज़ेंटेशन होने जा रहा है और आपको वहाँ प्रस्तुत रहना होगा.'

'पर मुझे तो मलेरिया हो गया है,' मैंने सुबह की रिपोर्ट उन्हें बता दी.

'ओह! पर संजीव सर तो दौरे पर हैं और उनसे सम्पर्क संभव

नहीं है. मैं सिर्फ आपको उनका मैसेज दे रहा हूँ. आप किसी तरह बैंगलुरू में हाज़िर होने का प्रबंध कीजिए' ये कह कर आवाज़ ने फोन काट दिया.

बुखार में तपते बदन, सिरदर्द और 'क्विनीन' की भारी डोज़ को झेलते हुए मैंने किसी तरह अपना बैंगलुरू का टिकट बुक कराया और बताए हुए दिन पर बैंगलुरू, प्रेज़ेंटेशन करने पहुंच गयी. मैंने किसी तरह, सिर्फ अपने आत्मबल के सहारे खड़े हो कर वो प्रेज़ेंटेशन पूरा किया और शाम की फ्लाइट से घर लौट आई. तब जा कर मैंने अपने आप को ठीक से बीमार होने की इज़ाज़त दी और बुखार उतरने तलक बिस्तर पर पड़ी रही.

हमें वो बिज़नेस नहीं मिल पाया और ज़िंदगी अपनी रफ़्तार से आगे बढ़ गयी और मैं इस घटना को भूल गयी. एक साल बाद एच.डी. और मैं मुंबई लौट आए. लौटने के बाद मैंने मुंबई में अपनी पहले वाली एजेंसी में दोबारा नौकरी कर ली.

काफी सालों बाद एक रोज़ मुझे संजीव का कॉल आया जो अब एक बड़े मीडिया नेटवर्क के ग्रुप सी.ई.ओ. बन चुके थे और उन्होंने मुझे एक बहुत बड़ा जॉब ऑफ़र किया, जिससे मेरे करिअर ने एक बहुत बड़ी छलांग मार ली. 'मैंने आज तक किसी को इतनी ईमानदारी और लगन के साथ काम करते नहीं देखा जैसे मैंने तुम्हें चेन्नई में देखा था. मैं चाहता हूँ कि तुम मेरी टीम में शामिल हो जाओ', ये कहते हुए उन्होंने मुझे मेरा अपॉइंटमेंट लेटर थमा दिया.

हम में से ज़्यादातर सभी लोग, अपने बॉस पर प्रभाव डालने के लिए काम नहीं करते. हम मेहनत करते हैं क्योंकि वो हमारा काम है और हमारे अंदर की एक आवाज़ हमें वो करने का निर्देश देती है. चेन्नई में मैं बिलकुल वही कर रही थी. सच मानिये मैंने कभी ख़्वाब में भी नहीं सोचा था मेरे और संजीव के रास्ते ऐसे दुबारा मिलेंगे और ये तो बिलकुल कल्पना के बाहर था कि वो इतनी बड़ी मीडिया कंपनी के अध्यक्ष बन कर मुझे अपनी टीम में काम करने का निमन्त्रण देंगे.

पर हमें ये समझना होगा कि ज़िंदगी में ऐसे कई मौके आते हैं

जहाँ हमें खबर भी नहीं होती, पर किसी की नज़र हमें हर वक्त आंक रही होती है. और वो कौन–सी घड़ी होगी, जिसमें वो कौन–सा पल छिपा होगा जो हमें पलक झपकते ही बना देगा या बर्बाद कर देगा, ये हमें तब नहीं, बहुत समय बाद पता चलेगा.

तो हमारे लिए तो यही सही आचरण होगा कि हम ज़िंदगी के हर पल को अनमोल समझें, अपनी हर घड़ी को सूझबूझ से बिताएँ, हर रोज़ ईमानदारी, लगन और मेहनत से काम करें. यानी हमारे लिए हर पल महत्त्वपूर्ण होना चाहिए क्योंकि, छोटा बड़ा हर पल, हमारी ज़िन्दगी को बदलने की क्षमता रखता है.

और जब हम ईमानदारी से काम करते हैं तो अनजाने ही हम अपनी छवि रच रहे होते हैं. हमारे क्लाइंट, हमारे बॉस, सहकर्मी, यहाँ तक कि हमारे सम्पर्क में आया एक छोटा–सा सप्लायर भी अपने मन में हमारी अच्छी या बुरी छवि बना रहा होता है. इसी से हम मार्केट में अपना नाम रच रहे होते हैं और फ़िर दस सालों बाद लोग हमारे बारे में एक धारणा बना चुके होते हैं. 'अरे हाँ वो एक बहुत बढ़िया कर्मचारी है, सख्त है पर लोगों को अच्छा मैनेज करती है, अपना काम जानती है, या ज़रा कामचोर है, थोड़ा धकेलना पड़ता है, या लोगों से ज़रा नहीं बनती, बेईमान है, झगड़ालू हैं, वगैरह... वगैरह...'

और अब आपका नाम और छवि पक्की हो चुकी होती है. सीमेंट सी पक्की, क्योंकि हम वक्त में पीछे लौट कर अपना किया नहीं बदल सकते. जो गुज़र चुका है उसे नहीं मिटा सकते. हमारी छवि और हमारी प्रतिष्ठा हमारे पिछले कर्मों से ही तैयार होती है. हमने तब मेहनत की थी या कामचोरी, हमने अपने खर्चों के स्टेटमेंट में बेईमानी की या ईमानदारी, अन्य लोगों से बद्तमीज़ी की या नहीं.

सच तो ये है कि प्रतिष्ठा एक रोज़ में नहीं बनायी जाती या किसी खूबसूरत, महंगे पेपर में दोबारा नहीं लिखी जा सकती. पिछली गलतियाँ किसी चमत्कारी रबड़ से मिटाई नही जा सकती, ज़्यादा सुंदर नहीं बनाई जा सकतीं. इज़्ज़त तो धीरे–धीरे, वक्त के साथ, ईमानदारी, मेहनत और लगन से कमाई जाती है.

और जब हमारे जीवन में वो बहुत बड़ा मौका, वो सुनहरा अवसर

आएगा, कंपनी का नेतृत्व करने का या किसी बड़े संगठन से अपने बिज़नेस के लिए वित्त पाने का तो सिर्फ एक अच्छा दिखने वाला बायोडेटा काफी नहीं होगा. ज़्यादा ज़रूरी होगी वो इज़्ज़त जो हमने मार्केट में कमाई है, वो बातें जो लोग हमारे विषय में, हमारे व्यावसायिक रवैये के बारे में बोल रहे हैं, हमारी छवि के बारे में सोच रहे हैं.

तो ज़रूरी है कि श्रेष्ठ बनने की दौड़ में, हमें आने वाले हर पल के व्यवहार का हिसाब रखना है, हर पल को एहमियत दें ताकि हर पल, हमारी प्रतिष्ठा सिर्फ बढ़ाता रहे, उसे सिर्फ सँवारे, बिगाड़े नहीं.

आज का कॉर्पोरेट मंत्र

- अपना बायोडेटा शानदार बनाने में हम कभी भूल जाते हैं कि ज़्यादा ज़रूरी है अपनी प्रतिष्ठा और नाम कमाना.
- इज़्ज़त एक दिन में नहीं पायी जाती न ही बायोडेटा की तरह किसी कागज़ पर दुबारा लिखी जा सकती है. नाम कमाने में मेहनत, लगन, ईमानदारी और सच्चाई के लाखों-करोड़ों पल लग जाते हैं. तब कुछ हासिल होता है.

और...

- जब कोई नहीं देख रहा होता है (या नौकरी छोड़ने के बाद नोटिस पीरियड में) तब आप कैसा व्यवहार करते हैं, इसी से आपका असली चरित्र झलकता है, आपकी एहमियत तय होती है और आपके अंदर आपकी आत्मा की आवाज़ कितनी बुलंद है उसका पता चलता है.

30

सीना ठोकने में कोई हर्ज़ नहीं
अपनी कामयाबी का जश्न मनाइए

एक रोज़ एच.डी. और मैं सुबह-सुबह बैठे कॉफी पी रहे थे. बिलकुल खूबसूरत और रिलैक्स्ड इतवार की सुबह थी, हवा में कुछ गुलाबी ठंडक थी, चारों तरफ शांति छायी हुई थी और सब कुछ बड़ा सुहाना लग रहा था. मैंने अखबार से आँखें हटाकर एच.डी. की तरफ देखा और वो मेरी तरफ बड़े प्यार से देख रहे थे. आँखों में बड़ी नर्मी थी. अब शादी के बीस सालों बाद ऐसा प्यार उनकी आँखों में रोज़-रोज़ तो आता नहीं! अब आप समझ सकती हैं कि मैं अचानक इतनी खुश क्यूँ हो गयी.

शर्माते हुए मैंने उनसे बड़े नर्म स्वर में पूछा 'डार्लिंग आप क्या सोच रहे हैं?' मैंने सोचा वो मेरे बारे कुछ खूबसूरत बातें कहेंगे. मेरी तारीफ़ करेंगे.

एच.डी. ने यादों की गलियों से झाँकते हुए एक गहरी साँस ली और मुस्कुरा दिया. 'मैं हमारी पिछली जिंदगी पर एक नज़र दौड़ा रहा था और सोच रहा था कि इतने सालों में मैं सचमुच एक बहुत ही अच्छा, बिलकुल असाधारण पति रहा हूँ...'

'अच्छा? सच?' सारी प्यारी बातें और मिठास हवा हो गयी! मैं गुस्से से लाल हो कर बोली 'असाधारण? बहुत ही अच्छा?' तुम्हें नहीं

लगता कि तुम कुछ अतिशयोक्ति कर रहे हो? तुम पति तो ठीक–ठाक रहे हो पर तुम्हें नहीं लगता कि तुम अपनी कुछ ज़्यादा ही तारीफ़ कर रहे हो?' एक साथ मुझे कई सारे पिछले मौके याद आ गए जहाँ वो 'महान पति' के दर्ज़े के कहीं आस पास नहीं थे.

पर एच.डी. अब भी अपनी यादों की दुनिया में विहार कर रहे थे जहाँ वो स्टेज पर जा कर 'दशक के सबसे महान पति' का अवार्ड ग्रहण कर रहे थे.

सच्चाई तो ये है कि मर्दों को अपनी तारीफ़ करने में कोई भी हिचक नहीं होती क्योंकि उन्हें पैदा होते ही ये एहसास दिलाया जाता है कि उन्होंने दुनिया में जन्म ले कर संसार पर बहुत बड़ा एहसान किया है और बड़े होते वक्त उनके दिमाग से इन ख़यालों को झाड निकालने वाला कोई भी मौजूद नहीं होता, पर लड़कियों के साथ बिलकुल उल्टा होता है. उन्हें विश्वास दिलाना कठिन होता है कि समाज में उनकी भी एहमियत है, बचपन से ही उन्हें शर्मिला, शांत रहना, तमीज़ से एक के ऊपर एक टांग रखकर बैठना सिखाया जाता है, उन्हें ज़ोर से बोलने की इज़ाज़त नहीं होती, जबकि उनके भाई चीख चीख कर अपनी बात मनवा रहे होते हैं. लड़कियों को हर कहे–अनकहे तरीके से ये समझाया जाता है कि उन्हें अदृश्य रह कर शरीर और मन दोनों से, परिवार में कम से कम जगह ले कर जीना है और अपनी ज़रूरतों को जितना घटा सकें उतना सिकोड़ना है.

तभी तो हमने आज तक अल्फा पुरुष (एक किस्म के दबंग, शक्तिशाली कामयाब पुरुष) के बारे में सुना है पर क्या कभी किसी ने अल्फा फीमेल के बारे में सुना है? बस! नहीं ना? क्योंकि 'अल्फा फीमेल' का टाइप अस्तित्व ही में नहीं है.

तो जब भी आप अगली बार प्लेन में यात्रा करें तो पास नज़र दौड़ाइयेगा... हो न हो उनमें कोई 'अल्फा पुरुष' जरूर मौजूद होगा जो, ज़ोर–ज़ोर से अपने वहाँ मौजूद होने की घोषणा कर रहा होगा ताकि पूरी फ्लाइट जान जाए कि 'ओ माय गॉड'! वो हमारे बीच साक्षात मौजूद है!

ये 'अल्फा मैन' फ्लाइट में देर से पहुँचेंगे वो भी ज़रूरत से ज़्यादा

बड़े बैग के साथ और फिर पूरे जोर-शोर से ऊपर के लॉकर में बैग घुसेड़ने की पूरी कोशिश करेंगे, साथ-साथ, ज़ोर-ज़ोर से अपने फोन पर बात करेंगे और आस-पास के बिचारे फ्लाइट कर्मचरियों को चिढ़ कर घूरेंगे.

बैठते-बैठते वो हम सब के पैर कुचलेंगे, बिना सॉरी कहे (आखिरकार वो एक "वेरी वेरी इम्पोर्टेन्ट" व्यक्ति हैं और उनके सामने हम साधारण मनुष्यों की औकात ही क्या है... और फिर हमारे बिचारे पैरों की भला क्या एहमियत हो सकती है.) बाकी लोगों के साथ वो खाना नहीं खायेंगे और प्लेन के लैंड होने के पांच मिनट पहले फ्लाइट कर्मचारियों को अपना खाना परोसने के लिए दौड़ाएँगे क्योंकि उससे पहले खाना खाना उनके लिए असुविधाजनक था. जैसे ही पायलट प्लेन के लैंड होने की सूचना देगा ये उसी क्षण, चाहे रात के १.३० बजे हों, अपना फोन स्विच ऑन करेंगे. बस ये चेक करने के लिए कि दो घंटों की फ्लाइट के दरमियाँ उनके आसपास का संसार उनके बिना बर्बाद तो नहीं हो गया? मुझे तो ये शक है कि ऐसे मर्द आस पास के लोगों पर अपने वी.आई.पी. होने की धौंस जमाने के लिए किसी अगड़म-बगड़म नम्बर पर फोन कर के निर्देश देना शुरू कर देते हैं. वर्ना आप ही बताइए, कौन-सा आम कर्मचारी या उनकी बीवी भी, आधी रात को उनके निर्देश लेने के लिए जागी बैठी होगी?

मुझे बद्किस्मती से इस टाइप के 'अल्फा मेल्स' अक्सर कई तरह की फ्लाइट्स में मिल ही जाते हैं. और अभी हाल ही में शमशेर नाम के एक ऐसे ही सहयात्री को मुझे एक फ्लाइट में झेलना पड़ा. शमशेर अपने नाम पर खरे उतरना चाहते थे इस लिए फ्लाइट पर जितनी देर फोन ऑन करने की इज़ाज़त थी (और कुछ समय जब नहीं भी थी) वो सारे टाइम, लगातार फोन पर बोलते रहे और हम सब लोगों को मजबूरन उनकी पूरी बातचीत, जो वो अपने ड्राइवर, बीवी, सहकर्मी और सेक्रेटरी से कर रहे थे, सब सुननी पड़ी. तो हमें पता चला कि वो अपने जूनियर कलीग से कितने नाराज़ हैं क्योंकि उसने एक डील साइन करने में बड़े गलत रेट दे दिए थे, कैसे किसी टिमोथी की फ्लाइट छूट जाने के कारण अब उनकी सेक्रेटरी को उनके लिए

वाहन और होटल का इंतज़ाम करना पड़ रहा है और आज रात के खाने में वो क्या खाना पसंद करेंगे... वगैरह वगैरह.

अब आप समझ सकती हैं कि देर रात की ऐसी फ्लाइट पर बिचारे, सारे दिन के थके-हारे, कॉर्पोरेट यात्रियों का क्या हाल होता है! जो थकान भरे, कठिन दिन में, एक मीटिंग से दूसरी मीटिंग के बीच दौड़ते, अपनी टीम को महीने का टारगेट हासिल करने के लिए प्रोत्साहित करते हुए, बोर्ड द्वारा पूछे कठिन सवालों का जवाब देते हुए, कठिन क्लाइंट के साथ टेढ़ी-तिरछी डील साइन करने के बाद घर लौट रहे होते हैं. तो स्वाभाविक है ऐसे थके लोगों को श्री शमशेर की ज़िंदगी में बीते एक दिन का ब्यौरा सुनने में कोई दिलचस्पी नहीं होती, चाहे वो कितना ही रोचक क्यों न हो. अफ़सोस कि प्लेन के किसी भी यात्री के पास पैराशूट मौजूद नहीं था जिससे वो शमशेर से जान छुड़ा लेता. हम बस उसकी कामना ही कर सकते थे.

अब आप ये बताइए कि कभी भी प्लेन में यात्रा करते वक्त, क्या आपकी मुलाकात ऐसी किसी औरत से हुई है? अगर आप किसी पुरुष सी.ई.ओ. से उसके संगठन की कामयाबी का कारण पूछेंगे तो वो तुरंत आपको घंटे भर तक लेक्चर देगा कि वो कितना महान है, दूरदर्शी लीडर है और उसने अपने प्रतिस्पर्धियों के खिलाफ कितनी बढ़िया स्ट्रेटेजीज़ बनाई हैं और अपनी सोच से मार्केट को कैसे चकाचौंध कर दिया है और अपने शेयर होल्डर्स को कितना गदगद कर रखा है वगैरह वगैरह...इस सारी बातचीत में आपको लगातार 'मैं, मैंने ये किया' यही सुनाई पड़ेगा.

पर अगर आप यही सवाल किसी कामयाब महिला सी.ई.ओ. से करेंगे जो उतना ही कामयाब संगठन चलाती रही हो तो आपको बिलकुल इससे विपरीत चलन दिखेगा. वो रुक-रुक कर, हिचकिचाते हुए, घुमाकर एक ऑस्कर नुमा स्पीच देगी जिसमें वो अपने माता पिता, पति, पूर्व बॉय फ्रेंड्स और अपनी बिल्ली तक को धन्यवाद देगी, अपनी पूरी टीम, अपने बॉस और ईश्वर को सारा श्रेय देगी. यानी अपने आप को छोड़ कर वो सभी अन्य लोगों के बढ़िया काम की तारीफ़ करेगी.

औरतों के लिए अपनी तारीफ करना कठिन है क्योंकि वो उसे

डींग हाँकना, स्वयं का ढिंढोरा पीटना समझती हैं जबकि आदमी इसे अपना ईश्वर द्वारा दिया हक मानते हैं. हो सकता है उन मर्दों की सोच इतनी गलत भी न हो.

अगर आप मानव के क्रमिक विकास के पिछले कुछ पड़ावों पर गौर करेंगी... जब आदि मानव शिकार करने या लड़ने निकलते थे तब उन्हें अपने शिकार पर अपना वर्चस्व स्थापित करने के लिए अपने आप को ज़्यादा बुलंद, ज़्यादा शक्तिशाली दर्शाना पड़ता था. काफ़ी शोर–शराबे के साथ, ढोल पीटते हुए, सर पर रंग–बिरंगे पंखों का मुकुट पहन कर, चहरे को डरावने रंगों में रंग कर, सामने वाले प्रतिद्वन्द्वी को डराना पड़ता था. छाती पीट–पीट कर प्रतिद्वन्द्वी पर हावी होना, उस पर वर्चस्व जताना...ये सब तमाशा ज़िंदा रहने के लिए बहुत जरूरी था.

इस बीच औरतों को गुफ़ा में, या तम्बू में बच्चों को पालने के लिए, अन्य औरतों के साथ मिल–जुल कर रहना पड़ता था. ये एक–दूसरे से जुड़ कर रहना, औरतों का स्वभाव बन गया और वो एक–दूसरे की सहायक बन गयीं. ज़िंदा रहने के लिए औरतों को अपनी तारीफ़ करने और ढोल पीटने की ज़रूरत नहीं पड़ती थी. बल्कि अपने आप को महारानी बताना या वर्चस्व जताना हानिकारक सिद्ध हो सकता था.

पर आज स्थिति बदल चुकी है, आज हम औरतों की भूमिका बदल कर शिकारी वाली होती जा रही है क्यूँकि हमें भी कॉर्पोरेट जंगल में उतर कर दुश्मनों का सामना करना पड़ रहा है. अपना काम दक्षता से करने के लिए हमें वार करने के लिए योग्य तैयारी करनी पड़ेगी और अपने स्वभाव से विपरीत जा कर, शिकारी बनने की अच्छी ट्रेनिंग लेनी पड़ेगी. तभी हम अपने काम में सक्षम बन सकते हैं.

तो लेडीज़, ये रहा आज का आखरी सबक. अगर आपने जीवन में कोई बड़ी कामयाबी पाई है या कोई ऐसा काम किया है जिसपे आपको नाज़ है तो उस बारे में सबको बताइए. उसे ज़रूर जताइए. आप इस मुकाम पर पहुँची हैं तो सिर्फ अपनी मेहनत के बल पर. आपने ज़िंदगी की कठिन परिस्थितियों को स्वीकार कर के, अपने को उसके अनुकूल बदला है और उन परिस्थितियों को अपने पक्ष में ढाल

लिया है. आज आप कामयाब हैं क्योंकि आपने अपने व्यावसायिक जीवन और पारिवारिक जीवन में बिना समझौता किए, समन्वय ढूँढ़ लिया है. दोनों में डूब कर अपनी क्षमता का भरपूर उपयोग किया है. इसी लिए आप हर तरह से परिपूर्ण महसूस कर रही हैं. तो अब वक्त आ गया है अपनी कामयाबी का जश्न मनाने का. अपने परिवार, अपने बॉस, अपने शेयर होल्डर्स और दोस्तों सभी को बताइए, बिना हिचकिचाए, सभी को सुनाइये अपनी कामयाबी की कहानी! उन्हें भी तो पता हो कि आप सचमुच एक जबरदस्त नारी हैं!

आज का कॉर्पोरेट मंत्र

- अपनी टीम और अपने सहायकों का धन्यवाद ज़रूर करें क्योंकि यही तो एक अच्छे मैनेजर के लक्ष्ण होते हैं. पर कुछ क्षण निकाल कर ये भी बताइए कि आपने क्या–क्या अच्छे काम किए–नम्रता के साथ ही सही! अगर आप अपने आप को भी एक टीम मेम्बर मान लें, जिसे भी तारीफ़ की, प्रोत्साहन की ज़रूरत होती है, तो आपको अपने बारे में अच्छी बातें कहना इतना मुश्किल नहीं लगेगा.

और...

- वादा कीजिए कि हर सुबह काम पर जाने से पहले जब आप तैयार होती हैं, लिपस्टिक–काजल लगती हैं तो आप अपने आप से ज़रूर कहेंगी 'मैं ग्रेट हूँ' क्योंकि आप सचमुच ग्रेट हैं!!

सफलता के दस सबक

1. **जैसे-जैसे मैं कामयाबी के सोपान चढूँगी मैं अपने आप को याद दिलाती रहूँगी कि मैं वाकई भाग्यशाली हूँ।**
   दुनिया में बहुत कम लड़कियों को पढ़ाई करने का सौभाग्य मिल पाता है और फिर इस ज्ञान का उपयोग कर के नौकरी और आर्थिक स्वतंत्रता पाने की खुशनसीबी हासिल होती है. चलिए वादा करें कि हम सभी, हमेशा याद रखेंगे कि हम कितने भाग्यशाली हैं.

2. **मैं अपनी अलग पहचान और व्यक्तित्व पर जोर दूँगी।**
   हम औरतों को सिर्फ अपने परिवार के मर्दों के सन्दर्भ में पहचाने जाने की परंपरा को बदलना होगा...हम सिर्फ उनकी माँ, बेटी, बहन, बीवी नहीं हैं. ज़रूरी हैं कि सब हमारे अलग वजूद को पहचानें और हमारे विशिष्ट व्यक्तित्व की इज़्ज़त करें

3. **मैं वक्त से पहले ही मौके को छोड़ कर नहीं चल दूँगी।**
   औरतें अक्सर सारा जीवन पत्नी और माँ बनने की तैयारी में काटती हैं. इस इंतज़ार में कि कहीं बीच में उनकी शादी न हो जाए, बच्चे न हो जाएँ, वो अक्सर करिअर में मिली चुनौतियों और मौकों को छोड़ देती हैं. बच्चा होने पर करिअर ब्रेक लेना अनिवार्य हो जाता है पर उसके पहले से ही अपनी प्रगति में समझौता क्यों करें?

4. **बॉस होने के नाते मुझे अपने आधीन मर्द कर्मचारियों को अलग ढंग से हैंडल करना होगा**
   आपके नीचे काम करने वाले लड़के और लड़कियों की मानसिकता में बहुत फ़र्क होता है. उन्हें निर्देश देने के तरीके भी इसी लिए फ़र्क होते हैं. चूँकि उनकी दिमागी वायरिंग और बटन्स अलग-अलग हैं इसलिए हमें अपने प्रोजेक्ट की कामयाबी की खातिर ये बात याद रखनी होगी और दोनों को अलग तरीकों से हैन्डिल करना होगा.

5. **मुझे सफल, स्मार्ट, और अपने सिंगल होने में गर्व है।**
औरतों ने अपनी ज़िंदगियों और भाग्य पर पूर्ण नियन्त्रण पा लिया है और इसका सीधा सबूत है ये, कामयाब, स्मार्ट और कुंवारी लड़कियाँ जो अपना जीवन अपनी शर्तों पर जी रही हैं. उन्हें शत शत प्रणाम!

6. **पाषाण युग के पुरुषों और कट्टरपंथियों को मैं कोई महत्त्व नहीं दूँगी।**
पिछड़े ख़यालात के पुरुषों और कट्टर नारी अधिकारवादी, दोनों ही का नारी मस्तिष्क पर गलत परिणाम हो सकता है. आगे बढ़ने के लिए ये ज़रूरी है कि आप अपनी सोच इनसे स्वतंत्र और स्वच्छन्द रखें.

7. **कामयाब होने के लिए मुझे आरक्षण की बैसाखी की ज़रूरत नहीं।**
आरक्षण अक्सर सिर्फ़ एक दिखावा होता है और लम्बे जीवन काल में नारी का अहित पैदा करता है. उन्हें मामूली, साधारण बनाए रखता है. हमें बराबरी की स्पर्धा करनी चाहिए और कामयाबी के लिए आरक्षण का सहारा नहीं लेना चाहिए.

8. **आने वाली पीढ़ी की औरतों के प्रति ऋण चुकाने के लिए मैं अपने जीवन में मौजूद कम उम्र के मर्दों में सही संस्कार डालूँगी।**
आज की कामयाब औरतों की ये ज़िम्मेदारी बन जाती है कि वो अगली पीढ़ी के मर्दों को सही संस्कार और सलाह दें ताकि वे बड़े हो कर औरतों की इज़्ज़त करें और उन्हें बराबर का दर्ज़ा देना सीखें.

9. **कामयाबी की फुर्तीली सीढ़ियाँ चढ़ते वक़्त मैं हमेशा याद रखूंगी कि नाम और प्रतिष्ठा बनाना एक अच्छे बायोडेटा से ज़्यादा ज़रूरी है।**
इज़्ज़त एक दिन में नहीं कमाई जाती. वो हज़ारों, करोड़ों पल

ईमानदारी और मेहनत से काम करने के बाद ही हासिल होती है.

10. **मैं अपनी कामयाबी का जश्न खुल कर आज़ादी से, बेधड़क मनाऊँगी।**
ज़रूरी है कि हम अपनी कामयाबी को पहचानें और बिना हिचकिचाहट उसका जश्न मनाएँ. चलिए हम मर्दों से कुछ सीख लें और कभी-कभार अपनी तारीफ़ करना सीख लें.

उपसंहार

रात के आठ बजे हैं और मैं ऑफ़िस से घर के रास्ते में एक भयंकर ट्रैफिक जैम में फँसी हूँ. दिन बहुत व्यस्त बीता है और अब मैं बस किसी तरह जल्दी घर पहुँचना चाहती हूँ पर ज़ाहिर है मुंबई ट्रैफिक पुलिस का इरादा कुछ और है. लगता है वो ज़रूरत से ज़्यादा आध्यात्मिक होने की वजह से सफर को मंज़िल से ज़्यादा ज़रूरी मानते हैं और चाहते हैं मैं भी इस सत्य को स्वीकार कर लूँ. तभी उन्होंने बड़े सोच विचार और प्लेनिंग के बाद तय कर के आज के दिन, ठीक इसी समय मेरे ऑफिस से घर के रास्ते पर जगह–जगह नाकाबन्दियाँ खड़ी कर दी हैं.

अब मैं गाड़ी में कुछ और तो कर नहीं सकती तो बैठे–बैठे आज के बीते हुए दिन के बारे में सोचने लगती हूँ, खासतौर से उस भयंकर मीटिंग के बारे में जो आज हमने सरकारी अफसरों के साथ की. पिछले तीन सालों से हमारी इंडस्ट्री, सरकार से गुज़ारिश कर रही है कि वे रेडिओ पर लगे नियंत्रणों में कुछ ढील दें और उसे अन्य इंडस्ट्रीज़ का दर्ज़ा दे दें. आज जब हमें पूरा भरोसा था कि इस अँधेरी सुरंग में हमारा सफ़र खत्म होने जा रहा है और हमें रौशनी की किरण ज़रूर नज़र आएगी, हमें लगा था कि हमें वो रज़ामंदी मिल जाएगी, पर अचानक अफ़सरों ने फ़िर पाँचवी बार नियम लागू करने में विलम्ब कर दिया ये कह कर कि उन्हें अंदर के लोगों की इज़ाज़तें नहीं मिल पाई हैं.

मेरा मन कड़वा हो जाता है और मैं सोचती हूँ कि ऐसे ही अफ़सरों और उनकी ज़्यादतियों की वजह से ही हमारा देश ऐसे बुरे हाल में है.

गनीमत है कि इन्वेस्टर्स का कॉल कामयाब रहा और हमारा प्रांतीय हेड, जो इस्तीफ़ा दे चुका था, वो रुकने के लिए राज़ी हो गया है. मैं अपने मन को समझाती हूँ, चलो आज कुछ तो अच्छा हुआ!

हमारे एच.आर. हेड और मुझे, उस प्रांतीय हेड के साथ कई घंटे जूझना पड़ा ये पता लगाने के लिए कि आखिर वो नौकरी क्यों छोड़ना चाहता है. अंत में हम उसे रोकने में कामयाब भी हो गए. पता ये चला कि हमने उसे प्रमोशन नहीं दिया और इस बात पर उसकी बीवी हमसे असहमत थी और उसने अपने पति की मर्दानगी को ललकारा और उसे इस्तीफ़ा देने के लिए मजबूर कर दिया जब कि वो नौकरी छोड़ने के पक्ष में बिल्कुल नहीं था. हालाँकि ये बात उससे उगलवाने के लिए हमें काफ़ी तिकड़म करने पड़े, बड़े घुमा–फिरा कर बात करनी पड़ी. सारा मामला ठीक हो जाने के बाद भी हमने उसे बड़े प्यार से समझाया, उसके अहंम को सहलाया, तब कहीं जा कर बात बन पायी और हम उस एक अच्छे कर्मचारी को नौकरी छोड़ने से रोक पाने में कामयाब हो सके. तब हमने तय किया कि हम आगे से, ऑफिस में एक परिवार दिवस मनाएँगे और कर्मचारियों के परिवार जनों को बुला कर उन्हें दिखाएँगे कि हम एक बहुत ही बेहतरीन संगठन है.

मेरे फोन की घंटी बजती है, लाइन पर सिड है. 'मॉम तुम कहाँ हो?' जल्दी घर आओ ना. हमें ई.वी.ई.डी. (एनवायर्नमेंटल एजुकेशन) का प्रोजेक्ट खत्म करना है. मैंने कहा था ना अनिल के घर से दो स्पीकर्स ले आना? तुमने पिक अप कर लिए ना?

ओफ ओह! मैंने वादा किया था उसके क्लास के दोस्त के यहाँ से स्पीकर्स लेती आउँगी, पर मेरे दिमाग से वो बात बिलकुल उतर गई! अब इस ट्रैफिक में गाड़ी घुमाकर पीछे भी नहीं जा सकती थी! गाड़ी तो बस आगे जा सकती थी वो भी इंच भर!

मैं तुरंत अपनी माँ को फोन लगाती हूँ, 'मॉम तुम कहाँ हो? सिड को स्कूल प्रोजेक्ट के लिए दो स्पीकर्स की ज़रूरत है और मेरे पास

स्पीकर्स नहीं हैं!' ये कह कर मैं रोना शुरू कर देती हूँ.

दूसरी तरफ़ मेरी माँ का शांत स्वर मेरी घबराहट को धीरे–धीरे सहला कर सुलझाने लगता है. मेरी माँ साइंस टीचर रह चुकी हैं इस लिए ऐसे स्कूल प्रोजेक्ट्स उनके लिए बाएँ हाथ का खेल हैं. मैं जानती हूँ कि वो अपने जादुई हाथों से कुछ पुराने दिया सलाई के डिब्बे, कुछ तार और प्लग्स से वो स्पीकर्स बना लेंगी और सब कुछ ठीक हो जाएगा.

अगला कॉल एच.डी. का आता है, जो महान आश्चर्य है कि आज घर जल्दी पहुँच चुके हैं. मैं तुरंत अपनी सारी मुसीबतों की सूची और अपना रोना–धोना उन्हें सुनाने लगती हूँ कि इतने थकान भरे दिन के बाद मैं इस धुंए–धूल से भरी सड़क पर, किस तरह त्रिशंकु की तरह लटकी हुई हूँ. जैसे कि एक अच्छी तरह ट्रेण्ड पति को करना चाहिए, एच.डी. मेरी सारी दास्ताँ चुपचाप सुनते हैं, तुरंत एक सहानुभूति दाता में परिवर्तित हो जाते हैं और बिना मुझे रोके या टोके, फोन के दूसरी तरफ़ से हमदर्दी की लहरें छोड़ने लगते हैं. 'बिलकुल फिक्र मत करो स्वीटहार्ट. दिमाग एकदम शांत रखो. जस्ट रिलैक्स और बैठे–बैठे, कार में अपनी सारी 'ई–मेल्स' के जवाब दे दो, काम निबटा दो तब तक मैं खाने का कुछ प्रबंध करता हूँ और जैसे ही तुम घर आओगी, एक बढ़िया ड्रिंक तुम्हारा इंतज़ार कर रही होगी! सो सी यू स्वीटहार्ट.'

उस रात लेटे–लेटे मैं अपने कामकाजी जीवन के इस पागलपन के सफ़र पर गौर करती हूँ. आज की सारी मुसीबतों और टेंशन्स पर भी सोचती हूँ. क्या वाकई इस सफ़र के कुछ मायने हैं? क्या ये सफ़र सार्थक था? बीस सालों से लगातार काम करने का तनाव, मुंबई में रहने का सिरदर्द, रोज़मर्रा की ट्रेवलिंग, कठिन बॉसेस को झेलना, स्वार्थी, अधीन कर्मचारी और सख्त इन्वेस्टर्स! कितना कुछ झेला, कितना कुछ त्यागा...क्या वाकई ये सफ़र योग्य था? ज़रूरी था? जबकि अगर मैं चाहती तो आराम से घर बैठ कर अपने बेटे को पालती, पति का ध्यान रखती और निश्चिंत जीवन बिता सकती थी.

और फिर मैं अपने मन में देखती हूँ, मेरी माँ का वो गौरान्वित

चेहरा, जब वो मुझे अपने नए पड़ोसियों से मिलवाती हैं और सिड के चेहरे पर वो ठोस आत्मविश्वास जब वो कहता है, 'मॉम मैं भी एक दिन आप और पापा की तरह बड़ा हो कर एक कंपनी चलाऊँगा.

और मुझे अपने एक पूर्व कर्मचारी का पत्र मिलता है जिसमें उसने लिखा है कि जैसा योग्य और सहयोगी माहौल उसे हमारे संगठन में मिला था उसे वैसा माहौल, जीवन में और कहीं नहीं मिला. और वो हमारे यहाँ दोबारा नौकरी करना चाहता है.

और फिर मैं पिछले बीस सालों के डेबिट और क्रेडिट का सारा हिसाब लगाती हूँ और इस नतीजे पर पहुंचती हूँ कि असली बात तो यही है कि ये पूरा सफ़र हर तरह से सकारात्मक रहा है.

मैं गहरे संतोष की साँस भरती हूँ, करवट बदलकर सो जाती हूँ. 'हाय!...!! अलार्म की ज़ोरदार घंटी बगल में गूँजती है और मैं उठ कर बैठ जाती हूँ. तो फिर सुबह के 5.30 बज गए!

आभार

मैं दिल से इन सभी लोगों की शुक्रगुज़ार हूँ. ये किताब मेरे साथ साथ इन सभी लोगों की भी है. रचना कंवर, दोस्त, 'पहली शिष्य' और कलीग, उसके भरोसे के लिए और कनेक्शंस जोड़ने की क्षमता के लिए, जिससे इस किताब को एक यथार्थ रूप मिला.

एलेवेन ब्रांड वर्क्स के कार्तिक कल्ला और अभिषेक डे के उत्साह और धैर्य के लिए जो इन्होने किताब का बढ़िया कवर बनाने में दिखाया.

वर्षा ओझा, इस किताब की मार्केटिंग की बागडोर पूरी सँभालने के लिए.

अन्विता नाथ, स्वाति ऋषि, रचिता वैद्य, एषा मलनिका, आदित्य गोंसाल्विस, ह्रषिकेश गांगुली, कनुप्रिया अग्रवाल, अर्चना पानिया, स्निग्धा नंदन और कीरात ग्रेवाल, अपनी सामूहिक रचनात्मकता का बल इस किताब पर लगाने के लिए और मेरे लिए डिजिटल दुनिया के सारे रहस्य खोलने के लिए.

प्रदीप्ता सरकार, अद्वितीय सम्पादक और रूपा प्रकाशन में सभी जिन्होंने इस किताब में पूर्ण विश्वास रखा, उसका पूरा नियन्त्रण सम्भाला.

सत्यनारायन मूर्ति और बिनॉय जोसफ जिन्होंने मेरे ब्लॉग, www.womenatwork.co.in बनाने में मेरी मदद की, जिससे इस किताब की शुरुआत हुई.

उदय और कांचन पुरोहित, नितिन करकरे और सुलेखा वाजपेयी, दिव्या ओबेराय, सतीश चंदर, अशित कुकियन, अनिल दिमरी, अंबर बासु,

शैलेश कपूर, और खास तौर से आशीष घरडे, इनके निरंतर सहयोग, सकारात्मक आलोचना के लिए और हमेशा साथ निभाने के लिए.

मैं जिन्हें जानती हूँ वो सारी जबर्दस्त महिलाएँ जो मेरी खुशी की (और इस किताब के किस्सों की भी) स्रोत हैं: अर्पिता मेनन, ज्ञानदा चौधरी, निधि लाल, संघमित्रा घोष, सागरिका कन्थारिया, रेशमा खालिद, दीपा दवे, कल्पना राव, विशाखा सिंह, सविता मथाय, नीता हेमदेव, प्रवीन मल्होत्रा और अनुराधा प्रसाद.

रेडियो सिटी 91.1 एफ एम और आई.वी.एफ.ए. के सभी लोग, कमाल के कलीग्स और पार्टनर्स होने के लिए.

हमारी सारी प्रोग्रामिंग दिवा, अनुरिता पटेल, जिन्नी महाजन, माया अय्यर, मीनल संजागिरी और साथ में राजीव पटेल, उनके निरंतर सहयोग के लिए और ज़्यादा से ज़्यादा लोगों तक मेरी ये पुस्तक पहुँचाने के लिए.

पीटर फर्नान्डिस, ऑफिस में मेरी जिंदगी को आसान और आरामदेह बनाने के लिए.

मेरी सास, अपने बेटों को इतनी बढ़िया परवरिश और संस्कार देने के लिए.

स्कैमपर, हमें सिखाने के लिए कि बिन शर्तों का प्यार क्या होता है और अपनी पंगुता के बावजूद जिंदादिली दिखाने के लिए.

और अंत में, मम्मी, संजय और सिद्धार्थ, जिनके बगैर जिन्दगी में कुछ भी मुमकिन नहीं हो सकता था.